JN299889

エコツーリズム
を学ぶ人のために

真板昭夫／石森秀三／海津ゆりえ［編］

世界思想社

エコツーリズムを学ぶ人のために●目次

はじめに──本書のよみかた *v*

観光文明史からみるエコツーリズム　緑の観光革命への期待 ……………… *1*

Ⅰ　エコツーリズムとはなにか

1　エコツーリズムの歴史 ……………………………………………… *14*
2　エコツーリズムとはなにか ………………………………………… *21*
　　§1　エコツーリズムの定義　*21*
　　§2　「オルタナティブ・ツーリズム」としてのエコツーリズム　*27*
3　エコツーリズムとエコツアー
　　──「グッドエコツアー」にみる楽しみ方 ……………………… *32*

Ⅱ　エコツーリズムと地域社会

1　エコツーリズムと地域社会 ………………………………………… *48*
　　§1　五つの宝のフレーム　*50*
　　§2　「宝探し」の5段階展開──持続的な社会開発の基盤形成　*56*
　　§3　宝を活かすプログラム　*59*
　　§4　地域ブランドの形成戦略　*63*
2　「エコツーリズム大賞」受賞地域にみる"仕掛け" ……………… *71*
3　エコツーリズムとエコミュージアム ……………………………… *93*

目次

Ⅲ エコツーリズムとパートナーシップ

1 エコツーリズムとパートナーシップ …… 102
- §1 エコツーリズムにおける地域住民の役割 103
- §2 エコツーリズムの推進体制 111

2 小笠原諸島
――エコツーリズムの経済効果とコラボレーション …… 118
- §1 小笠原諸島の概要 118
- §2 エコツーリズムの取り組み 120
- §3 小笠原諸島の観光客消費額 124
- §4 経済効果を高めるために 126
- §5 コラボレーション 130

Ⅳ エコツーリズムにおける資源とその保全

1 エコツーリズムが守るもの――持続的な資源管理の仕組み … 134
2 文化遺産とエコツーリズム …… 141
- §1 文化遺産の生態学的継承という視点
  ――エコツーリズムと地域の出会い 142
- §2 伝統文化とはなにか 148
- §3 特産品の意味するもの 156

3 エコツーリズムの保全目標 …… 166
- §1 生物多様性とはなにか 167
- §2 エコツアーの訪問地の特徴 174
- §3 エコツアーのガイドラインと保全ルール 182
- §4 エコツアーを通じた生物多様性の保全 190

4 エコツーリズムと地域空間の保全 …… 200

V 日本型エコツーリズムの手法の拡がり

1 日本型エコツーリズムの展開と新たな担い手 ················ 212
- §1 日本型エコツーリズムの担い手 214
- §2 旅行業界の新たな取り組み 238
- §3 環境教育におけるエコツアーへのニーズ 244

2 エコツーリズムと情報戦略 ································· 250
- §1 情報計画の重要性 251
- §2 エコツーリズムとIT 257

3 エコツーリズムと国際協力 ································· 264
- §1 アフリカ・カメルーン共和国 ティカール王制社会 264
- §2 フィジー・アンバザ村におけるコミュニティ・エコツーリズム 271
- §3 ボスニア・ヘルツェゴビナ 278

Ⅵ エコツーリズム推進法と新たな展開

1 エコツーリズムと法律・政策 ······························· 290
2 環境関連法制度とエコツーリズム ························· 299
- §1 保護，保全，復元 300
- §2 エコツーリズムと環境保護 307

3 エコツーリズム推進法と新たな展開 ························· 309

エコツーリズムと観光の未来
  ライフスタイル・イノベーションと次世代ツーリズム ······ 319

おわりに——日本型エコツーリズムの20年 329

目　次

資料編　エコツーリズムに関する書籍一覧　*336*
　　　　　世界と日本のエコツーリズム年表　*340*
　　　　　エコツーリズム推進法　*344*

索　引　*352*
執筆者紹介　*355*

はじめに——本書の読みかた

　エコツーリズムの世界へようこそ。本書はエコツーリズムを学び，あるいは地域で進めようとするすべての人々に向けたエコツーリズム入門書である。エコツーリズムは単なる自然体験ツアーの代名詞ではない。世界同時多発的に普及し，観光に関わるビジネス，地域，旅人の意識を大きく変えた環境時代の観光の革命児，すなわち「緑の観光革命」である。

　本論に入る前に，今日の日本でエコツーリズムを学ぶ意義について触れておきたい。

　エコツーリズムは中南米やアフリカで1970年代から80年代にかけて最初の一滴が生まれ，それから短期間に各国に伝わり多様な発展を遂げ，浸透していった。日本には1990年前後に遅れて上陸したが，それからの20年間に他国に類例がないほど成長してきた。当初は国立公園での環境保全型自然体験として調査研究や実践が行われ，西表島や屋久島，小笠原などで多くのガイド事業者を起業させた。続いて，これまで観光と縁のなかった里山・里海地域が，ありのままの地域を活かせるコミュニティ・ビジネスとしての可能性をエコツーリズムに見出し，自治体やコミュニティが主体となって取り組むようになった。2007年に成立した「エコツーリズム推進法」によって第1号のエコツーリズム推進地域に認定されたのが埼玉県飯能市であったことは，象徴的である。こうして，豊かな自然

はじめに

を有する国立公園や世界自然遺産から里山や里海地域まで，どのような環境でもエコツーリズムに取り組めることが証明され，実践地域は拡がっていった。さらに既存大型観光地や都心でもエコツアーが展開されている。日本は今や，他国にはないバラエティに富んだエコツーリズム推進国となった。まさに「日本型」発展モデルといってよい。

このような発展を遂げたのは，1980年代末のリゾート開発やマスツーリズムの時代の反省の経験や，じわじわと過疎化・高齢化を迎える地方都市，生物多様性保全における里山の国際的価値の高まり，"観光"の語源を見つめなおした2003年の観光立国宣言，旅行者市場の成熟による旅の個人化，CSR（企業の社会的責任）の推進などの社会的条件が関わっている。

本書第1章で触れるエコツーリズムの理念や，多様な主体によって成り立つコミュニティ・ビジネスという方向性は，そんな時代の要請にぴたりと当てはまる統合概念だったのである。

国や民間の全国組織が一貫してエコツーリズムの普及に努めてきたことも重要なポイントである。環境庁（当時）は1990年から国立公園におけるエコツーリズム推進方策の検討を行うなど推進役を務め，2003年には環境大臣自ら議長となってエコツーリズム推進会議を開催した。2007年には議員立法として世界初の「エコツーリズム推進法」が成立し，環境・観光・農林水産・文部科学の4省が共管している。これらの動きと連携しながら，自治体や各種業界団体，NPO，ガイド事業者などの民間活動が行われてきた。こうした普及の過程で，エコツーリズムは地域やビジネス界，観光者，環境団体などの各立場から常にその意味や具体性を問われ，答えを模索してきた。エコツーリズムの先進国と呼ばれた国でも，本来の理念を見失い，自然を使った単なる経済手段に舞い戻ってしまう例も珍しくない中で，日本のエコツーリズムは貴重な純粋性を保っている。

はじめに

そういった環境にいる私たちは、エコツーリズムそのものがもつ意味が深く解釈され多様に展開した、まさに「成長の現場」に居合わせているのである。環境保全と観光の両立、地域振興に貢献する観光、という課題は観光あるところ常につきまとい、観光のグローバル化とともに世界各地にその課題も広がっていくからである。このようにエコツーリズムは奥が深く間口も広い。国際観光客年間10億人時代が間もなく訪れようとしている今日、エコツーリズムを学び推進する意義は、ますます大きなものとなるだろう。

本書プロローグで石森秀三は、観光のグローバルなトレンドの中でエコツーリズムに言及している。本書は、このような大きな観光の流れの中でエコツーリズムをとらえながら、「エコツーリズムとはなにか」という問いに答えることをねらいとしている。とくに初学者にも実感をもって読み進めてもらうために、なるべく多くの事例を紹介した。ぜひ地図を傍らに置いて読んでほしい。

構成は全6部、18章とした。歴史や基本的な定義等をまとめた第Ⅰ部第1章第2章は最初にお読みいただいたほうがよいが、その後は順番に読み進める必要はなく、興味があるところや必要なところだけをつまみ読みしていただいて結構である。

各部の主題とキーワードは次のようになっている。

第Ⅰ部「エコツーリズムとはなにか」では、エコツーリズムの歴史（第1章）、定義（第2章）、エコツアーの実態（第3章）を通してエコツーリズムの基本的な概要を解説した。いわばエコツーリズムの基本ルールである。

第Ⅱ部～第Ⅴ部は、エコツーリズムの概念の三つの柱、すなわち「地域振興」（=第Ⅱ部）、「資源の保全」（=第Ⅳ部）、「観光推進」（=第Ⅴ部）にそれぞれ焦点を絞り、エコツーリズムにおいてそれらがどのように取り組まれ、エコツーリズムと関わっているのかを解説した。

はじめに

　第Ⅱ部「エコツーリズムと地域社会」では，自治体やコミュニティにおけるエコツーリズムの取り組みについて解説している。エコツーリズムは地域社会が観光に関わるきっかけを与え，各地で実践段階に移っている。地域の取り組みの中で，宝探しの事例や地域のブランディング戦略（第1章・第2章），エコミュージアム（第3章）について取り上げた。

　第Ⅲ部「エコツーリズムとパートナーシップ」は，地域社会がエコツーリズムを実践に結びつけるために，どのような体制を構築していけばよいのかを解説している。パートナーシップの重要性について解説し（第1章），日本で最初にエコツーリズムのしくみを構築した小笠原諸島を題材に，どのようなプロセスで体制づくりを進めていけばよいのか事例を通して紹介している（第2章）。

　第Ⅳ部「エコツーリズムにおける資源とその保全」は，エコツーリズムの根幹である資源の保全についての考え方（第1章），文化遺産の保全（第2章），自然の保全目標（第3章），空間の保全（第4章）など，対象別に専門的見地から論じている。

　第Ⅴ部「日本型エコツーリズムの手法の拡がり」は，ガイドや旅行会社といった担い手がどのように考えているか（第1章），情報戦略の変化とエコツーリズムの発展がどのように関わるか（第2章），国際協力の場においてエコツーリズムはどのような位置づけをもっているか（第3章）など，現在の観光をとりまく様々な状況や，日本社会の変化の中で，エコツーリズムが観光をどのように変えていくのかを多方面から論じている。

　第Ⅵ部「エコツーリズム推進法と新たな展開」は，これらの取り組みの総まとめである。エコツーリズム推進法やその他の関連政策との関わりの中で，エコツーリズムが今後どのような役割を担っていくのかを3章構成で論じている。

　目的や関心に従って各部ごとに活用いただきたい。

はじめに

　本論の展開を踏まえて，石森が最後にエコツーリズムが招くであろう観光の未来像を展望しているように，エコツーリズムを学んだ皆さんは，新しい観光の潮流を切りひらく力となるはずである。本書がその一助となれば幸いである。

海津ゆりえ

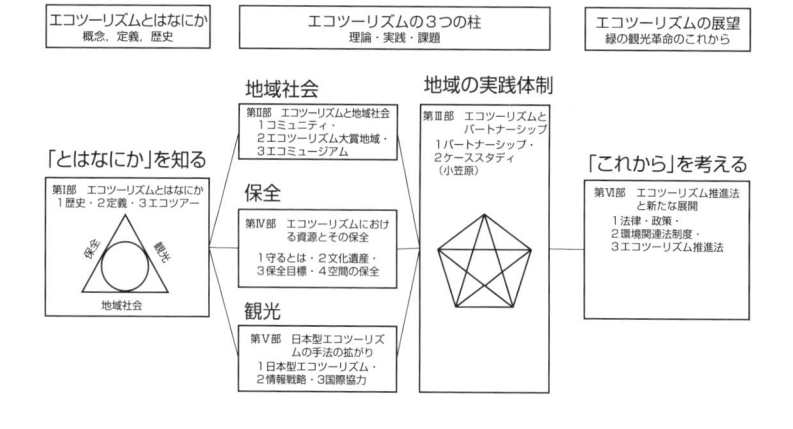

エコツーリズムとはなにか 概念，定義，歴史	エコツーリズムの3つの柱 理論・実践・課題		エコツーリズムの展望 緑の観光革命のこれから
「とはなにか」を知る 第Ⅰ部　エコツーリズムとはなにか 1歴史・2定義・3エコツアー	地域社会 第Ⅱ部　エコツーリズムと地域社会 1コミュニティ・ 2エコツーリズム大賞地域・ 3エコミュージアム 保全 第Ⅳ部　エコツーリズムにおける資源とその保全 1守るとは・2文化遺産・ 3保全目標・4空間の保全 観光 第Ⅴ部　日本型エコツーリズムの手法の拡がり 1日本型エコツーリズム・ 2情報戦略・3国際協力	地域の実践体制 第Ⅲ部　エコツーリズムとパートナーシップ 1パートナーシップ・ 2ケーススタディ （小笠原）	「これから」を考える 第Ⅵ部　エコツーリズム推進法と新たな展開 1法律・政策・ 2環境関連法制度・ 3エコツーリズム推進法

観光文明史からみるエコツーリズム
緑の観光革命への期待

石森秀三

(1) 20世紀現象としての観光革命

21世紀に入って，経済や情報のグローバル化がより顕著に進展している。IT革命が地球的規模で進展することによって，世界各地で大きな変化が生じている。経済や情報のグローバル化だけでなく，人間の移動のグローバル化も顕著に進展している。とくに，20世紀後半における外国旅行者の地球的規模での爆発的増大は「20世紀現象」とみなしうるものであった。

1950年における全世界の外国旅行者数は2,500万人，60年には6,900万人，70年には1億6,500万人，80年には2億8,500万人，90年には4億5,800万人，2000年には6億8,800万人，2007年には8億8,800万人に達しており，2010年には10億人，2020年には15億6,000万人になるとUNWTO（世界観光機関）は予測している。

1994年に国立民族学博物館で「観光の20世紀」をテーマにした国際シンポジウムが開催されたさいに，私は「観光革命」という新しい概念を提起した。それは，観光をめぐる地球的規模での構造的変化を意味しており，人類はこれまでに3度にわたる「観光革命」を経験していることを明らかにした（石森［1996］）。

私が「第一次観光革命」と名づけた構造的変化は1860年代にヨーロッパの富裕階級を担い手として発生し，ついで「第二次観光革命」は1910年代に米国の中産階級を担い手として発生し，さらに「第三次観光革命」は1960年代に日本を含めた北の先進諸国で発生

した。そして，2010年代に「第四次観光革命」がアジア諸国で発生する可能性が高い（石森［1997］）。

(2) 激動の1960年代

世界にとって，1960年代は激動の時代であった。長年，植民地主義に苦しめられたアフリカの各地で独立ブームが生じるとともに，米国とソ連を頂点とする東西両陣営の冷戦が激化し始めた。米国では若きケネディ大統領が就任したがあえなく暗殺され，ベトナム戦争の泥沼化が始まる一方で，人種差別に対する公民権運動が高まりをみせた。中国では毛沢東主席に主導された文化大革命が敢行され，世界的にもスチューデントパワーが非常な高まりをみせ，1968年のパリにおける五月革命でその頂点に達した。その一方で，ヒッピーカルチャーに象徴されるカウンターカルチャーも隆盛化した。

経済の面でみると，工業化の著しい進展によって，米国とソ連だけではなく，日本とドイツはともに戦後復興を見事に遂げ，高度経済成長路線を歩み始めていた。工業化の進展を象徴するように，米ソは宇宙開発においても覇を競い合い，69年に月面に足跡を残した最初の人類は米国のアポロ11号のN・アームストロング船長であった。「これは1人の人間には小さな1歩だが，人類にとっては大きな飛躍だ！」というメッセージは全世界の人びとに大きな感銘を与えた。

1960年代は観光の面でも大きな飛躍の時代になった。国連はキューバ危機による東西の緊張が高まるなかで，63年に国際旅行・観光会議をローマで開催し，国際観光の促進が国際政治・経済の進展に大きな役割を果たしうることを議論した。また，66年の国連総会で67年を「国際観光年」とすることが決議された。

1960年にはヨーロッパに向かう米国人旅行者のうち約75パーセントが飛行機を利用していたといわれており，ジェット旅客機時代

を迎えるなかで外国旅行に大きな変化が生じた。とくに, ボーイング727が63年に初飛行を行い, ジェット旅客機時代が本格化し始めた。第三次観光革命の直接の引き金になったのは69年におけるボーイング747の初飛行であった。いわゆるジャンボジェットの登場によって, 航空運賃が大幅に安くなり, 日本を含めた北の先進諸国における観光旅行の隆盛化に弾みがついた。

日本では63年に観光基本法が制定されるとともに, 高度経済成長が軌道に乗るなかで, レジャー・ブームが到来した。かつての三種の神器(テレビ, 冷蔵庫, 洗濯機)に代わって, 新・三種の神器としての3C(自家用自動車, クーラー, カラーテレビ)ブームが生じるなかで, 日本でもモータリゼーションが急激に進展し, 国内観光旅行ブームが生じた(高田[1987])。64年に東京オリンピックが開催されるとともに, 観光目的の海外渡航が自由化され, 外国旅行の隆盛化のきっかけが与えられた。

工業化の進展に伴って, 世界的に高度経済成長が可能になったが, その一方で各種の公害が顕著になった。工業化による高度経済成長は必然的に環境を破壊し, 各種の公害問題を引き起こしたのである。

(3) 成長の歪み是正の時代

世界にとって1960年代は激動の時代であるとともに, 観光にとって大きな発展を生み出した時代でもあった。激動の時代を経て, 1970年代は成長の歪みを是正する時代になった。

国連は, 72年にストックホルムで人間環境会議を開催し, 人間環境宣言の採択, 環境基金の創設, 国際機関としての「国連環境計画(UNEP)」の新設などを決議し, 「かけがえのない地球」というスローガンを打ち出した。この国連主催の会議は, その後に繰り返し開催される環境サミットの先駆けとなった重要な国際会議であった。

同じく, 72年に世界的な賢人会議といえるローマ・クラブが『成

長の限界』と名づけられた人類危機レポートを発表した。このレポートは，このまま幾何級数的な人口増加と経済成長が続けば，資源枯渇や環境悪化によって，100年以内に破滅的な事態に至る可能性が強いために，破滅回避のために地球が無限という前提にもとづいた世界経済のあり方を大幅に見直し，世界的均衡を目指すべきことを提言している。奇しくも，ローマ・クラブの提言の翌年 (73年) に第一次オイルショックが発生し，全世界に大きな衝撃を与えた。

日本においても，71年に環境庁が新設されるとともに，官民の連携によって各種の公害克服のための施策や事業が展開され，成果を上げた。72年には日中国交正常化が実現されたが，73年の第一次オイルショックの発生によって「物質的な豊かさ志向」から「精神的な豊かさ志向」への変化が始まった。

ユネスコは，72年の総会で「世界遺産条約」を採択し，人類共通の財産を保護していく動きが始まった。ただし，日本はこの条約をすぐには批准せずに，20年間も無視し続け，ようやく92年に国会で条約批准を行った。また，国際博物館会議 (ICOM) は，71年に新しい博物館概念として「エコミュゼ」の提唱を行い，一定の地域全体を博物館とみなして，地域資源の保全を図るとともに，地域住民が学芸員となって地域社会の持続可能な発展を図るべきことが提案された。この提案を受けて，その後に世界各地で「エコミュージアム」を設置する動きが活発化した (石森 [2003])。

(4) 内発的発展論

エコツーリズムの発展を考えるうえで，重要になるのは「内発的発展 (Endogenous Development)」という概念である。この概念は，スウェーデンのダグ・ハマーショルド財団が1975年に国連経済特別総会に提出した報告書のなかで提起したのが，世界で最初といわれている (西川 [1989])。それは，西洋社会における発展のあり方を基

準にした近代化論に対する「もう一つの発展 (Alternative Development)」論が意図されており,「それぞれの地域の人間集団が,それぞれ固有の自然環境,文化遺産,男女の地域共同体成員の創造性に依拠し,他の地域の集団との交流をとおして創出する」発展のあり方が意味されていた(鶴見[1989]:46)。

ところが,社会学者の鶴見和子は,まったく同じ時期に,独自の発想で「内発的発展」に類似する概念を提起していた(鶴見[1976])。鶴見は,1960年代の米国の社会学者による近代化論が欧米の先発国を「内発的発展者」とみなし,後発国(非西洋社会のすべての国々)を「外発的発展者」とみなしていたことに対する反論として,後発国にも内発的発展がありうるという問題提起を行ったものであった(鶴見[1989]:47)。

鶴見は,内発的発展が目標において人類共通のものとみなす一方で,目標達成への経路が多系的で多様性に富む社会変化の過程とみなした。つまり,鶴見にとって,内発的発展とは「それぞれの地域の人々および集団が,固有の自然生態系に適合し,文化遺産(伝統)に基づいて,外来の知識・技術・制度などを照合しつつ,自律的に創出する」社会変化の過程であった(鶴見[1989]:49)。その後,鶴見は独自の内発的発展論をより深化させるとともに,柳田国男論,南方熊楠論,水俣研究などとからめることによって,内発的発展論を生命論,環境論,人間論,創造論,コスモロジー論,アニミズム論などを内包する豊饒なる知的領域に高めている(鶴見[1996, 1999])。

日本には,鶴見による内発的発展論とは異なるもう一つの研究の系譜がある。それは,宮本憲一を中心とする地域経済学の研究グループの活動である(宮本[1980, 1989];宮本・横田・中村編[1990];保母[1996];佐々木[1994, 1997])。日本における地域開発や環境問題を調査・研究してきた宮本は,1980年代に内発的発展の重要性を指摘するとともに,日本の都市と農村における内発的発展の4原則を

提起している。

　宮本が提起した内発的発展の4原則とは、①地域開発が大企業や政府の事業としてではなく、地元の技術・産業・文化を土台にして、地域内の市場を主な対象として地域住民が学習し計画し経営するものであること、②環境保全の枠のなかで開発を考え、自然の保全や美しい町並みをつくるというアメニティを中心の目的とし、福祉や文化が向上するように総合され、なによりも地元住民の人権の確立をもとめる総合目的をもっていること、③産業開発を特定業種に限定せず複雑な産業部門にわたるようにして、付加価値があらゆる段階で地元に帰属するような地域産業連関を図ること、④住民参加の制度をつくり、自治体が住民の意思を体して、その計画に乗るように資本や土地利用を規制しうる自治権をもつこと、などである（宮本［1989］：296-303）。

　つまり、①で内発的発展の「内発性」が定義され、②で内発的発展の「総合性」が指摘され、③で内発的発展の「生産性」が規定され、④で内発的発展の「制度性」が提案されている。

　鶴見の内発的発展論は政策論としての色彩が希薄であるのに対して、上記の4原則でも明らかなように、宮本らの経済学者のグループは日本における現実の地域開発への政策提言を意図していた点が重要である。しかし、宮本が提起した内発的発展の原則はあくまでも一般的なものであり、個別の地域社会における内発的発展の推進にあたっては地域の諸条件を考慮して個別的原則が付加されなければならない。

(5) 外発的観光開発と内発的観光開発

　「持続可能な観光（Sustainable Tourism）の創出」が世界的課題になっており、すでに各国の観光研究者がさまざまな提言を行っている。私は、持続可能な観光の創出につながる観光開発のあり方とし

て「内発的観光開発 (Endogenous Tourism Development)」という新しい概念を提起した。この概念は、エコツーリズムの創出という課題に直接つながっているので、少し詳しく論述しておきたい。

これまでに世界および日本の各地で展開されてきた観光開発は基本的にマスツーリズム対応を主要な前提にしており、しかも観光開発の対象となる地域社会の外部の企業が開発主体になるケースが圧倒的に多かった。そのような外部企業による観光開発のあり方は、「外発的観光開発 (Exogenous Tourism Development)」と名づけることができる。

外発的観光開発では、しばしば地域社会の意向が軽視されたり、無視されたりすることによって、各地の貴重な地域資源（自然環境や文化遺産など）の破壊や悪用や誤用などが行われ、さまざまな負のインパクトが生み出されがちであった。外部の開発主体が利潤追求を目的にして、地域社会の意思とはかかわりなしに地域資源の商品化を進めることによって、マスツーリズムに適した観光開発が成就されてきたわけである。しかし、その一方で、外発的観光開発は各種の負のインパクトを生み出し続けてきたことによって、持続可能な観光の創出が必要になり、エコツーリズムが生み出された。

持続可能な観光の創出を図るためには、いくつかの条件が満たされる必要がある。そのうちで最も重要な条件は、地域社会の主導による「内発的観光開発」を推進することである。内発的観光開発とは、地域社会の人びとや集団が固有の自然環境や文化遺産を持続的に活用することによって、地域主導による自律的な観光のあり方を創出する営みを意味している。

従来の外発的観光開発は、外部の企業や資本が利潤追求を目的にして、ある地域の自然環境や文化遺産を他律的に活用する営みであった。そのために、しばしば地域社会の意向が軽んじられ、自然環境の破壊や文化遺産の悪用などの負のインパクトが生じた。それ

に対して、内発的観光開発は、地域社会の住民が生活の質の向上を目的にして、自律的意志にもとづいて自然環境や文化遺産の持続可能な活用を図る営みである。

　従来型の外発的観光開発に代わって、世界の各地で地域社会の人びとや集団の主導による内発的観光開発の試みが積み重ねられていくなかで、エコツーリズムという新しい観光のあり方が創出されたのである。

(6) 他律的観光と自律的観光

　内発的観光開発は、ある特定地域社会の住民や集団が地域固有の自然環境や文化遺産を持続的に活用する試みであるが、その最も重要な前提条件は「自律性」である。辞典的定義による「自律」とは、「自分で自分の行いを規制すること」「外部からの力にしばられないで、自分の立てた規範に従って行動すること」「ある社会制度が他からの制約を受けずに独立した運営を行っていくこと」などが意味されている。それに対して、辞典的定義による「自立」とは、「他への従属から離れてひとりだちすること」「他の力を借りることなく、また他に従属することなしに存続すること」などが意味されている。

　内発的観光開発は「自律性」を前提にしているが、それはかならずしも外部の諸要素を排除するものではない。「内発的」という言葉は閉鎖的な意味合いを喚起するが、一つの地域社会が潜在的に有している各種の可能性が発現される契機はほとんどの場合に外部の諸要素との出会いにもとづいている。そういう意味では、内発的観光開発は決して外部性をすべて排除して成り立つものではない。むしろ、地域社会の側がみずからの意思や判断で外部の諸要素を取り込んだり、それらとの連携を図ることによって、よりよい成果を生み出す試みとみなすべきである。

　内発的観光開発では、外部の情報や人材や資金の導入を図ること

もありうるが，あくまでも地域社会の側の自律的意志にもとづいて自然環境や文化遺産の持続可能な活用を図るために「自律性」が最も重要な要件になる。それに対して，外発的観光開発は外部の企業や資本が利潤追求を目的にして，地域社会の意向を無視あるいは軽視しながら，地域の自然環境や文化遺産を他律的に活用する営みであり，地域社会の側からみると，「他律性」にもとづく開発のあり方といえるものである。

地域社会の「自律性」を基盤にした内発的観光開発は，地域社会にとって，外部の企業や旅行会社による規制や条件づけが少ないという意味で，「自律的観光（Autonomous Tourism）」の創出につながる試みとみなすことができる。それに対して，外発的観光開発は，地域社会にとって，外部企業や旅行会社の力によって観光のあり方が規制されたり，条件づけられるという意味で，「他律的観光（Heteronomous Tourism）」を生み出す原因となっている。

自律的観光と他律的観光という概念は，地域社会にとっての観光のあり方を説明するうえで有効であるだけでなく，観光者にとっての観光のあり方を説明するさいにも有効性をもっている。従来のマスツーリズムでは，旅行会社によってあらかじめパッケージ化された旅行商品が一般的に利用される。その場合には，観光者の個別的な希望や意向は基本的に無視されており，観光者は旅行会社によってあらかじめ設定された観光ルートや観光サービスを受け入れることが前提にされている。そういう意味で，マスツーリズムは観光者にとって，まさに「他律的観光」を強いる構造を有している。

それに対して，1990年代以降，パッケージ化された旅行商品を利用せずに，観光者みずからが自分の意思で旅行ルートを設定し，観光を行うケースが増えている。そのような観光のあり方は，観光者みずからが自分の意思で旅行を可能ならしめているという意味で，「自律的観光」とみなすことができる。

いずれにしても，今日において，従来の「他律的観光」の優位性に陰りが生じており，地域社会と観光者の両サイドから「自律的観光」に対する期待が高まりつつある。エコツーリズムは，まさに自律的観光の最たるものであり，21世紀型観光のあり方として世界各地で重要な役割を果たしている（海津［2007］；敷田編著［2008］）。

(7)「緑の革命」と「緑の観光革命」

1960年代から70年代を振り返るさいに，「緑の革命」にも触れておく必要がある。緑の革命とは，第二次大戦後に開発途上国において穀物の高収量品種を導入し，60〜70年代に穀物の大量増産を成功に導いた革命的変化を意味している。

東西冷戦下において，共産主義陣営による「赤い革命」に対抗して，米国を中心とする資本主義陣営は，「緑の革命」を成功に導くことによって途上国の共産主義へのドミノ倒れを阻止しようとしていた。米国のロックフェラー財団や国際開発局や世界銀行などが協力して食糧増産プロジェクトを支援し，「緑の革命」を成功に導いた。緑の革命に大きく貢献した米国の農学者N・ボーローグ博士は，世界の食糧不足の改善に尽くすことによって数多くの人命を救った功績が認められて，70年にノーベル平和賞を授与されている。

緑の革命はたしかに穀物の大量増産を実現したが，大量の養分や水分を必要としたために，化学肥料や化学農薬や灌漑用水が大量に投入された。化学肥料の原料である窒素は，第二次大戦のさいには爆薬をつくるために使用された。戦後に窒素の民用転換を図るために化学肥料の増産に拍車がかかったが，西側諸国にはすでに化学肥料が溢れていたために，途上国がターゲットになり，化学肥料の投下先と緑の革命が結びついたともいわれている。

途上国では，化学肥料や化学農薬を購入するために農地を担保にして借金をする農家が数多くあった。そのうえに，農業生産物の安

定需要が確実に図られなかったために，市場価格の暴落によって資金繰りに失敗した農家は農地を手放さざるをえなくなった。また，大量の地下水を使用したために表土塩害が発生したり，灌漑用水の確保をめぐって住民間での紛争が頻発した。さらに，化学農薬の大量使用の結果として地域住民の健康異常が生じたり，ガン発生率が高まったりしている。

　緑の革命は，食糧増産に貢献した面もあるが，その一方で化学肥料や化学農薬の大量使用，灌漑用水の大量使用を定着させることによって「負の構造」を生み出したことも事実である。その結果として，米国が牛耳る多国籍農業ビジネスの利権を地球的規模で広げたという批判もなされている。

　現在，アジア諸国を中心にして，環境条件に応じたエコロジカルな農法を導入する「第二の緑の革命」が推進されている。例えば，水不足の地域では節水型の稲作技術の導入が図られている。本来，農業者はそれぞれの土地の気候，土壌，水資源などの自然条件に合わせて種子の改良を行い，それぞれの風土に合う農業を行ってきた。そういう意味で，「第二の緑の革命」は内発的農業開発であり，自律的農業の確立が意図されているといえる。

　1970年代以降に世界各地で展開されるようになったエコツーリズムは，観光開発会社や旅行会社が主導する従来型の観光のあり方とは異なっている。エコツーリズムは，基本的に内発的観光開発にもとづいており，自律的観光が志向されている。そういう意味で，エコツーリズムは第三次観光革命をきっかけにして生み出されたマスツーリズムと一線を画している。エコツーリズムは，内発的観光開発にもとづく「自律的観光」志向があるために，「第二の緑の革命」に類似する面がある。そのために，本書ではエコツーリズムをめぐる動きを「緑の観光革命」と位置づけて，さまざまな角度から取り上げている。エコツーリズムは日本における観光の質的向上に

役立つことによって，まさに「緑の観光革命」としての役割を果たすことが期待されている。

参考文献

石森秀三［1996］「観光革命と 20 世紀」石森秀三編『観光の 20 世紀』ドメス出版, pp. 11-26。
石森秀三［1997］「アジアにおける観光ビッグバン」『月刊観光』367：6-7。
石森秀三［2003］『博物館概論――ミュージアムの多様な世界』放送大学教育振興会。
海津ゆりえ［2007］『日本エコツアー・ガイドブック』岩波書店。
佐々木雅幸［1994］『都市と農村の内発的発展』自治体研究社。
佐々木雅幸［1997］『創造都市の経済学』勁草書房。
敷田麻実（編著）［2008］『地域からのエコツーリズム――観光・交流による持続可能な地域づくり』学芸出版社。
高田公理［1987］『自動車と人間の百年史』新潮社。
鶴見和子［1976］「国際関係と近代化・発展論」武者小路公秀・蝋山道雄編『国際学――理論と展望』東京大学出版会, pp. 58-62。
鶴見和子［1989］「内発的発展論の系譜」鶴見和子・川田侃編『内発的発展論』東京大学出版会, pp. 43-64。
鶴見和子［1996］『内発的発展論の展開』筑摩書房。
鶴見和子［1999］『内発的発展論によるパラダイム転換』（コレクション鶴見和子曼荼羅 IX　環の巻）藤原書店。
鶴見和子・川田侃（編）［1989］『内発的発展論』東京大学出版会。
西川潤［1989］「内発的発展論の起源と今日的意義」鶴見和子・川田侃編『内発的発展論』東京大学出版会, pp. 3-41。
保母武彦［1996］『内発的発展論と日本の農山村』岩波書店。
宮本憲一［1980］『都市経済論』筑摩書房。
宮本憲一［1989］『環境経済学』岩波書店。
宮本憲一・横田茂・中村剛治郎（編）［1990］『地域経済学』有斐閣。

I エコツーリズムとはなにか

1 エコツーリズムの歴史

(1) エコツーリズムの誕生

　エコツーリズムの誕生は，1972年に開催されたストックホルム会議に象徴される，たった一つの地球すなわち「宇宙船地球号」を維持すること（＝持続可能であること）の重要性への気づきが土台となっている。同時的に中南米を旅するツーリストが環境を傷つけない旅をしようと「エコツアー」という用語を使い始め，それらがやがてエコツーリズムという ism を伴った新語に発展していった。

　「持続可能な開発 (sustainable development)」の概念は1980年に国際自然保護連合 (IUCN)，世界自然保護基金 (WWF)，国連環境計画 (UNEP) が3者合同で著した『世界環境保全戦略』において提唱され，世界的に広まった。また，1982年に IUCN が開催した第3回世界国立公園保護地域会議で国立公園における自然保護の資金調達機能としてエコツーリズムの概念が提起され，第4回会議 (1992年) ではエコツーリズムの育成を含む自然保護のための幅広い勧告が採択された。日本のエコツーリズムは，海外で生まれたこのキーワードを「輸入」する形でスタートした。環境庁（現・環境省）や自然保護団体など環境に関わる国際的な動きに近い人々は，すでにこの動きを知っていたことだろう。だが，当時の日本の観光の舞台にエコツーリズムが登場するまでにはまだ間があった。

　1980年代の日本の観光は，大衆観光（マスツーリズム）の全盛期であった。1987年に成立した総合保養地整備法（通称「リゾート法」）とその後数年続いたリゾート開発ブーム，そして各地域も観光業界も

バブル経済を謳歌しようと躍起になっていた時期である。バブル崩壊とともにリゾート狂想曲が終焉を迎え，改めて観光を見直したとき，エコツーリズムは新時代の概念としてそこに存在していたのである。

(2) エコツーリズムの現在

ここ数年でエコツーリズム（またはエコツアー）への社会的関心は急速に高まったように感じられる。NPO法人日本エコツーリズム協会（JES）が毎年実施しているマーケティング調査によれば，「エコツーリズム」の認知度は，無作為抽出で67％，関心層は約8割である。2009年3月現在，「エコツーリズム協会」やこれに準ずる組織は国内に50を超えると推定される。自治体主導によるガイド養成講座は北海道，福島県，東京都，神奈川県，富山県，鹿児島県（屋久島），沖縄県などで行われ，これに民間団体による育成事業を加えると，現在までに講座修了者数は2万人を超える。この数字はダブルカウントやガイド未就業者も含んでいるため，必ずしも職業ガイドの実数を表してはいないが，諸事例から，やはり国内で数万人規模の専業・兼業エコツアーガイドがいると推定されている。一方で，エコツアーへの参加意欲は図Ⅰ-1-1に示すように決して高いとはいえない。しかし，一度でもエコツアーに参加した経験がある人々の再参加の意欲は高く，満足度の高いツアーであることがわかる。

(3) 日本のエコツーリズムの歴史区分

日本にエコツーリズムが上陸してから現在までの歴史経過は，ⅰ．黎明期，ⅱ．調査研究期，ⅲ．実践期，ⅳ．課題提起期，ⅴ．全国展開期の5期に区分することができる（環境省編［2004］）。この時期区分は必ずしも年代と対応しておらず「段階」のようなものであるが，ここでは敢えて年代で区分して，日本におけるエコツーリズム

I　エコツーリズムとはなにか

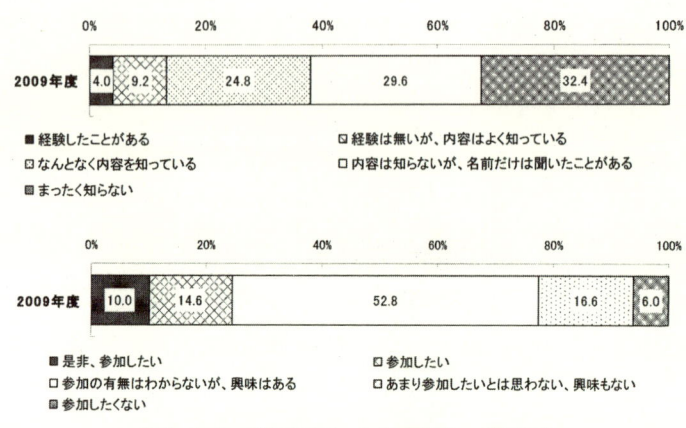

	0%	20%	40%	60%	80%	100%
2009年度	4.0	9.2	24.8	29.6		32.4

■ 経験したことがある　　　　　　　□ 経験は無いが、内容はよく知っている
□ なんとなく内容を知っている　　　□ 内容は知らないが、名前だけは聞いたことがある
■ まったく知らない

	0%	20%	40%	60%	80%	100%
2009年度	10.0	14.6	52.8		16.6	6.0

■ 是非、参加したい　　　　　　　　□ 参加したい
□ 参加の有無はわからないが、興味はある　□ あまり参加したいとは思わない、興味もない
■ 参加したくない

図 I-1-1　「エコツアー」の認知率・参加意向

の歴史をたどってみる。

①黎明期（1980 年代後半）

　言葉としての「エコツーリズム」の輸入が始まった時期である。
　先に述べた IUCN などの国際機関においてエコツーリズムの概念の提起，議論，研究が行われ，日本からも参加者があったが，国内では普及していない。のちに日本最初のエコツーリズム推進団体と考えられるようになった小笠原ホエールウォッチング協会がこの時期設立されているが（1989 年），"エコツーリズム" 自体を認識してのことではなかった。

②調査研究期（1990 年代前半）

　環境庁や自然保護協会などを通じて言葉としてのエコツーリズムが紹介されるようになって間もないこの時期は，主に調査や研究が行われた。
　1990 年度から 3 カ年にわたり，環境庁（当時）が国立公園の利用の

あり方を探るため「環境保全型自然体験活動推進方策検討調査」の名称で知床，奥日光，八丈島，西表島，屋久島の5地区を対象とする調査事業を実施した。西表国立公園は，エコツーリズムを導入する第1号フィールドにしようという考えのもと住民ヒアリングによる資源調査を実施した（本書19頁）。

1992年には日本環境教育フォーラム（JEEF）がエコツーリズム研究会を立ち上げ，エコツーリズムとはなにかをメイントピックに数年にわたり勉強会を続けた。日本自然保護協会（NACS-J）は地域の観光事業者やツーリストに向けたガイドラインの研究を行い，1994年に『エコツーリズムガイドライン』を出版した。旅行業界でもエコツーリズムへのアプローチが始まっており，日本旅行業協会（JATA）は「地球にやさしい旅人宣言」を1993年に発表した。

この時期の実践例としては屋久島での屋久島野外活動総合センター（YNAC）の設立（1993年），西表島エコツーリズム協会設立準備会発足（1994年）等が挙げられる。YNACの設立は奇しくも1993年の世界自然遺産指定と同年となり，屋久島をエコツアーの一大拠点に育て，多数のガイド業者を生むこととなった。

③実践期（1990年代後半）

この時期には，早期に実践に踏み切った屋久島や小笠原，西表島等の活動を研究してきた各地で，エコツーリズム協会が設立されるようになった。1998年にはエコツーリズム推進協議会（JES, のちにNPO法人日本エコツーリズム協会）や北海道のエコツーリズムを考える会などが設立された。JESは，以後各地で全国大会を開催し，全国にエコツーリズムを普及する礎となった。

④課題提起期（2000年代前半）

1990年代後半までに設立された各地の団体やガイドが実践を始

Ⅰ　エコツーリズムとはなにか

めて数年が経ち，実践上の課題が提起されるようになった時期である。インタープリテーション技術の向上や資金確保，ガイド業の継続性，地域とガイドの軋轢など様々な課題が提起され解決策が議論された。

⑤全国展開期（2000年代後半～）

　2003年度に環境省が設けた「エコツーリズム推進会議」(294頁参照）とそれに続くモデル事業3カ年計画を大きなきっかけとして，全国でエコツーリズムに対する関心と取り組みが一気に進んだ。これまではエコツーリズムに取り組む地域は小笠原や西表島，屋久島，北海道のような典型的な自然地域であったが，この会議をきっかけとして，既存観光地や里地里山など，これまでエコツーリズムと無縁であった地域が関心をもち，導入を図るようになった。

　2007年6月には「エコツーリズム推進法」が制定され，2009年に埼玉県飯能市が認定第1号となった。その後，沖縄県，座間味村と渡嘉敷村などが認定をめざしている（第Ⅵ部第3章参照。また，巻末に世界と日本のエコツーリズムの歴史年表を掲載した）。

(4) 日本のエコツーリズムの先進地，西表島

　西表島は日本のエコツーリズムの先進地である。ここでその始まりについてトピック的に紹介しよう。

　発端は，1972年の沖縄の日本返還であった。西表島は，沖縄の奥座敷的な位置にある八重山諸島では，最も大きく，住民の数も多く，かつ固有の文化が色濃く残る島である。沖縄全体が観光地化していく中で西表島への注目度は高まった。急速に始まった「本土並み」への整備や観光開発の嵐に，父祖が拓いてきた土地が奪われていくことへの危機感を覚えた若者たちが始めた伝統文化保存運動（「工芸村運動」と彼らは名付けた）とシマおこし運動が，島の自然や文化の見

1 エコツーリズムの歴史

直しと，地域主導型観光の導入に火をつけた。

　伝統的な生業である農業や芸能の島としてのアイデンティティを守りたい島民と，観光業者（地元事業者を含む）の間で島づくりの考え方のギャップが徐々に大きくなっていった。一方で，イリオモテヤマネコの保護のために島民は島を出ろというような偏った自然保護論争（通称「『ヤマネコか人か』論争」）などもあり，短い期間に様々な試練を受けた。

　衝突が起きる原因は，観光においても自然保護においても，住民が主体ではなかったことにあった。島文化の保存と継承を願う島民の働きかけもあり，環境庁は，先に挙げた「環境保全型自然体験活動推進方策検討調査」事業によって，1991年度に島民を多数巻き込んでエコツーリズム資源調査を行い，島の資源の価値を島内外に広めようとした。後にその結果を取りまとめた『ヤマナ・カーラ・スナ・ピトゥ――西表島エコツーリズムガイドブック』（安渓・石垣他［1994］）を発行した。出版記念パーティの席上でエコツーリズム協会設立準備会が立ち上がり，1996年5月14日に正式な協会として発足したのである。14年後の2010年3月30日にはNPO法人となった。会長は，工芸村運動のシンボル的存在である染織家，石垣昭子さんが務めている。

　協会の役割は，西表島をほりおこし，伝える文化運動と環境保護活動，ガイド養成などの啓蒙である。島内でのリサイクル運動やビーチクリーンアップは協会によってスタートした。2, 3年に1回開催される「島人文化祭」も協会が始めたものだ。会員はダイバーやエコツアーガイド，農家や研究者，漁業者，民宿オーナー，土産品店など，多種多様なメンバーが参画している。エコツアーの普及や斡旋といった表面的な営業活動ではなく，エコツーリズムを島の伝統文化の継承という文化運動として深くとらえる母体としての活動が展開されている。過去に水陸両用艇を導入しようとした事業者

や，島随一の聖地とされる海浜に建てられたリゾートホテルに対しての反対運動を牽引した。

　西表島の歩みは，ほかのエコツーリズム推進地域が直面するであろう様々な課題や状況を先んじて経験してきた。何かが起こるとエコツーリズム協会に非難が及ぶこともあった。それでも調査開始から約20年，メンバーは徐々に増えたり変わったりしながらも，理想がぶれることなく歩み続けている。
　　　　　　　　　　　　　　　　　　　　　　　　　　（海津ゆりえ）

参考文献
エコツーリズム推進協議会［1999］『エコツーリズムの世紀へ』エコツーリズム推進協議会。
安渓遊地・石垣昭子・石垣金星他［1994］『ヤマナ・カーラ・スナ・ピトゥ──西表島エコツーリズム・ガイドブック』西表島エコツーリズム協会。
環境省編［2004］『エコツーリズム──さあ，はじめよう！』日本交通公社。

2 エコツーリズムとはなにか

　エコツーリズムが日本に上陸して20年余りが経過した。環境の世紀と呼ばれた21世紀であったが,地球温暖化など,地球レベルで取り組まなければならない環境問題はますます深刻になりつつある。エコツーリズムは,この環境危機の時代における観光として,誰もが1度は耳にしたことがある言葉になった。エコツアーもメディアでしばしば取り上げられるようになった。親子で参加するエコツアー,中高年向けエコツアーなど年齢別に対象を絞ったものもあれば,ボルネオ,ガラパゴス,コスタリカ,ニュージーランド等,世界各地のエコツアーを紹介するテレビ番組も誕生した。

　ではエコツーリズムとはなにか。そう改めて問いかけられたときに,明確に答えるにはどうすればよいだろうか。実は,10人いれば10通りのエコツーリズムの解釈が存在するといわれているように,とらえ方は様々に存在する。旅行であり,自然保護の手段であり,地域振興の手段であり,と目的も幅広い。むしろ,それらの総体がエコツーリズムだといえよう。

　本章ではエコツーリズムの歴史,定義と理念を整理する。

（海津ゆりえ）

§1　エコツーリズムの定義

（1）語義的定義

　エコツーリズムは,「エコ」と「ツーリズム」を組み合わせた合成語である。エコはエコシステム（生態系, ecosystem）またはエコロジー（自然環境, ecology）のエコ,ツーリズムは観光旅行,観光事業を

I エコツーリズムとはなにか

意味する tourism。しかし,第Ⅰ部冒頭で述べたように,エコツーリズムという語よりも先に行動としての「エコツアー」が行われていたため,語義からエコツーリズムの意味の発祥をたどることに,さほど大きな意味はない。概念に言葉を与えたようなものだからである。

「エコツアー」という言葉を考案したツーリストたち(20世紀後半にコスタリカのモンテヴェルデ〔現自然保護区〕を訪れ,後に入植した米国人クエーカー教徒たちといわれている)は,できるだけ環境に対して負荷をかけずに旅行することを目指した。それ以前は,キャンプに出かけたら周囲の樹木を伐って薪とし,ゴミが出たら「穴を掘って埋める」のが常識だった(50センチメートル以上掘れ,と具体的に書かれた国立公園のルール等もあった)。彼らは,少人数で移動し,ゴミをもち帰り,燃料を持参するスタイルを提唱し,そのような旅人をエコツーリストと名付けた。旅人の意識変革を起こしたのである。1970年代は,ベトナム戦争のさなかにあって米国ではヒッピー・ブームを迎え,ストックホルムでは国連人間環境会議が開催された頃である。大自然の前に人間活動を改めようという理念が生まれた時代であった。

(2) 自然保護の立場から

だが熱帯地方の自然保護地域などのように,豊かな自然資源をもちながら経済的貧困のために十分な資源の保全を図ることができず,資源の切り売りに生計を委ねざるを得ない地域は数多い。東アフリカの国立公園等では,地域経済を支える産業を開発できず,公園や周辺に生息する大型獣(ライオンやサイ,ゾウ,トラなど)を狩猟し,皮や象牙を販売したり,高価なハンティング・ツアーを手引きしたりすることで日々を凌がざるを得なかった。生活のための手段が自然保護を脅かす。この問題を解決する手段として,1980年代初頭に自然保護の立場から提唱されたのがエコツーリズムであった

(Thresher [1981])。マラウィやジンバブエ等では，野生動物を殺さずに見る観光（サファリツアー）が，大型獣の保護と地域経済の両立を図る自然保護政策として導入された。ビジネスである観光事業を自然保護に活用するという考え方である。WWFではこの観点からエコツーリズムを次のように定義している。

> エコツーリズムとは，①保護地域のための資金を作り出し，②地域社会の雇用を創出し，③環境教育を提供することにより，自然保護に貢献する自然志向型の「観光」である。
>
> （Boo [1990]，ナンバリングは筆者）

（3） 観光事業の立場から

観光業界でも，1985年における世界観光機関（UNWTO）と国連環境計画（UNEP）による「観光の権利に関する宣言，並びに観光規範」（通称「環境と観光に関する共同宣言」）等により，観光事業が訪問先の地域の自然や文化の保全に責任があることの自覚が促された。国際機関に所属する各国の観光業界団体等には，いち早くその情報が伝えられている。

アメリカ旅行業界団体は，エコツーリズムについて次のような言葉で所属団体に伝達している。

> エコツーリズムは，環境との調和を重視した旅行，すなわち野生の自然そのものや環境を破壊せずに自然や文化を楽しむことを目的としている。　　（国際観光振興会企画調査部監修 [1992]）

自然保護団体によるエコツーリズムの定義と表現が異なっているのは，その普及対象が自然保護の担い手ではなく観光事業者だからである。事業者にとっては，エコツーリズムも彼ら自身や業界にとってのビジネスの手段でなければ取り組む理由がない。だが，観光事業者にとって地域資源の保全と維持は，彼ら自身のビジネスの持続のために不可欠な前提条件なのである。

（4） 観光者の立場から

エコツーリズムにとっての消費者は観光者である。観光者が参加してコインを投下することで，エコツーリズムの仕組みは動き出す。自然保護団体や観光業界団体の中でエコツーリズムが話題に上る場合は，「考え方 (ism)」でよいが，その理念を形にしたツアーに観光者が魅力を感じるかどうかは「商品」の質が物をいい，観光者が商品を買わなければエコツーリズムは絵に描いた餅である。エコツーリズムという考え方にもとづくエコツアーがどのような内容や体験プログラムをもつものか。早い時期からエコツアー会社を営み，自身もエコツーリズム研究者である International Expeditions 社（マレーシア）のリチャード・ライエルは，1989 年にエコツアーについて次のように定義している（国立公園協会・日本エコツーリズム協会 [1993]）。

> その地域の文化および環境を作り上げて来たナチュラルヒストリーに対する理解を生み，生態系を損なわないことへの配慮を強調するという明確な目的をもった，自然地域への旅であり，その経済効果によってその原生的な環境の保全に貢献するものである。

この定義の中では，自然への理解を深めるという点と経済効果によって原生的な環境保全に貢献するという点が強調されている。少人数でなければならないといった行動条件については触れていないが，上記 2 点を実現しようとしたとき，自ずと伝えるべき内容や行動形態はコントロールされていき，結果的に環境教育的な内容をもった，少人数で環境に負荷を与えない形で行うツアー形態に収斂されていく。誰もが満足できる平均的な内容にとどめ，多人数に対応しようとするマスツーリズムとは違ってくる。

2 エコツーリズムとはなにか

(5) 地域振興の立場から

エコツーリズムの特徴は，観光事業者や観光者など利用する側へのサービスに目的を置くのではなく，あくまでも地域資源の持続的な保全と利用を究極の目標に置いている点にある。そのための手段として，観光を通じた地域振興という手法を採用しているのである。例えば西表島では，「保全」そのものが地域振興の目標と重なっている。

西表島におけるエコツーリズム資源調査の結果から，環境庁は1992年に，日本におけるエコツーリズムを次のように定義した。

> 世界的にもまれなほどに多様な自然を有するわが国の各地域固有の自然と，その中で生活する地域住民と自然との関わりから生まれた文化資源について，それらとの接し方を含めてガイドを提供し，旅行者が地域の自然・文化への深い理解を得るとともに，自然保護意識の高揚や人間形成を図ることができるような旅行。さらに，その活動による環境に対する影響を最小限にとどめ，かつその収益が地域の環境保護のために貢献するしくみをもつ旅行。　　　　　（国立公園協会・自然環境研究センター［1992］）

(6) エコツーリズムが目指すもの

日本全国へのエコツーリズムの普及を目指して1998年に設立されたエコツーリズム推進協議会は，以上をふまえて1999年にエコツーリズムを次頁のように定義している。

この定義の下敷きとなり，この概念を図で表したものが，「エコツーリズムトライアングル」（図Ⅰ-2-1）である。エコツーリズムはこの図に示した三つ

図Ⅰ-2-1　エコツーリズムトライアングル

（出所：真板・海津［1994］）

25

I　エコツーリズムとはなにか

表I-2-1　エコツーリズムを支えるもの

	地域資源の保全	資源を生かした観光	地域振興
必要な要素	ルール ガイドライン 保全資金 環境配慮の基準 保全の担い手	プログラム ガイド 情報 観光事業者（旅行代理店，宿，交通機関など）	経済的還元 社会的還元（人材交流，知恵，情報）
	推奨制度，認定制度		

> エコツーリズムとは，①自然・歴史・文化など地域固有の資源を生かした観光を成立させること。②観光によってそれらの資源が損なわれることがないよう，適切な管理に基づく保護・保全をはかること。③地域資源の健全な存続による地域経済への波及効果が実現することをねらいとする，資源の保護＋観光業の成立＋地域振興の融合をめざす観光の考え方である。それにより，旅行者に魅力的な地域資源とのふれあいの機会が永続的に提供され，地域の暮らしが安定し，資源が守られていくことを目的とする。
>
> 付記
> 〈上記エコツーリズムの概念を定義付けするにあたっての考え方〉
> ①エコツアーとは，こういったエコツーリズムの考え方に基づいて実践されるツアーの一形態である。
> ②エコツーリズムの健全な推進を図るためには旅行者，地域住民，観光業者，研究者，行政の五つの立場の人々の協力がバランス良く保たれることが不可欠である。
> ③環境の保全を図りながら観光資源としての魅力を享受し，地域への関心を深め理解を高めてもらう手段としてのプログラムがつくられるべきであり，地域・自然・文化と旅行者の仲介者（インタープリテーションの能力を持ったガイド）が存在することが望ましい。
>
> （エコツーリズム推進協議会［1999］）

の辺が美しい正三角形を描いたときに理想的な姿となる。三つの辺を要素分解すると、この三角形を支えるために何が必要か、またエコツーリズムの裾野がいかに広いかが浮かび上がってくる。

エコツーリズムとは、このように多面的な要素を結ぶひとつの理念である。自然保護、観光振興、地域振興など、アプローチの異なる彫刻家が、それぞれが使い慣れた道具を使って一つのオブジェを作り上げるようなものなのだ。様々な表現があるのは、各者がエコツーリズムの考え方を咀嚼しやすい形にかみ砕いたことの表れである。

§2 「オルタナティブ・ツーリズム」としてのエコツーリズム

(1) 観光史からみたエコツーリズム

「観光はその時代を映し出す鏡のようなもの」と言われる。エコツーリズムを観光史の中に位置づけるとどうなるだろうか。先述したように、エコツーリズムはマスツーリズムブームへの流れを変えるものとして現れたといえる。それまでの大量送客・大量消費に基盤を置くスタイルから、地域の個性、観光者の志向など「個」を基本単位として観光者と訪問先を結ぶスタイルへの大きなパラダイムシフトを促した。いわばマスツーリズムを主流とした時の「もう一つの観光（オルタナティブ・ツーリズム）」として登場したのである。

エコツアーは個の志向にもとづく「スペシャル・インタレスト・ツアー（SIT）」に分類される。そして環境保全に責任をもち（リスポンシブル・ツーリズム）、箱物や整備されたレジャー施設に依存しないソフトツーリズムである。

体験の対象は地域によって様々であるが、世界自然遺産や国立公園などのようにもっぱら自然資源をベースとするツアー（ネイチャーツーリズム）、里地里山里海のように地域の生活や農林漁業などの生業を体験するツアー（ルーラルツーリズム、グリーンツーリズム、ブルー

ツーリズム,フォレストツーリズムなど),集落がビジネスとして取り組む生活観光(コミュニティベースドツーリズム)もある。ときにはアドベンチャーツーリズムの性格が強い場合もある。

里地里山里海では地元学の普及などにより,各地で小さな手作りエコツアーが生まれている。観光政策ではエコツーリズムをヘルスツーリズム等とあわせて「ニューツーリズム」のひとつのタイプと位置づけ,インバウンドの目玉にしようとしている。が,エコツーリズムは,そのような「タイプ」に分類されるものではない。

(2) エコツーリズムとその他のツーリズム

グリーンツーリズムは農をテーマとしたエコツアーといえる。ではグリーンツーリズムとエコツーリズムはどう違うのか。筆者(海津)はエコツーリズムは地域資源の保全と活用の理念であり主体や場所やツアー内容を規定しないが,グリーンツーリズムは農村での具体的な体験や交流に目的が特化されたもの,と答えている。その中で日本におけるグリーンツーリズムは,農村で農家が行う農家民泊と農業体験を組み合わせた都市と農村交流の仕組みとして発展した。農村全体の活性化であったり,農作業の担い手確保手段であったりと目的は地域によって異なっている。単なる援農隊の獲得手段のときもあるが,農村の生活や農にまつわる技術などの文化の継承をねらいとしていることもある。環境保全や地域活性化が主眼であるという点で,エコツーリズムの理念と重なる。

(3) サステイナブル・ツーリズム

1992年にリオデジャネイロ(ブラジル)で開催された国連環境開発会議(通称「地球サミット」)の中心テーマは「持続可能な開発」であった。この会議は,1980年に発表された『我ら共通の未来』で提唱されたサステイナブル・ディベロップメントという概念を世界的

2 エコツーリズムとはなにか

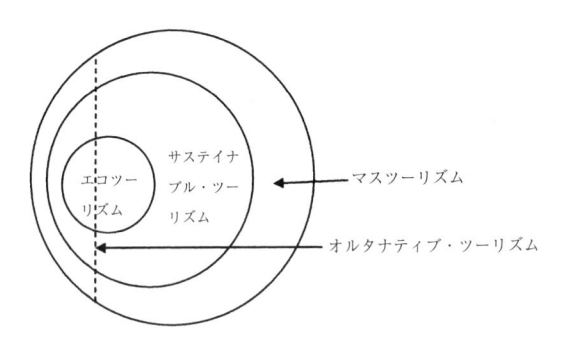

図Ⅰ-2-2　ウィーバーの図（Weaver [2001]）

（図中：エコツーリズム／サステイナブル・ツーリズム／マスツーリズム／オルタナティブ・ツーリズム）

に普及させるきっかけを作り，アジェンダ21を通じて，世界各国や各産業界に対して，持続可能な方法で開発を進めることを求めた。とりわけ世界規模の産業である観光業界に対しては，10年後の2002年を国際エコツーリズム年とし，エコツーリズム推進に大きな飛躍を促した。このことがきっかけとなり，「エコツーリズム」はより包括的な概念である「サステイナブル・ツーリズム」に括られることが多くなった。ウィーバーは，エコツーリズムとサステイナブル・ツーリズムの関係を図で表している（図Ⅰ-2-2）。観光事業者側から見れば，資源の維持は観光事業の持続性を支える必須条件である。サステイナブル・ツーリズムは，自然環境だけでなく都市観光やレジャー等の分野にも適用できる広い概念といえ，必ずしもエコツーリズムとイコールではない。両者の関係は今後整理が必要だが，マスツーリズムのエコ化を進めていく重要なキーワードとして注目されている。

　国連世界観光機関（UNWTO）は，サステイナブル・ツーリズムを次のように定義している。

　　持続可能な観光開発の指針と管理の実践は，マス・ツーリズムやさまざまなニッチマーケット向けの観光を含む，あらゆる

タイプの旅行目的地でのあらゆる形態の観光に適用することができる。

持続可能性の原理は，観光の発展における環境，経済，社会文化の側面に関わっている。永続的な持続可能性を担保するためには，これら三つの次元の間に適切なバランスがとられていなければならない。したがって，持続可能な観光には以下の三つの要件が求められる。

(1) 環境資源を最適に利用しなければならない。
(2) ホスト・コミュニティの社会文化的真正性を尊重しなければならない。
(3) 長期間にわたり存続可能な経済活動を保障しなければならない。

(海津ゆりえ)

参考文献

エコツーリズム推進協議会［1999］『エコツーリズムの世紀へ』エコツーリズム推進協議会。

国際観光振興会企画調査部監修［1992］『海外及び日本におけるエコツーリズム（環境と調和した観光）の現状』（財）国際観光サービスセンター。

国立公園協会・自然環境研究センター［1992］『平成4年度環境保全型自然体験活動推進事業報告書』

国立公園協会・日本エコツーリズム協会［1993］『自然体験活動推進方策検討調査報告書』

真板昭夫・海津ゆりえ［1994］『Ecotourism 国際エコツーリズム大会発表資料』アドベンチャー・トラベル・ソサエティ。

Boo, Elizabeth [1990] *Ecotourism: The Potentials and the Pitfalls*. World Wildlife Fund.

Thresher, Philip [1981] "The economics of a lion", *Unasylva* 133 (134), FAO.

Weaver, D.B. [2001] "Ecotourism in the Context of Other Tourism Types",

Weaver, D.B. *The Encyclopedia of Ecotourism*. CABI Publishing, Wallingford. pp.73-83.

World Tourism Organization [2004] *Indicators of Sustainable Development for Tourism Destinations: a Guidebook*.WTO, Madrid.

3 エコツーリズムとエコツアー
―― 「グッドエコツアー」にみる楽しみ方

エコツーリズムとエコツアー

エコツーリズムとエコツアーの2語は,しばしば混同して用いられている。筆者(海津)が初めて参加したエコツーリズムに関わる国際会議(アドベンチャートラベルソサエティ主催)においても,参加者からエコツーリズムとエコツアーの差異について質問が出た。主催団体理事のジュディ・ウォールデンが「理念か,商品かの違いである」と即答したのが印象に残っているが,この表現はわかりやすい。

ウォールデンがいう通り,エコツアーはツアー商品でありツーリストが購入できるものだが,エコツーリズムは考え方であり,売ったり買ったりするものではない。前者に直接関わるのは観光客と観光事業者だが,後者は行政や自然保護団体,住民や観光事業者など多種多様な人材が直接・間接的に関わることでできる社会運営のシステムであり,エコツアーの存在基盤である。

グッドエコツアー

エコツーリズムに取り組む地域が増え始めるとともに,商品とし

表Ⅰ-3-1　エコツーリズムとエコツアー

視点	エコツーリズム	エコツアー
分類	理念	商品
購入可能か	不可	可
担い手	多様	観光者や事業者
形態	運営システム	ツアー

ての「エコツアー」も各地で増えている。本来，エコツーリズムの基本理念である保全と地域振興への貢献と配慮をポリシーとした商品をエコツアーと呼ぶが，エコツーリズムの概念も浸透していない時期である。理念の解釈も人それぞれで，エコツアーの基準は極めて曖昧であった。活動の場が自然というだけのアドベンチャーツアーや，自然地域でのバス旅行，ゴミ拾いツアーなど様々なエコツアーが誕生し，旅行者から「どこが一体エコツアーなの？」とクレームが出るような自称エコツアーも散見されるようになった。

エコツーリズム推進協議会（→日本エコツーリズム協会）は，1999年，エコツアーの推奨制度検討委員会を設け，2004年に推奨制度「グッドエコツアー（GET）」を運用開始し，ツアー事業者に呼びかけている。

グッドエコツアーは，エコツアーが満たすべき基準を四つの柱（自然環境保全への貢献，地域社会への貢献，楽しく質の良い内容，安心安全への配慮）にもとづく20のチェック項目（次頁表）で表し，事業者の自己申告書と推薦状をもとに審査を行い，基準を満たしていれば2年間ロゴマークを貸与するという仕組みである。この制度は，社会的認知を得，「エコツアーとはなにか」という問いに答える一つの指針といえるだろう。

本章では，数あるエコツアーの中から，「富士山登山学校ごうりき」と「観光ネットワーク奄美」のツアーを紹介する。

ごうりきの富士登山ツアーは，参加者ひとりひとりが自分の力で富士登山を達成できるようていねいな指導を行う一方，富士登山がもつ文化的意味，利用過剰圧を回避することでの環境配慮など，多方面に配慮したバランスの良いツアーを展開している。

観光ネットワーク奄美のツアーは，奄美生まれの島人だからこそ伝えられる自然と文化の奥深さ，生活の中での真の息吹などが強いメッセージとして発信されている。地域の文化を継承していく使命を担い，ツーリストもそこに引き込まれていく。　　　　（海津ゆりえ）

I エコツーリズムとはなにか

表 グッドエコツアー審査基準

番号	楽しく,質の高いツアーを!	条件
1	ツアーには,専門的知識を有するガイドが同行します。	必須
2	対象者の興味や体力などに配慮して,ツアーを行っています。	必須
3	参加者の発見,感動,楽しみを引き出す工夫をしています。	必須
4	プログラムのテーマあるいはねらいが明確です。	必須
5	ツアーは,障害者も参加可能な仕組みをとっています(障害の内容やしくみについて具体的にご記入下さい)。	
6	アンケート等を行い,参加者の意見をツアーに反映しています。	

番号	参加者が安心できるツアーを!	条件
7	ツアー中の事故などをカバーする保険に入っています。	必須
8	救命救急法のトレーニングを受けたガイドが同行します。	必須
9	事故などへの緊急対応がマニュアル化されています。	必須
10	天候による予定の変更が準備されており(判断基準の明確化など),利用者にもその旨が伝えられています。	

番号	資源を守るツアーを!	条件
11	参加者に対して,地域や自然環境への配慮を促す説明等を行っています。	必須
12	フィールドでのゴミの持ち帰り及び排泄物の適切な処理を行っています。	必須
13	資源保全のためのガイドラインを自主的に設定し(もしくは既存のガイドラインを取り入れ),遵守しています。	必須
14	フィールド特性に合わせた人数制限を行っています。	
15	環境調査(社会調査,自然調査)を行いツアーに反映しています。	
16	ツアー参加費の一部が地域や自然の保全資金として使用されています。	

番号	地域に貢献するツアーを!	条件
17	地域の歴史や文化,生活などについての情報提供を行っています。	必須
18	地元資本の観光事業者(食事・宿泊・交通等)の利用を促進しています。	必須
19	ツアー中に地場特産品の紹介が行われています。	
20	ツアーの企画・実施にあたって,地域住民の参画があります。	

3 エコツーリズムとエコツアー

> 「富士山エコツアー・スターダストコース」
> ——富士山登山学校ごうりき(山梨県) http://www.fujitozan.jp
> 　　　　　　　　　　　　　　　　　　　　　　　　近藤光一

　富士山登山学校ごうりきは，富士山全域において，経験豊富で各種ライセンスを保有したスタッフが，幼児から一般・学校・企業などに向けて「エコツアー」や「参加型の体験学習プログラム」の自然体験活動や環境教育などを企画・実施しているエコツーリズム事業所です。2006年には，二つのツアーがグッドエコツアーの推奨を受けました。2007年には，「環境省　第2回エコツーリズム大賞　特別賞」を受賞いたしました。大型観光地である富士山において，エコツアーに徹底的にこだわり，ルールの策定，きめ細かいガイダンス，環境保全に積極的に取り組んでいます。また人材育成など後継者の育成にも取り組み，一民間事業者を超えた地域全体に波及する活動を行っています。さらに，富士山における環境問題なども積極的にお伝えし，観光客への環境配慮の普及啓発に努めています。

ツアーの内容：どんなに楽しいツアーか

　日本一の富士山には誰もが憧れます。いつかは，頂上に立ってみたい，大切な人と一生に1度の夢を形にしたい……と。
　このツアーは，1泊2日，途中，山小屋で仮眠をとり夜間登山し，富士頂上でご来光(朝日)を眺めるという行程です。富士山の大自然，その一つである夜空はこぼれおちるほどの満天の星，無数に輝きおちる流れ星，宇宙に吸い込まれるような一体感を味わうことができます。そしてご来光は神秘的で，凍えた身体，疲れた心の底まで温めてくれ，太陽の

都道府県	ツアー名	主催
石川	能登島野生イルカと泳ぐエコツアー	能登島ダイビングリゾート
石川	ウミホタルナイトスノーケリング	能登島イルカ・海洋研究所
長野	自然湖ネイチャーカヌーツアー	おんたけアドベンチャー
兵庫	インタープリテーションツアー	NPO法人六甲山と市民のネットワーク
鳥取	アドベンチャークルーズ	皆生リクリエーショナルカヌー協会
鳥取	皆生海岸海上散歩カヤック	皆生リクリエーショナルカヌー協会
長崎	対馬の自然と歴史を満喫するシーカヤックツーリング	対馬エコツアー
鹿児島	縄文杉一泊二日トレッキングキャンプコース	ネイチャーガイド　オフィスまなつ
鹿児島	原生林ハイク／白谷雲水峡コース	ネイチャーガイド　オフィスまなつ
鹿児島	金作原原生林探検ツアー	観光ネットワーク奄美
鹿児島	屋久島　島めぐりエコツアー	Eathly Company
鹿児島	屋久島　カヤックエコツアー【1日コース】	Eathly Company
鹿児島	屋久島　沢登りエコツアー	Eathly Company

グッドエコツアー対象ツアー（2010年8月現在：31ツアー）

北海道

- 利尻島　甘露泉水～ポン山トレッキング
  利尻はなガイドクラブ
- 利尻島　南浜湿原ハイキング 
  利尻はなガイドクラブ
- CO₂削減啓発ツアー　"炭素の旅"
  十勝千年の森
- 流氷ウォーク 
  NPO法人　SHINRA
- 釧路川を下る・ネイチャーボート 
  みどりコース
  屈斜路ガイドステーションわっか
- 無人島探検ツアー 
  ペンションポーチ
- 霧多布湿原長ぐつトレッキング 
  霧多布湿原センター
- 尻別川カヌーツーリング 
  ニセコアウトドアセンター

青森

- 白神山地マタギ小屋泊
  トレッキングツアー
  白神マタギ舎

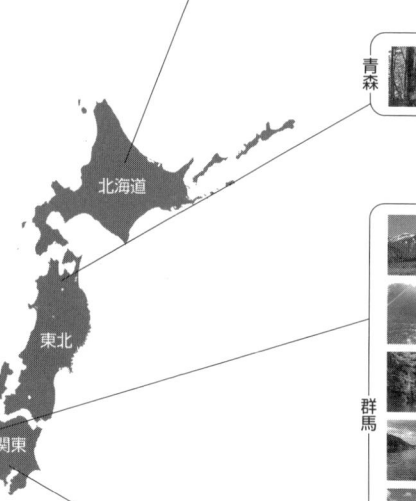

群馬

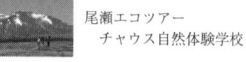

- 尾瀬エコツアー
  チャウス自然体験学校
- 湖の早朝散歩カヌーツアー 
  レイクウォーク
- 湖の半日探検カヌーツアー 
  レイクウォーク
- レイクカヌーツーリングツアー 
  レイクウォーク
- カヌー半日ツアー 
  ファンテイル
- スノーシュー半日ロングツアー 
  ファンテイル

山梨

- 富士山エコツアー
  富士山信仰の吉田口登道コース
  富士山登山学校ごうりき
- 富士山エコツアー 
  富士登山シャイニングコース
  富士山登山学校ごうりき

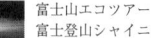

東京

- ホエールウォッチング＆
  ドルフィンスイムツアー
  株式会社シー・タック
- イルカのKちゃんのお母さんに 
  会い行こう
  NPO法人PACI 国際海洋自然観察員協会

I エコツーリズムとはなにか

力を感じることができます。果てしなく続く雲海は,跳びのれば地球の果てまでも運んでくれるようです。風の冷たさや打ちのめされるような強さなど,刻々と表情を変える富士山の大自然を全身で感じ,感動と達成感を参加者の皆さんとエコツアーガイドとで共有しながらの富士登山。自分自身の心と真っ直ぐに向き合い,そして水や電気がなく不便な中,人々の優しさに触れ,富士山文化や風土に触れ,それぞれにとって大切なものが何かを,改めて考えさせられる時間があります。富士山が今まで以上に,特別な場所,特別なものになります。まさに富士登山の文化でもある,五感+心の六根を清浄する1泊2日の「六根清浄」の旅です。

屋久島や知床,小笠原など他の大自然エコツアーと違うところは,事前の努力があれば自分自身に余裕が生まれて,思う存分に富士山を楽しめるということ。一方,高山病や体力不足などのために登頂という夢が叶わないこともあります。全ての人が富士山の頂上へは行けないのです。

現在の富士登山では道案内的なマスツアーガイドや個人で楽しむ人たちが多い中,当校ツアーに申し込んだ方は,その瞬間から富士登山が始まっています。健康上不安……なら健康運動実践指導者が当日までの運動をサポート。体力がないから,という不安には,日々少しずつ運動を。運動メニューもサポート。登山も初めてで,と不安なら,富士登山の前に富士山の裾野から雄大な姿が見える近郊の山への事前トレックもあります。歩き方も,道具の使い方も事前に知っていれば安心です。初めてで登山道具がないなら,適切なレンタルもあります。事前説明会でスライドを使ったシミュレーションもあります。事前の装備の準備,準備運動そして本番の富士登山。不安な気持ちを一つ一つ消しながら,当日を迎えます。

ツアーが始まれば,まずは参加者の皆さんとオリエンテーションを通してそれぞれの目的を共有します。エコツアーガイドの笑顔と自信にみ

3 エコツーリズムとエコツアー

なぎり鍛えられた身体に安心を覚えます。ガイドは，疲れない歩き方，休憩のとり方，観天望気，山小屋の上手な利用法など皆さんの安全面を常にサポートしながら，富士山の自然，富士登山の歴史，富士山を取り巻く環境などのガイダンスをしながらの登山を進めます。まごころを込め，その場その時に適切に言葉を選んで声をかけていきます。おひとりおひとりの富士山への想いを大切にサポートしていきます。決して，「先頭を歩き，ガイドが連れて行ってあげる」のではありません。そこには，参加者の皆さんの力，そして目に見えない富士山の力があるのです。それらを大切に，背中を見つめているのです。ここぞ，という時に軽く，時には思い切り背中を押すのです。「富士山登山学校ごうりき」のごうりきは，漢字をあてはめれば，「合力」。参加者の皆さんもその力を感じるのでしょう。それまでの努力や家族の絆がより深まり，天気が良ければなおさらのこと，大きな感動が待っています。

　富士山登山学校ごうりきのツアーは，富士登山に不安をいだき，安全に富士山の頂上に立ちたいと願う人々や富士山の魅力に魅せられ毎年足を運んでくれる方々が安心してご参加いただける深みのあるツアーです。

環境への配慮

　富士山の登山者は，他の山の経験もない初心者の方々が多くを占めます。

　富士山のトイレは，水や電気が限られるうえ高所で寒冷など厳しい気象条件下にあるため，技術的・費用的な問題から，環境にやさしいトイレを設備することが困難でした。国や県を挙げて研究調査を進め，山小屋経営者への補助など一丸となって取り組み，2007年には，山梨県側の山小屋は全て環境型トイレに生まれ変わりました。これらの背景を「富士登山前のしおり」や「事前説明会」でご案内し，設備されたが，維持管

I　エコツーリズムとはなにか

理には莫大な費用や人力を伴っていることをお伝えし，チップについての理解を促し協力を願っています。ツアーでは山小屋のトイレをお借りしている現状から，山小屋閉鎖時の登山ツアーは開催せず，環境にも配慮しています。

さらに富士山の溶岩は水を浸透させてしまうため，水も大変貴重な存在です。山小屋でのトイレや食器の洗浄には雨水をろ過し利用していることを事前にお伝えし，マイ箸・マイカップをご持参いただくように理解を求めています。特に2008年は，急激な登山者数増加や晴天が続き，その雨水も底をつくような事態でした。

また，ゴミは景観を損ねるだけでなく，山小屋や自治体が，ふもとまでの運搬・焼却に莫大な額を負担している現状をご理解いただき，無駄なものは富士山へもち込まない，ゴミのもち帰りなど，啓蒙活動に力を注いでいます。

以前から問題となっていた山頂の積み石のケルンや石文字などは，美しい景観を損ね，またその行為自体，登山道を外れ大変危険を伴うため，おやめ頂くようご協力を得ています。

さらにグッドエコツアーに推奨されているこのツアーだけでなく，頂上までの富士登山ツアー参加者の個人の皆様へは，参加費の中から，環境負担金としてお1人様200円を「ごうりき基金」として積み立て，年に1度，地元地域や適切なNPO，団体などへ寄付しています。自然環境の保全活動やフィールド維持などのための資金として活用いただいています。それらの理解とご協力を得ています。

社会への配慮

富士登山を少しでも長くご堪能いただくよう，また安全面からも，ゆっくりな行程をつくり富士山ふもとへの前泊・後泊を推奨しています。

できるだけ、地元の交通機関をご利用いただき、堪能していただけるよう、観光協会や観光財団とともにツアー参加者に働きかけをしています。

昭和39（1964）年には富士山五合目までの富士スバルラインが開通したためその後廃止されてしまった「北口吉田口登山道」の復活を願い、ふもとからのコースも常設しています。おやすみ処で地元の方々と触れ合うことにより、感動もより深いものとなっています。特に地元富士吉田では、富士山の湧水を利用した「うどん」が根づいている食文化のご紹介や、富士講の歴史のある御師民宿、湧水の温泉利用など、直帰型の富士登山から滞在型富士山周辺観光へとつなげています。

安全性への配慮

毎年登山シーズン前に主要都市において、アウトドアメーカーの協力を得て、富士登山の事前説明会を行い、装備の重要性、高山の危険性や環境配慮の普及啓発を行っています。

ツアー希望者へは、ツアー参加前に詳細な健康調査をお願いし、必要に応じて医師の診断許可書を添付のうえでのご参加とさせていただいています。ツアーガイドは、緊急時の応急処置の訓練をかかさずスキルアップを目指しますが、「セルフレスキュー」を念頭にツアーにご参加いただきます。医師からの禁忌事項がある場合は忠実に守り、1人1人の体調を把握し、皆さんが安心して楽しめるようにツアーを進めていきます。

2008年は山梨県側からの富士登山者数が24万7,000人を超えるといった前代未聞の登山者数となりました。現在の富士登山の主流は夜間登山、ご来光を頂上で見ようという行程で、真暗闇の中、1本の登山道が30分以上も動かないという状況も見られます。また頂上も多くの人でごった返すといった状況が特に週末におきます。

このような中、死者やケガ人も多く、2008年のたった2カ月の間に4

I エコツーリズムとはなにか

人が富士山で尊い命を失いました。当校では2008年度から、混雑する週末には、頂上でご来光を見るコースを外し、明るくなってからゆっくりと山頂を目指すコースを多く取り入れ、参加者の皆様の安全を図っています。またツアーガイドは、年間登山回数40回を超え、10年にも及ぶ富士登山経験値をもち、危険を事前に回避できるよう富士山安全指導センターや地元事務所との密な連絡体制をとり、当日の登山者数や気象の変化などすばやく情報を得て、危険回避につなげています。地元警察や山小屋組合とも連携して、緊急マニュアルを整備し、早急な対応ができるよう備えています。

エコツアーはどうあるべきものか

　日本一の山に登りたいという人には、何かしら心に期する想いがあります。私たちが大切にしているのは、その想いに寄り添いまごころをもってお手伝いをすること。決して私たちが先頭を歩くのではなく、富士山のように温かく、冷静に見守ること。時には瞬時の判断で安全を高めること。人と人、人と自然、人と地域、それぞれをつないでいきたい。なにより、日本人が大切にしてきた富士山という宝に1人でも多くの人に触れてもらいたい。古代から神と崇め、大切に磨きをかけ守ってきた御山だから。

　今、大きな富士山に小さな石を投げています。小さな石でも投げ続けることが大切。ここ大型観光地の富士山でも地域の人々と一緒に、石を投げ続けていきたい。長い時間が必要かもしれません。でもいつかは大きな波紋になり、うねりになるはずです。それまでは必ず続けます。

3　エコツーリズムとエコツアー

> 「奄美大島　金作原原生林探検ツアー」
> ──㈲観光ネットワーク奄美（鹿児島県）
> http://www.amami.com/index.php/tour/kinsaku/
>
> 　　　　　　　　　　　　　　　　　　　　西條和久

　奄美大島は鹿児島から南へ380キロメートル，沖縄本島との中間に位置し，黒潮の暖かい海流が島を取り囲むように流れ，島の周囲が460キロメートルで北部は白い砂浜の海岸線と沖合いまでサンゴのリーフが発達，アダンやソテツなどの海岸線特有の植生が分布しており，西部に奄美最高峰の湯湾岳（694メートル）を有し，海岸線から急峻な地形がダイナミックな地形を生み出しています。また，南部は目の前に加計呂麻島が横たわり，大島海峡をつくりだし，リアス式海岸が複雑に入り込んでおります。さらに南東側にはマングローブ原生林が広がり，一つの島でありながら様々な風景が目を楽しませてくれます。

　奄美は，年平均気温が21度，年間降水量が3,000ミリを超える亜熱帯性気候の，常緑広葉樹で島の陸域の8割が覆われた山の島です。鹿児島から南に種子島・屋久島とトカラ列島の島々が続き奄美・琉球の島々がライン状に並んでおりますが，奄美とトカラ列島の間に渡瀬ラインという動植物の境界線があり，奄美は亜熱帯性気候の北限の植生に様々な固有種の生物が棲む島なのです。

　奄美の金作原原生林は島の中心地名瀬から南西方向の山の中に位置し，標高が300メートルで樹齢100年を超すスダジイを中心とした照葉樹の中に8〜10メートル級のヒカゲヘゴの群生があり，恐竜時代のジュラ紀に迷い込んだかのような雰囲気のある亜熱帯の森です。

　金作原では2キロの林道上の地道を徒歩で季節の花々を目で楽しみ，

I エコツーリズムとはなにか

～～～～～～～～～～～～～～～～～～～～～～～～～～～～～～

鳥たちの鳴き声を耳にしたり,湧き水を手でくんだりと五感を使い奄美の自然を感じとっていただくために,ゆっくりと歩きながらガイドを展開していきます。

　我々の生まれ育った奄美の生活は,自然環境に恵まれ,その恩恵を受けてきました。必然的に,自然に感謝し旧暦のリズムの中で,先人たちが培ってきたものを継承し後世に伝えるために島唄や八月踊りに残し,文化的価値も重要な地域となっております。

　しかしながら,気象的には台風の襲来,ハブの被害など,厳しい自然環境の中での生活が昔から営まれてきました。

　金作原原生林のツアーも,単に自然の案内だけではなく,その時の気候の展開(風の動きによる気候の変化)や旧暦上の潮の動き,月の満ち欠けなどの,島を訪れる観光客が日常の生活では意識していない自然の動きや,島での生活の様子などを織り交ぜながら,現地へと移動していき,途中の亜熱帯果樹畑では季節季節に実りの時期を楽しみ,美味しい食べ方のガイドもしつつ,亜熱帯特有なシダ植物中心の沢沿いの道や照葉樹の全景を見ながら次第に金作原原生林のエリアに入っていきます。

　現地で,この奄美の森で暮らす生き物たちの紹介と現状をお話ししながら,島の成り立ち,四季の展開,天候の役割,人間との関わりなど,この自然に影響する様々な要因を解説しながら森の中へと進んでいきます。

　しばらくすると,お客さんの五感が,自然の中に身を置くことにより,今まで感じることのなかった小さなさえずりや水の音を次第に感じることができるようになっていきます。

　日常の生活の中では人間生活が様々な要因で動かされていて,そのスピードは時代が進むと同時にアップし,人間本来の感性が失われつつあるのではないかと思います。

～～～～～～～～～～～～～～～～～～～～～～～～～～～～～～

ツアーに参加することにより、日常の生活に戻った時、それぞれの方が自分の地域で五感を使い周りを見た時に新しいものが発見できたら、ツアー参加の意義は大きいと思います。

 我々が金作原原生林散策のエコツアーを通じて奄美の自然環境を島の大事な観光資源として保全し、永久に活用できる状態としていくことで、魅力ある地域となり、島の文化と自然を含めた多彩なエコツアーが展開される要素をたくさん持っていると思います。

 現在、金作原原生林を含め周辺は、悪路でありながら林道が通り抜けできる状態であり、奄美の中心地から近い位置にあることもあって、車の入込が以前に比べ増加傾向にあり、今後は交通規制や入山に関するルールづくりが必要になってきております。ツアー参加者に環境保全の重要性を認識していただくために、事前にトイレ等の案内と草木の採取や昆虫等の捕獲の禁止を含め、島の山のハブの危険性などの注意事項の説明を行いながら、参加者の方々に喜んで頂けるようにガイドをしております。

 奄美で生まれ育って、この島が好きだから、島の代弁者としての島の案内人を自負して毎日奮闘しています。

Ⅱ　エコツーリズムと地域社会

1　エコツーリズムと地域社会

「宝探し」から始まるエコツーリズム

　観光動向は世論を映し出す鏡であるといわれる。1999年2月に開催された国連の第53回通常総会で，国連は，2002年を「国際エコツーリズム年」とすることを決定した。この2002年は，リオデジャネイロ（ブラジル）で開催された「地球サミット」の10周年にあたっていた。これからの未来，私たちの星・地球の限りある資源を守りながら人々が豊かに暮らしていくためには，持続可能な開発という考え方が不可欠であるとし，「持続可能な開発」をテーマとして開催されたのが地球サミットであった。

　観光は，資源の保全，地域の産業，豊かな地域づくりなどのさまざまな顔をもち，しかも国境を軽々と越えて人々を出会わせ，交流させるという世界中を結ぶグローバルな産業といえる。グローバリズム急進の10年の間に，観光分野で上記の課題にどのような努力や取り組みを行ってきたのかを振り返る機会として，リオ地球サミット10周年の2002年を国際エコツーリズム年と定めたのである。

　ところで，エコツーリズムで定義するツーリズム，すなわち日本語での「観光」とは，中国の『易経』にその語源が示されているように「国の光を観る」ことを意味している。エコツーリズムは，特にこの光にスポットを当て，その持続的な利用を，地域住民を主体にどう実現していくのかに力点を置いた観光である。重要なことは，「光」とはいうまでもなくその地に住む人々が「最も自慢するもの」であり，「他者に見せて誇れるもの」であるということである。その「誇れるもの」「地域の光」を見せることによって，来訪者が，反応し，感動し，日常生活において何かしらの変化を促されていく，そして「光」たる資源が今日まで大切に引き継がれてきている地域であることに感動し，その地域の人々を羨まし

く思いその地域と「より深い関わりを持ちたい」と思う，という関係の成立こそ，本来あるべき観光の姿である．

　すなわち，俗にいわれているような「お客様は神様です」「あなたのためなら何でも用意いたします」などといった観光客ニーズ優先の関係上で成り立つ「見世物興行」は，本来の意味の観光ではない．過去から現代に至るまで地域住民によって引き継がれてきた，より多くの「光」を発見し提示できるところほど，結果として，多くの来訪者が再訪という形で持続的に関わることになり，単なる訪問者から本当の意味での「観・光・客」へと変身するのである．したがって，自慢すべき「光」の多いところほど発展は持続化し，結果として「観光客」は増加していくといえる．むろんその先は，我々がめざす地域活性化につながるのである．

　筆者（真板）はこの「地域を起点とした固有の自然・文化・歴史・生活などの資源の保全と活用を軸とした個性化推進」の上に成り立つ戦略的ツーリズムの導入が，重要な役割を果たしうると考えている．戦略的ツーリズムの考え方の中心をなす，「光」すなわち地域固有の自然・文化・歴史資源を，いかに発見し活用していくかという作業こそ，国際観光時代において成功する要件であるといってよい．つまり，何が自分にとって誇れるものなのか，自慢できるものは何なのかをじっくりと発見し，他人に左右されない自律的価値観の形成を図っておくことが，まず第一になすべきことではあるまいか．この行為こそ観光による経済発展をめざす上での最優先課題であるべきである．

　さらに付け加えるならば，何度かその地を訪れる再訪者となる観光客は，物的資源に引きつけられて訪ねるのではない．いくつかの調査機関による観光客の再訪調査から明らかなように，人はその地域の「人の魅力」に引きつけられるのである．

　その「人の魅力」は，その人自らがそこに住んでいる，生活していることを，誇らしげに自慢できるところから発されるオーラである．日本人が日本人であることを，地域人が地域人であることを自慢できずして，どうして観光客を誘致できようか．日本の観光は地域の誇りから出発した「誇り」の集積の結果であるべきであり，上からや他人から決めつけられたイメージ観光であるべきではない．そうでなければ人々は，多様な地域風土的特性をもった場所を幅広く訪れることはできず，一部の人

間の価値観を押しつけられた限られた地域や地点,あるいは特定のお墨つき観光資源に行動が限定されるに違いない。そして「はるばるやって来た」という満足感を得ることはあるまい。「そうだ京都へ行こう」や「美しい日本へ行こう」ではなく「○○寺へ行こう」「××を見よう」に代わられてしまうのであるまいか。いまこそ観光の領域において日本人の,地域人個人の,自律的な自己主張たる「地域の宝探し」が求められているのである。

したがってエコツーリズムは,従来の観光産業のような,「お客様のニーズにどう応えるのか」「いかに多くの観光客を誘致できるか」という視点から資源を抽出し,それをどう見せていくかという外発的な発展要因の観点とは違っているものである。「地域住民の自己主張すべき誇りや自慢とは何か」「どうしたらその資源の持続的な保全と伝統的な利用の継承が図られていくのか」,地域価値の再発見という内発的発展要因の育成と,地域全体としてその価値をどのように外部に発信していくのか,またその価値を持続的な地域活性化のエネルギーとしてどのように活用していくのかという視点に重点を移し変えたところにエコツーリズムの特色がある。すなわち「観光」の語源ともなった,地域にとって自慢できるものとは何かを探し出し,経済的手段としつつも持続的に保全を図っていくという観点に立っているのである。

エコツーリズムでは,その地域を訪れる観光客の好みに合わせて資源を「見世物」として紹介するのではない。最も重要なことは,「地域固有の自然や文化,歴史資源と出会い,その出会いを地元のガイドからの紹介や解説,さらには,その宝を象徴する商品によって,地域の人々の長い歴史を通じた資源との関わり合いや想いを追体験する」仕組みづくりであるといえる。

(真板昭夫)

§1 五つの宝のフレーム

(1) エコツーリズムによる地域の持続的な発展に向けた課題

どうすれば資源の持続的な保全と伝統的な利用の継承が図られていくのか。今日まで地域の中で持続的に維持継承されてきた地域の

宝を未来に引き継いでいくために，我々はどのような課題を克服していく必要があるのだろうか。筆者（真板）は，そのためには，地域にとって自慢できるものとは何かを探し，探し出した宝を経済的手段としつつも，持続的にその保全を図っていくという戦略的な観点を持つことが必要であると思っている。その実現のためには，次の二つのテーマと課題が存在する。

　第一のテーマと課題とは，宝探しから発見された誇りともいうべき多くの宝を，どのように外部にわかりやすいものとしてデザインし，伝えていくのかという「存在価値」のデザインに関わる問題の整理である。そこにただあるから価値があるのではなく「どのような価値に着目」し，また「どのような価値を持った対象を未来に引き継ぎ継承していくのか」という「価値とその対象の特定」により，外部の人々にわかりやすいものへと，宝をデザインすることを意味している。

　価値が認められなければ，そこにあり続けようとする意味がなくなってしまう。どのような対象を実態あるものとして継承していくのか，その目標も見えてこないのではないか。今我々が目にして接することのできる地域の宝とは，幾多の時代の中で人々によって様々な価値が付与されてきた重層的な価値の集積として存在しているものである。この宝ゆえに，人々はそこに生活し続けてきたのではあるまいか。エコツーリズムにおける地域づくりでは，今こそ，どの価値に着目し，何を保全しデザインして多くの人々にどのようなメッセージを発信していくのかが，問われているのである。ここに宝探しの意義がある。

　第二のテーマとは，地域の宝を，こんどは持続性という目的に沿ってどのように未来に向かって継承していくのかという，地域と外を，宝を軸に「時間でつないでいく」というテーマに関わる問題である。

Ⅱ　エコツーリズムと地域社会

　このテーマには、誰が「主体」となってどのようにつないでいくのかという「主体と仕組みの確立」の課題が存在する。この主体には、宝の価値を生み出しその価値の継承活動を保持する所作によって維持管理の仕組みを支えてきた「価値の所有者」ともいうべき主体と、地域の宝を所有し生産活動や型として保持し続けてきた「実態の所有者」という、二つの立場の有機的な結合と行動が必要である。

　先にも述べたように、一般的に地域の宝は、人との関わりの中で今日まで保たれてきた人為の所産である。しかしその関わりは、様々な状況の中で変化し、分断され、維持継承が困難な状況を迎え、保たれてきた価値が損なわれてしまう危機に面している。この状況を克服するためには、かつて人と自然とが利用を通じて結ばれていた社会の関係を分析し、外部経済に左右されない地域中心の、宝を軸にした、宝の新しい利用価値を再発見し、地域の価値から「新しい宝」を創造し、それによって外部との関係を現代において結び直すデザイン作業が必要である。

　今も残る地域の宝はそもそも、宝を誇りとして位置づけ利用価値を保持し続けてきた主体である「価値の所有者」と、地域の経済活動を通じて生活のために生産的利用価値としての宝を保持してきた主体「実態の所有者」が、相互に様々な関わりを持ちながら仕組みを形成維持し、現代に引き継ぎえたからこそ、今日まで宝としてあり続けることが可能になってきたのではないか。それゆえにこそ「価値の所有者」と「実態の所有者」を一体化して、外との関係を新たに創造していく戦略が必要とされているのである。

　以下ではその具体的な事例や方法について述べていきたい。

（真板昭夫）

　日本の国は、南北に3,000キロメートルと長く、かつ北海道を中

心とする亜寒帯地域から多雪地域文化を有する東北を主とする冷温帯地域，また照葉樹林文化帯を内包する暖温帯地域から南西諸島から沖縄に至る亜熱帯と，多様な気候帯と植生を有している。さらには日本海側と太平洋側とで1年を通じて際立った気候の差を見せ，この多様な地形や気候との関わりによって「地域文化や生活様式」を生み，各地域ごとに多様な「地域固有の資源」を生み出している。日本は世界でも，アジアでもまれな地域資源列島「宝の宝庫」なのである。多様な文化の流入と交流が進むと予想されるグローバリズムの時代にあって，例えば享保年間に本草学者・丹羽正伯を中心に実施された，全国の大名領・天領・寺社領などに対し，天産物を調べ上げ「一切の産物をことごとく漏れなく書き上げ」提出するよう命じられた「享保・元文の産物書上」調査のように，資源を持続的に守り続けてきた「地域の多様な資源の再発見」の実施こそが，魅力あるエコツーリズムの光の要なのである。

　エコツーリズム導入にあたって地域は，ほぼ全国的に以下のような五つのフレームを念頭においている。

(2) 五つのフレーム
①第一のフレーム──自然の宝探し

　地域では古来，田畑を耕し，あるいは産業を興し，様々な産業や生活の営みが行われている。太古よりこの地に人間が住み続けることができたのは何ゆえか。いうまでもなく，豊かな森や川とそこに棲む生き物たちという自然があったからである。土の中のバクテリアから巨木に至るまで，自然環境を構成する生き物たちは，人間が住むはるか以前から今私たちの住んでいる環境を作ってきてくれたのであり，また今生息している生き物たちは，将来に向かって私たちといっしょに住んでいく仲間なのである。生き物たちによって培われてきた自然環境があったからこそ，私たちは地域固有の歴史と

Ⅱ　エコツーリズムと地域社会

文化を築いてくることができたのであり、いわば、自然は私たち人間にとって価値を形成する器であり、生きるための生存基盤である。この生き物の仲間たちはどれくらいいるのか、どのような仲間がいるのか、この動植物の仲間を人々に紹介する宝として探し登録することこそが、まず最初の宝探し作業である。

②**第二のフレーム**——生活の知恵の宝探し＝生きるための知恵の体系化

　様々なエコツーリズム候補地の歴史をみると、様々な危機を生活の知恵によって生き抜いてきている。そのような知恵は、自然とつき合う中から生まれ、神に祈りをささげる中から授かり、集団として助け合うことで体系化されてきた。そして、これらが統合されることにより地域の特色が形づくられ、地域固有の風土が形成されてきた。その先に今日の生活があり、生活文化がある。生活の知恵によって生き抜いてきた人たちは、生きるために自然をうまく利用し、あるいは現在ある恵みを巧みに活用してきたのである。生活の中に伝わる、生きるための知恵の体系が第二の宝である。人は自然とどのようにつき合い、集団としてどのように生きてきたのか、その中から生み出され伝えられてきた知恵の体系を皆で探り出すことが、生活環境からみた宝探しである。

③**第三のフレーム**——歴史・文化の宝探し

　生存基盤としての自然、自然との関わりの中で培われてきた知恵、そして、この知恵を広げていこうとするとき、外との交流が始まる。交流を通じて他の地域との関係は深められていった。このことは、外の世界の多くの地域や人々に各々の地域が支えられ、刺激を受けてきたということでもある。太古の昔から先人たちは、どのように人・物・文化の交流を盛んにし、知恵を吸収し蓄えてきたのか。どのように外部世界と関わってきたのか。その結果として、今の地域

にどのような歴史・文化が残されているのか。この先人たちの歴史・文化の遺産が第三の宝である。そして，歴史の中に先人たちの足跡をたどり，その思いを共有することが，歴史・文化からみた宝探しである。

④第四のフレーム──産業の宝探し

　生存基盤（自然）と生きるための知恵（生活環境）と交流（歴史・文化）を軸にしながら，物を作り，外へ持っていくようになって産業が生まれた。今日の伝統技術・伝統工芸や特産品は，このようにして成立した。外に物を売り，そして新しい物を地域の中に取り入れる，その意味で産業は，地域の顔であるとともに，外の世界に向けての情報発信である。その土地の資源を有効に利用して技術を培い，外と争い，あるいはともに手を結び合い，交流していくエネルギーの根源ということもできる。この産業と，それに関わる技術，産物が第四の宝である。地域の中でどのような産業，技術が蓄積され，移り変わってきたか。あるいは新しく興っている産業にはどのようなものがあるのか。それらの産業は外部世界にどのように発信されたのか。それを探ることが，産業からみた宝探しである。

⑤第五のフレーム──名人の宝探し＝地域の知恵袋

　自然，生活環境，歴史，産業ということを突き詰めていけば，守り，つくり，育ててきた人たちの努力にたどり着く。その人たちがやり続けてきたことが今の地域をつくってきたといっても過言ではなく，それが今日の支えとなっている。それは様々な分野に及び，特に高齢者や伝統を受け継いで地道な活動をしている人たち個人個人の頭の中に，知恵や技となって蓄えられている。

　これらの知恵や技を受け継ぎ伝えてくれる人が，ここでいう名人であり，これが第五の宝である。いわば，名人は地域の知恵袋であ

る。知恵や技を通して社会を支えてきた人，地域の精神を支えてきた人，地域の新しい世界をつくろうとしている人，これらは皆，地域の名人である。名人とその技を訪ねることによって生活や文化の現状を認識し，将来への視点をつかむことが，宝の中の宝である「名人」の宝探しである。

§2 「宝探し」の5段階展開──持続的な社会開発の基盤形成

自然，文化，歴史等々の「宝探し」によって抽出された数多くの宝を，どのように地域づくりへと展開しているのであろうか。

この点については「光」である宝を観せる側と観る側の間に成立する関係を煮詰めていく努力が重要であり，宝をより輝いた「光」として真の来訪者たる「観光客」に誇れるよう，地域では，宝探しの展開として，次のような「宝探しの5段階」展開を試みている。

(1) 第1段階「宝を探す」──資源調査

第1段階は，先に述べた地域の誇り探しで，これは住民同士が一つ一つの資源の価値をお互いに共通のものとして認めていく作業の段階である。

地域の良さを住民同士で探して自分のものに昇華する，エコミュージアム運動（第Ⅱ部第3章）の第一人者・阪南大学の吉兼秀夫が語る「自文化の自分化運動」である。

(2) 第2段階「磨く」──住民が宝の価値を知る作業

同じ地域に住む他の人々と，世代を超えて価値の共有化を行う作業である。

掘り起こされた宝は，掘り出されたままでは光り輝くことができない。これを生かすためには，宝を「磨く」という作業工程が必要

である。宝の性質によって多様な方法があるが，地域の人々の間で，宝をどう料理し，どう楽しむか，アイディアを出し合いながら試行錯誤を重ねていくことが重要である。この段階で重要なことは，宝を磨く人材をなるべく多くし，地域の中に，宝の価値を理解し大切に思い誇りと感じる人を増やすことである。多くの人々の意識を宝に寄せることによって，生かし方も，多様かつユニークなものとなっていく。

①修復する：損傷している有形物や歴史文化遺産，原風景として思い起こされたものなど，往時の状態が損なわれている宝に補修や修復を施すことで，再び最盛期の姿を現在によみがえらせるという手法であり，トラスト運動もこの部類に入る。

②楽しむ：宝を「楽しむ」仕掛けづくりが，宝を磨く最も効果的な方法である。宝を体感する機会をつくることによって得られるものは大きい。宝の価値を参加者に理解してもらうことができ，参加者の反応から宝の磨き方を習得することができる。参加者に地域の宝の価値をわかってもらうことができれば，その参加者と地域は，単なるホスト―ゲストの関係から，宝の価値と保全意識を共有する仲間となる。

エコツアー，自然観察会，ワークショップ，農作業体験，山村留学，体験交流など，様々な形で楽しむ仕掛けは具体化されている。歴史・文化遺産を訪ねるガイド付きツアーや地域の農家に滞在して生活文化を体験するグリーンツーリズムなども，世界の各地で実施されている一例といえる。

(3) 第3段階「誇る」

住んでいる人々のホストとしての継承の仕方と体制づくりであり，外から訪れる人々に地域をよく知ってもらうための仕掛けづくりの段階といえる。

これは地域の観せ方，表現の仕方についての模索の開始でもある。宝の一部の常設展示，宝ツアーの開始，地域をきれいに観せる運動などが挙げられる。また集まった宝情報の結果をより多くの人に知ってもらうため，食文化レシピの本作りや学習など，共有化の作業の開始段階でもある。

(4) 第4段階「伝える」

「知られていない」という理由だけで埋もれてしまっている地域の資源は，情報提供の可否を検討しながら効果的に情報発信を行うことによって再び光を当てることが可能である。ただ闇雲に情報を流すのではなく，その資源の価値をよりよく伝える方法で，良い関心を持ってくれる層に届く手法を選択して発信することが重要である。歩いてもらうための地図づくりや，ガイドブックの発行，ホームページの開設などを実践しているところは多い。

(5) 第5段階「宝おこし」——宝の活用による新しいものづくり

資源としての宝の担保を図りつつ，積極的に活用して，地域住民が自慢し誇れる個性ある産業に結び付ける。地域固有の宝商品の開発作業段階でもある。

外部の人々との宝を通じた交流の促進と拡大を図るための交流拠点の設置や，それに付随した，宝の展示作業の実施などが挙げられる。今ある資源を新しい形で作り変えたり，産業をきっかけに新しい風を取り入れて特産品や業態を作り出すなど，社会の時流やニーズを踏まえて新しい地域の顔を作っていく段階である。

宝をより良く観せるためのプログラム開発や商品開発，すなわち「宝おこし」に至る段階では

①多くの地域住民が参加し利益配分ができること
②活動の公表を行い，情報の共有を図ること

③他の組織と連携できる受け入れ体制（仕組み）を作ること

④地域全体へのフィードバックを行うこと

を念頭に，住民自身のアイディアと工夫によって様々な努力が行われている。

(真板昭夫)

§3　宝を活かすプログラム

(1)　足元からプログラムが生まれることの意味

里地里山に限らず，世界遺産地域でも国立公園でも，エコツーリズムに取り組む地域の多くで近年一斉に取り組むようになった活動がある。「宝探し」や「地元学」の開講である。土地の人が足元の自然や文化を学ぶことの必要性が急速に認識されるようになった。

(2)　宝探しから生まれたプログラム

徳島県美郷村の石積みから国際交流へ

吉野川中流域にある谷間の村，徳島県美郷村（現・吉野川市）は全村がホタルの生息地として天然記念物に指定されている。ゲンジボタル，ヘイケボタルなどポピュラーな種だけでなく，ヒメボタル，マドボタルなど山にすむホタルも生息している。児童文学家の原田一美が著したロングセラー『ホタルの歌』(1971年) は，この村の小学校が舞台だ。村の中央を流れる川沿いに点在する集落が村域で，川の両側は深いエッジを刻むV字谷である。関ケ原の戦で敗れた平家の敗残兵が拓いたといういわれがリアルに聞こえる険しい地形に人々は暮らしている。ご多分にもれず高齢化と人口減少は著しく，住民数1,500人，その半数が高齢者という限界集落だった。美郷村は，村の将来をどのように作っていけばよいか頭を悩ませていた。

1998年，村は，文化庁事業の「天然記念物整備活用事業」に申請し，ホタル館をつくるとともに，村に残された自然や生活文化，名

人などの宝探しを始めることにした。

当たり前にあるものの中に宝があり，その宝はよそ者にこそよく見える，というのが宝探しの基本理論である。美郷村で調査に入った我々が見つけた当たり前の宝の筆頭が「石積み」だった。

急峻な山間集落の美郷村では農業の機械化はもとより，水田を拓くのに足るような平地がほとんどなかった。食糧は家の周りを開墾して作った畑から自給自足で得ていた。斜面の畑は段々畑であり，その側面を支えているのが「石積み」である。

美郷村は，川沿いで200メートル，川沿いの山頂が800メートルと一気に斜面が駆け上っているが，その斜面の下から上までびっしりと石積みに覆われている。城壁に用いるような隙のない積み方ではなく，側面が凸凹した野面積みという工法で，石工として近畿圏一円で作業を請け負った安濃氏の一族が伝えた技術といわれている。基礎は120年前にはすでにあったといわれるが，はっきりとしたことはわかっていない。確かなことはそこに見事な石壁があるということだけである。村で今この技術を受け継いでいるのは高開という集落に住む高開文雄さんただ1人。すでに70歳を過ぎており，美郷村から石積み職人がいなくなるのは遠い未来のことではない。

村民にとって厄介者だった石積みは文化的景観としての美しさという価値，日本の伝統的な生活文化としての価値，伝えることができる技術であるという実際的な価値，そして参加できるという交流の価値を持つものだった。宝探しを進めながらファンができた。「高開さんに石積みを教えてもらうプログラム」は，最初は宝探しのメンバーの参加，続いて大学のゼミ単位での参加へ，と徐々に参加者の枠が広がってきた。

そして遂に，2001年には海外からも「日本の里山体験」として参加者を招聘するに至った。参加者は，英国の国立公園等のメンテナンス作業ボランティアをツアーとして実施する企画・運営団体

「BTCV（British Trust for Conservation Volunteers）」。3名の英国人が日本の里山での補修作業ボランティアとしてやってきた。9日間の農家滞在と村民との交流を終えて帰国したメンバーには、後に英国で大学教授となり日本からの留学生に美郷村のことを教えた方もいるなど、MISATOは世界に羽ばたいた。この石積みを別の側面から光らせようと冬期にライトアップするイベントも始めた。クリスマス・イブとクリスマスの2日間のみ、空中の城のように闇夜に石積みが浮かびあがり、多くの観光客をひきつけている。

沖縄県南大東村：4,800万年から100年まで

　沖縄県南大東村は、熱帯・亜熱帯地域に特徴的に見られる隆起環礁の島である。4,800万年前に現在のパプアニューギニア近辺で生まれた海底火山が沈降と浮上を繰り返しながらドンブラコ、ドンブラコと現在の位置までたどり着いた、と考えられている。そんなに古い島なのに、人が住むようになってからまだ110年しか経っていない。日本政府の誘いに乗って、1900年に八丈島から23人の開拓志願者を集めた玉置半右衛門の船団が上陸して、南北大東島開拓は始まった。

　4,800万年の上にちょこんと載った人類のたった100年の歴史。だが100年の間に人は島の潜在植生だったビロウ林を切り倒し、サトウキビ農場を拓き、ラグーンを水路にして船を走らせ、石灰岩を切り出して建物を造り、集落を形成した。八丈島民に加えて沖縄県民も移住し、伊豆諸島と沖縄諸島をミックスした特異な文化を形成した。だが島は小さく子どもたちは高校に進学する段階で島を出なければならない。島を出た子どもたちが故郷を誇りに思えるように――南大東島が「島まるごとミュージアム」と称して宝探しを始めたのは、それが発端だった。

　1998年から始まった宝探しは、島内のあちこちに飛び火し、学校

も一般の島民も，研究者もおもしろがってこぞって参加した。見つかった宝は，情報源として文化庁が整備した「島まるごと館」に展示され，商工会が育成した観光事業者によってガイドツアーとなって実体験がアレンジされた。博物館も飲食店も協力し合って「南大東島を売る」プログラムに成長させたのである。鍾乳洞や石灰岩の切り通しなどの地形，ダイトウオオコウモリやモズなどの固有動物，ビロウ林の発光キノコ，満天の星など，これまで気づかずにいたのが不思議なほど多数の宝が南大東島の観光の目玉となった。観光プログラムで案内するものは，ガイドが自分で発見した専有物ではなく，皆が知っている島の宝だ。それを島が育成したガイドが案内する。宝探しが続く限りプログラムはどんどん進化する。南大東島では島の産業としてのエコツアーが育ちつつある。

(3) 宝探しからエコツアーへ

このように宝探しから始まるエコツアープログラムの開発は，美郷村のような里地里山や，南大東村のような知られざる地域だけで行われているわけではない。西表島や裏磐梯など，すでによく知られたエコツーリズムサイトでも行われている。そこで宝探しや宝磨きを怠れば，とたんにプログラムは既製品の使い回しになってしまう。また宝は，磨けば磨くほど新しいストーリーが生まれ，保全の方法や案内人の技術も向上する。地域のガイドが案内できるようになれば，新しいコミュニティベースのビジネスが成長する可能性がある。

一方で，落とし穴にも留意しなければならない。地域の宝を商品化して販売することにばかり神経が行き，資源の保全という概念が薄れてしまうことである。

いい換えれば「エコツーリズムの理念を形にする」というコンセプトが忘れられてしまうことだ。エコツーリズムを志向するのであ

れば，可能なところから環境負荷が少ない形で行うことを忘れてはならないだろう。農林漁業においても，農薬をひかえて減農薬，無農薬にしていくことや，ツアーで使用する乗り物は低公害・無公害をめざすこと，宿泊施設も環境認証を取得するなど，地域主体のエコツアーであればこそできることは多い。コミュニティビジネスとしてのエコツーリズムが，トータルに環境配慮型，すなわち持続可能な形で行われるようになったとき，真のエコツアーと呼べるのではないだろうか。

（海津ゆりえ）

§4 地域ブランドの形成戦略

　地域の持続的な発展を形成していくためには，地域住民が個々に，再発見された地域の宝をまとめあげ，その総力をもって地域の文化力とし，広く発信していく仕組みづくりが求められる。この最前線こそ，前述の「宝おこし」である。

　「宝おこし」とは，宝の価値を再発見した人々である地域の「価値の所有者」ともいうべき主体の参加をベースに，地域の宝を外部の人々のニーズと合わせながら新たな宝を創出し，その地域の想いのこもった「新たな宝」を，販売行動を通じて地域を取り巻く世界にステートメントとして発信し，それを受け取った人々がその価値を認識して地域との交流が始まるという仕組みを経済システムと結びつけることによって循環の輪を作り出そうとする，地域の宝を軸とする「現代の贈与交換システムの創出作業」ともいうべき具体的な行動形態である。筆者（真板）はこの行動を「地域の宝に基づく地域ブランドの形成戦略」と呼んでいる。

　観光地で作られている様々なブランド商品は，その地域固有の商品としての地位を獲得して残っていくものもあれば，淘汰され消えていくものなど様々である。しかし，どのような道をたどっていく

Ⅱ　エコツーリズムと地域社会

にしても，この「地域ブランド品」が，経済的効果や観光地のイメージアップ，さらには地域の顔としての物的資源となり交流継続に相当の貢献を成していることはいうまでもない。そこでここでは，「宝おこし」の最終段階として，「地域ブランド品」に焦点を絞り，エコツーリズム推進におけるブランド戦略の持つ意義と役割，さらには地域ブランド品開発と推進に向けた課題について，いくつかの事例をもとに掘り下げて考察してみたい。　　　　　　（真板昭夫）

（1）　ブランド商品化から学ぶ意義と役割

　地域ブランド品と一般的な日常買回り品との違いを指摘するならば，筆者（真板）は，その商品がどの程度まで地域性の主張を内包しているのか，その度合いの差であると思っている。すなわち地域ブランド品は，地域固有の生活や風土を背景として生み出された地域の宝である誇りや自慢を，あるいは，そこから作り上げられた伝統芸能や芸術文化等の宝を，人々が利用しながら，地域自慢の光として磨き上げたものである。そして，その磨かれた宝を観光の場において活用しながら，そこからさらに地域振興につなげていくことを目的として生み出された商品群である。また一方では，より多くの人が手に入れやすいように（量的，コスト的に）工夫され，作り出されたものを指している。

　世界的にエコツーリズムの発展をみる 1980 年代中頃から，このような，宝をブランド化し，地域住民の伝統的な技術に裏打ちされた生活文化資源や歴史資源を地域に埋もれさせることなく多くの人々に認めさせようとする，自慢や想い，誇りの商品化の動きが，少数民族の主張を背景に世界各地で活発に行われるようになってきた。その一つに「観光芸術」作品という性格を持ったブランド化の流れが存在する。

　この「観光芸術」作品をあえて単純化を畏れずに説明すれば，地

域にとって極めて限定的に使用され，かつ制作に多くの時間と労力を費やし，高コストで一般には入手が難しかった伝統的かつ芸術性の高い作品を，一般の観光客向けに比較的入手しやすく，かつ作品の持つ地域の生活や風土の特性や歴史的・宗教的意味等を基盤として，産品化したものである。

2005年11月に京都嵯峨芸術大学観光デザイン研究センター主催・国立民族学博物館共催で「観光芸術とはなにか　観光が育てた芸術作品」をテーマとした展示と講演会が開催された。海外のエコツーリズムサイトに行くと，土産がつきものであるが，この企画展では，先住民族や少数民族の人々が制作した世界10カ国・160点の観光芸術作品を展示し，並行して講演を行い，そのブランド化の意義と課題についての論議がなされた。その中で発表されたイヌイットやアボリジニの観光芸術作品のブランド化について，以下に概要を紹介したい。

ソープストーンという現地産の石材を用い，自然への宗教的な想いを込めた，精神性や文化や伝統的な生活様式を表現したイヌイット彫刻のブランド化商品，生き物の生命観をデザインし，様々なものに着色し商品化しているアボリジニの観光芸術作品は，近年観光で現地を訪れる多くの人々に知られるようになってきている。その作品一つ一つに，自然との関わりの中から生まれた地域の人々の自己主張とメッセージが込められている点に特色がある。国立民族学博物館教授の松山利夫とアボリジニのジョン・マンディーンの報告によれば，「作品の表現には目で確認できる世界を表現したものと，直接見えない世界を表現したものがあり，いずれのものも作品の持つ意味は，観光客への販売行動を通じた，民族を取り巻く世界へのステートメントであり，私は誰か，を問い続ける意味を持っている」という。そして販売することによって，内に向けられていた作品表現がよりわかりやすくメッセージを伝える表現形態へと，技術

Ⅱ　エコツーリズムと地域社会

写真Ⅱ-1-1　ソープストーン作品（「ブランケットトス」の様子）

的に，またテーマとしても広がりをみせながら，より高度に発展し，芸術性を兼ね備えた「観光芸術作品」へと進化しているものが多く見られるようになってきていると語ってくれた。

また写真Ⅱ-1-1 は筆者が現地で購入したもので，ソープストーンで制作され，クジラ祭りのときに行われる行事の「ブランケットトス」の様子を表現した観光芸術作品の一つである。「ブランケットトス」は今でいうトランポリンと同じ機能を持ったものである。アザラシの皮を用いてつくったブランケットの真ん中に子どもが乗り，数人の大人がそれを引っ張りながら持ち，子どもが水平線の彼方の雪原に獲物を見つけようと高く飛び上がって，周りを探す様子を表現している。イヌイットの狩猟生活の誇りや楽しさを表現し，その素晴らしさを，作品として一般の人に対して表現し伝えようとする作者の意図が伝わってくる。

紹介したこれら二つの事例は，「伝統と主張」というフレームをベースに，商品を来訪者に販売するという行動を通じて，世界にイヌイットとアボリジニという存在を知らしめたのみでなく，彼らの誇りとは何かを訴えることに成功しているように思える。

エコツーリズムにおけるブランド戦略で重要なのは，宝のブランド商品化においては，地域住民による意義づけと主張が極めて大切だという点である。ブランド化された商品が，何ゆえどのような理由によってその地域から発信されたのかという理由づけが明確であればあるほど，地域からの発信力が大きいといえよう。

しかし一方で，持続化の阻害という観点から，高価格化と需要の

増加による主張の変化という二つの問題点が指摘されている。

　地域の誇りである伝統的な商品群を芸術的商品として価値づけし，外部と地域とを結びつけていく画廊のような存在がある。これは，高くても良いものを手に入れたい人には絶好の機会を提供し，愛好家以外の多くの層に芸術的作品として認識させる機会を与えることとなり，地域の誇りを高めることにはつながった。が，その一方で価格の高騰を引き起こし，作品全般の価格がこれに引きずられ，「展示されたい，されるようなものを作りたい」へと作品の質が変化し，その結果，ブランド商品の持続性が失われてしまうという結果を生み出している。

　また反対のプロセスも存在する。「時代の要求する売れるものこそ最高の商品」といった声が観光の世界ではよく聞かれる。しかし，商品性の高いものを作って多く売りたいとの願いとは裏腹に，品質の低下等の原因で，自己主張のはずであった住民の生活や伝統性・歴史性に裏打ちされた地域の宝の主張が，だんだんと求める側の要求に沿って変貌し，やがてはブランドの持続化に失敗し消滅していくケースが多々見られる。

　この点について柴田長吉郎は，伝統こけしの盛衰についてつぎのように指摘している。「観光分野におけるブランド商品は当然のことながらある思いを持って作る側と，これを購入する側とから成り立つ。その中間に一定の需要を維持するために取扱店が介在する。この取扱店は愛好者側のみでなく制作者の生活の安定に寄与するという存在意義がある。しかし需要が多くなると，価格のつり上げ，一方で製品化を辞めていた創作活動を地域内で掘り興すエネルギー等にもなる側面を持つが，この結果は一般層の購買の活動を鈍らせ，やがては販売活動の低下へとつながって消滅していく」(柴田[2007])。

(2) 南大東村のブランド化戦略にみる持続化のフレーム

ではこのような,持続的な活動を阻害する高価格化と需要の増加による主張の変化という要因を取り除くための戦略は,いかにあるべきなのか。この点について,現在も悪戦苦闘しながら活動している一つの事例として,筆者も間接的に関わったエコツーリズムサイトでの,ブランド品開発の事例を紹介したい。

2004年,台風情報で名の知られた人口1,500人弱の沖縄県南大東島に一つのブランド品が誕生した。その名は「グレイスラム」。これは,2004年3月に沖縄電力の社内ベンチャー制度(MOVE2000プログラム)を活用して1人の女性が設立した会社で造ったラム酒の名である。

南大東村は1900年に八丈島から23名がサトウキビ開拓で入植した島であり,我が国最大のサトウキビ生産地である。当然ながら,島人の誇り,宝は,サトウキビとそれにまつわる島人の歴史・文化・生活への思いである。この誇りをもとに,島のサトウキビにこだわって造ったのが沖縄初のラム酒「グレイスラム」である。開発当時,とうぜん焼酎と古酒の本場沖縄において懸念と反対がなかったわけではない。しかしラム酒こそ,移民によって開拓された日本最大のサトウキビ島としての南大東島の特徴を表現するものであり,この誇りを宝としてブランド化し示すことこそ大切と,開発に踏み切ったという。

実はこの開発が始まる数年前から,宝探しをしていた島民の中でラム酒の開発構想が生まれていたものの,なかなか実施にまで至らなかった。そこに「グレイスラム」設立の話が持ち込まれ,島民が協力を約束し実現にこぎ着けたという経緯があった。そして実現の背景には,質を維持しつつ常に地域発の宝としてブランドを位置づけていく,したたかな戦略があったのである。

この,質を維持する条件についてまとめるならば,

1）沖縄の酒造りの「伝統の型を崩さない」こと
2）生産から販売までの全過程において「地域住民の参加原則」を守ること

を原則とし,

3）沖縄という古酒製造の地域独特の技術を引き継いだ製造にこだわっていること
4）「ラベル貼りから瓶詰めまですべて手作業のため, 月産5,000本しか製造しません」と, 島のサトウキビという原材料とそれに由来する生産量制限, 質の維持にこだわった点

ということになる。

　さらに, 発売当初から様々な工夫を凝らしている。例えば,「島人は最大の宝自慢の広報マン」との発想から, 島人が島外に出掛けるときに土産として気楽に買えるハーフボトルの開発や, ラム酒のおいしさを一般にも知ってもらうための沖縄ラム酒ケーキ開発など, 次々と住民の支持を得るための商品開発というブランド開発戦略を展開している。

（3）持続性獲得への課題を学ぶ

　以上の考察から, エコツーリズムによる持続的な地域社会の活性化のために次の点が指摘できる。

　まずブランド化される商品の性格について論及しておきたい。すなわち, 地域の宝としてブランド化される商品は, 制作者の一方的な想いで制作される1枚の絵のような芸術品とは違い, 伝統的かつ芸術性の高い作品を一般に比較的入手しやすいように, かつ作品の持つ地域の生活や風土に根ざした特性や歴史的・宗教的意味等を基盤に商品化したものだ, ということである。

　さらに, 再発見された宝から出発しているということは, その商品の最大の支持者が地域住民であらねばならないということである。

このための戦略的視点について、筆者がここ十数年間関わったいくつかの事例から以下の点が指摘できる。

第一に、失われつつある地域の価値の再発見とその価値の所有化を図ること。

第二に、価値の所有化を図りながら、その価値を持続的に現代から未来に引き継いでいくために、伝統に裏打ちされた「価値の所有者」と日常生活において活用している「物の所有者」との融合を図る戦略として、地域価値と経済価値の両立を図るブランド化戦略が必要であること。

第三に、ブランド化にあたっては、なぜこの地域でこの商品が開発されたのか、その理由づけが明確であること。いい換えれば、地域住民の誰もが、その商品の地域における価値を語れるものであること。

第四に、その商品を構成する内容、例えば材質・材料・内容等が、常に、その地域ならではのものであること。

第五に、その商品の起点が常に地域であることを示す象徴的な「場」が存在すること。

地域の宝をベースとしたブランド化と、その流通における質と量のバランスの維持と持続的な地域の発展という試みは、1990年代後半から各地のエコツーリズム推進地域で急速に活発化している。この試みは着実に、グローバリズムの吹き荒れる環境下で、自らの存在の証明である「私は誰か？」を問い続けながら世界に発信するエネルギーへと昇華していくものであるといえよう。　　　（真板昭夫）

参考文献
柴田長吉郎［2007］『伝統こけし論説集』日本木地師学会。
真板昭夫［2001］「エコツーリズムの定義と概念形成にかかわる史的考察」石森秀三・真板昭夫編『エコツーリズムの総合的研究』（国立民族学博物館調査報告23）

2 「エコツーリズム大賞」受賞地域にみる"仕掛け"

　エコツーリズム大賞は，環境省エコツーリズム推進事業の五つの方策の一つとして，2004年度に開始された表彰制度である。毎年1回大賞候補を募集し，審査会での審議を経て受賞者が決定される。毎回大賞1カ所，優秀賞3，4カ所，特別賞5，6カ所が選定されている。2010年9月には第6回の表彰式を終えた。

　この賞には，ガイドラインづくりやエコツーリズム協会の設立など，エコツアーを実現するために欠かせない様々な縁の下の力持ちのようなな取り組みを表彰することによって，エコツアーの表舞台には現れることがない地域の努力に光を当てたいという思いが込められている。それらを顕彰することは，これからエコツーリズムに取り組もうとする地域を励ますという意味をもつ。

　そのようにして選定された受賞対象者が，表（76-77頁）に示した各団体である。第1，2回目の頃は，いわゆる老舗どころが受賞者に名を連ねたが，第3回から様相が変化した。新しくエコツーリズムに取り組み始めた地域や，長年活動していたのに表に出ることのなかった団体などが応募・選定されるようになったのである。地域団体が日々の活動を自薦して応募する例も出始めた。滋賀県高島市針江地区の生水の郷委員会がその一例である。受賞団体や地域も，受賞を誇りとし，地域づくりに活かすようになった。エコツーリズムの担い手は事業者だけでなく，地域なのだという解釈が徐々に広がりつつあるようだ。

　以下に受賞団体のいくつかを紹介する。自治体・事業者・地域団

体・ガイド団体など多様な主体が受賞している。いずれも、それぞれの置かれた状況の中で、地域振興と「宝」の継承を両立させる工夫やネットワークを、試行錯誤を繰り返しながらさまざまに築いている。

(海津ゆりえ)

> 「宝とともに生きるまちづくり」
> ――二戸市楽しく美しいまちづくり推進委員会（岩手県）
> http://www.city.ninohe.iwate.jp/takara/takara.html
>
> 小保内敏幸

二戸市は、岩手県内陸部北端に位置し、東京から600キロメートル、新幹線で3時間の距離にある人口3万1,000人の小都市です。

国指定名勝、日本一の夫婦岩「男神岩・女神岩」、100万匹ともいわれるヒメボタルが乱舞する県立自然公園「折爪岳」など豊かな自然や、豊臣秀吉の天下統一最後の戦いがあった国指定史跡「九戸城跡」、瀬戸内寂聴師が住職を務めた古刹「天台寺」など固有の歴史文化を有しています。

1992年、環境庁国立公園課長であった小原豊明市長が、三十数年ぶりに故郷二戸市に帰り、豊かな自然と都市の利便性を併せもった"多自然居住地域"の大きな可能性があると感じ、その環境を生かすため、自然、文化、産業などいろいろな角度から産業振興につなげたい、これが二戸市の生きる道、と考えました。そして、地域の宝を掘り起こし、市民が地域に誇りをもち、他の地域の人に示していくことで、地域の魅力がさらに大きくなるのではないかと考えたのが「宝さがし」の最初です。

宝さがし

1992年、市民30人、市職員29人によって自然、生活環境、歴史文化、

2 「エコツーリズム大賞」受賞地域にみる"仕掛け"

産業,名人,要望の6分科会構成の「楽しく美しいまちづくり推進委員会」を組織し,任期2年で,宝さがし事業「楽しく美しいまちづくり」がスタートしました。

宝さがしのコンセプトとしては,①市民総参加による二戸市の活性化,②お年寄りの参加,③女性の参加,④先人たちの宝を生かしたまちづくり,としました。

また,宝さがしは次の①から④の手順で始めました。
①全世帯へのアンケート調査(7,400件の宝を発掘,再発見)
②現地調査,ヒアリングおよび地区懇談会
③宝さがしの成果とヒアリング,地区懇談会などの提言をまとめた「宝を生かしたまちづくり計画書」(ダイジェスト版)の全戸配布
④宝の普及・浸透を図るための,宝の発表会,宝の案内板・誘導板・説明板の設置,宝マップの作成,宝めぐりツアーなど

2006年に浄法寺町と合併し,スタートから19年目が過ぎた2010年現在も,9期のまちづくり委員が市民とともに,新たなテーマで宝さがしとまちづくり活動を続けています。

男神岩・女神岩

宝めぐりツアー　天ヶ塚

Ⅱ　エコツーリズムと地域社会

宝の説明板

「宝さがし」からまちづくりへ

「楽しく美しいまちづくり」事業の方針は，①各地区の宝を市民総参加で生かすための地区単位の計画，②地区内の活性化を図るため地区ごとに拠点(サテライト)を設ける，③宝との触れ合い方・生かし方などソフトにも重点を置く，④各地区の特色を生かした地域振興と相互連携による活力向上，の四つといたしました。

宝の活用と整備の一部についてご紹介いたします。

1．宝を活用するための機能

1999年に完成した「宝」の映像紹介や検索システム，宝の展示などがある地域情報センターから，各地区の宝を紹介する案内板まで行くと，そこからは地図と誘導板によって「宝」にたどり着くことができ，「宝」には説明板があります。現在，9地区に案内板，約100の誘導板と200の説明板が設置され，「エコウォーク100選」「美しい日本の歩きたくなる道500選」に認定された宝の道もあり，エコガイドによる宝めぐりツアーも行われています。

雑穀マイスター・高村英夫さん

74

2. 宝を生かしたまちづくり条例

1998年、まちづくり委員が国の揚水機場建設予定地の下流100メートルで、清流に棲むカワシンジュガイの生息地を発見し、地元住民から揚水機の下流への移設要求が起きました。国が調査や保護策を検討し下流への移設を決定しました。国は計画変更を可能にした大きな要件として、①地元の人たちの生息域を大切にする気持ち、②「宝」として市民が共有し、守るべき価値として合意、の二つを挙げています。

ほたる灯り

この教訓として、市の外部に対しても「宝」の保全を主張できる制度的根拠の重要性がわかり、2001年に「宝を生かしたまちづくり条例」を制定しました。

3. 名物づくり

岩手県北部は、冷涼気候で雑穀栽培に適しており、半世紀前までは栽培が盛んで、雑穀料理も継承されていました。また、宝さがしで、藩政時代にはヒエ80種、アワ140種が栽培されていたこともわかりました。近年、健康志向などにより雑穀の需要が増していますが、国産で有機栽培の雑穀がほとんどない状態ということで、1人のまちづくり委員が有機栽培に取り組み、国内唯一の雑穀マイスターとなりました。そして、企業とタイアップし雑穀を使ったラーメンや駅弁などの商品化や、農家の主婦による地物を使ったこだわり料理が人気の雑穀茶屋のオープンなど、名物づくりが盛んとなりました。

Ⅱ　エコツーリズムと地域社会

「エコツーリズム大賞」受賞団体一覧

第1回エコツーリズム大賞（2005年度）

賞名	団体名
大賞	株式会社　ピッキオ（長野県軽井沢町）
優秀賞	小笠原ホエールウォッチング協会（東京都小笠原村） 株式会社　南信州観光公社（長野県飯田市） ホールアース自然学校（静岡県芝川町） やんばる自然塾（沖縄県東村）
特別賞	NPO法人　霧多布湿原トラスト（北海道浜中町） 財団法人　キープ協会（山梨県北杜市） 紀南ツアーデザインセンター（三重県熊野市） NPO法人　黒潮実感センター（高知県大月町） 有限会社　屋久島野外活動総合センター（鹿児島県上屋久町） 仲間川地区保全利用協定締結事業者（沖縄県竹富町）

第2回エコツーリズム大賞（2006年度）

賞名	団体名
大賞	ホールアース自然学校（静岡県芝川町）
優秀賞	NPO法人　霧多布湿原トラスト（北海道浜中町） 白神マタギ舎（青森県西目屋村） NPO法人　黒潮実感センター（高知県大月町）
特別賞	NPO法人　たてやま・海辺の鑑定団（千葉県館山市） 加賀市観光協会・加賀市観光情報センター（石川県加賀市） 富士山登山学校ごうりき（山梨県富士吉田市） NPO法人　信越トレイルクラブ（長野県飯山市） 松本電気鉄道株式会社・濃飛乗合自動車株式会社（長野県松本市・岐阜県高山市） 海島遊民くらぶ（有限会社オズ）（三重県鳥羽市）

第3回エコツーリズム大賞（2007年度）

賞名	団体名
大賞	認定NPO法人　霧多布湿原トラスト（北海道浜中町）
優秀賞	いしかわ自然学校（石川県金沢市） 海島遊民くらぶ（有限会社オズ）（三重県鳥羽市） させぼパール・シー株式会社（長崎県佐世保市）
特別賞	体験村・たのはた推進協議会（岩手県田野畑村） 二戸市楽しく美しいまちづくり推進委員会（岩手県二戸市） 裏磐梯エコツーリズム協会（福島県北塩原村） 有限会社　リボーン（エコツーリズム・ネットワーク）（東京都新宿区） 高山市乗鞍山麓五色ヶ原の森（岐阜県高山市） 針江生水の郷委員会（滋賀県高島市）

2 「エコツーリズム大賞」受賞地域にみる"仕掛け"

第4回エコツーリズム大賞（2008年度）

賞名	団 体 名
大　賞	飯能市・飯能市エコツーリズム推進協議会（埼玉県飯能市）
優秀賞	越後田舎体験推進協議会（新潟県上越市・十日町市） NPO法人　信越トレイルクラブ（長野県飯山市） 財団法人　阿蘇地域振興デザインセンター（熊本県阿蘇市）
特別賞	秋田白神ガイド協会（秋田県藤里町） 稲取温泉観光合同会社（静岡県東伊豆町） マキノ里湖体験ツアー協議会（滋賀県高島市） 大山・中海・隠岐エコツーリズム協議会（鳥取県米子市） 秋吉台地域エコツーリズム協会（山口県美祢市） NPO法人　おぢかアイランドツーリズム協会（長崎県小値賀町）

第5回エコツーリズム大賞（2009年度）

賞名	団 体 名
大　賞	海島遊民くらぶ（三重県鳥羽市）
優秀賞	富士山登山学校ごうりき（山梨県富士吉田市） 紀南ツアーデザインセンター（三重県熊野市） 特定非営利活動法人　NPO砂浜美術館（高知県幡多郡黒潮町）
特別賞	知床オプショナルツアーズ　SOT！（北海道斜里郡斜里町） ゆっくりずむ北海道（北海道札幌市） 株式会社JTB関東（埼玉県さいたま市） 特定非営利活動法人　あそんで学ぶ環境と科学倶楽部（東京都中央区） 有限会社　地域観光プロデュースセンター（滋賀県大津市） エコガイドカフェ（沖縄県宮古市）

第6回エコツーリズム大賞（2010年度）

賞名	団 体 名
大　賞	NPO法人　黒潮実感センター（高知県）
優秀賞	有限会社 リボーン〈エコツーリズム・ネットワーク〉（東京都） 宮津市エコツーリズム推進協議会（京都府）
特別賞	尾瀬認定ガイド協議会（群馬県） 社団法人　若狭三方五湖観光協会（福井県） NPO法人　霧ヶ峰基金（長野県） NPO法人　五ヶ瀬自然学校（宮崎県）

Ⅱ　エコツーリズムと地域社会

うるし掻き見学

4．ほたる灯り

　2004年，夏の花火大会が予算不足などで中止となったことから，まちづくり委員たちが何か代わる行事を行おうと市民に呼びかけ，かつて馬淵川を飛び交ったホタルと折爪岳のヒメボタルをイメージした「ほたる灯り」を1,000個のキャンドルクラフトで実現しました。

　これは市民参加による手づくりの宝のアピールと，自然，環境へ配慮した行事として，年々「ほたる灯り」の数も増え，新たな夏の風物詩として定着してきました。

5．JAPAN（うるし）・エコツーリズム

　二戸市は日本一の生漆の生産地です。漆の英訳はJAPAN，JAPAN（日本国）の語源は，漆と黄金をふんだんに使った仏教寺院など北東北の平泉黄金文化に由来するといわれています。うるしの森（文化庁指定），うるし掻き（国選定保存技術），浄法寺塗（経済産業大臣指定伝統工芸品），うるし文化資料（国指定文化財）などによる新たな事業「JAPAN・エコツーリズム」が始まります。

> 南房総・館山・海辺の自然を楽しみ伝え守る　海辺の鑑定団の取り組み
> ── NPO法人　たてやま・海辺の鑑定団　（千葉県）
> http://tateyama-umikan.ms-n.com/
> 　　　　　　　　　　　　　　　　竹内聖一

南房総・館山：どんなところ？

　これが意外と知られていなかったりします。房総半島は三方を海に囲まれ，温暖な気候とお花が有名……このくらいまではきっとみんな知っているレベル。実は，変化に富んだ海岸線は，黒潮の影響を受け，北限域のサンゴの生息域であったり，しかもサンゴが浅瀬で観察できる無人島「沖ノ島」があったり，良好な環境を有する波穏やかな「鏡ヶ浦」は日本でも有数のウミホタルの生息地であったり。たくさんの貝がらが打ち上げられる海岸があったり，また，海につながる山々には豊かな照葉樹林を抱え，人々が歴史文化とともに暮らし，豊かな生態系と自然環境が残る貴重なフィールド。しかも首都圏からも近く，身近に自然を「感じる」ことができるところなのです。

　私たちの活動で，そういう恵まれた身近な自然から，楽しみながら様々なことを直接「感じる」ことを通じて，人と自然とのつながりや，大切さを感じていただけたら，と思っています。

必然か？　偶然か？

　私自身はいわゆる移住者「よそ者」です。平成12（2000）年まじめ？なサラリーマン生活に別れを告げ，住むところくらいは自分で探したいと思い，かれこれン年，趣味の世界で通い続けた南房総への移住を果たしました。それはまったく個人的な想いであって，移住後の生活は，南房総・館山の自然や海辺を個人で楽しむレベルでした。移住に際しては，

Ⅱ　エコツーリズムと地域社会

たまたま雇ってくれたホテルの従業員として働き、私自身は自然を堪能していましたが、ホテルの他の従業員の皆様は、なぜか逆に地域のことを知らないということが気になりました。

「ホテルの周りには何もありませんからね」と言ってしまうフロント……これでいいのか？

少しずつ、自分だけの情報発信を始めました。散歩コースや釣りマップ、季節の写真の展示などなど。そうする中で「自然体験活動」とめぐり合い、そこで館山で活動する様々な方たちと知り合いました。南房総・館山は、何もないのがいいところなのです。自然を人に楽しく伝えること。これは重要で大切だと思いました。

磯観察

スノーケリング体験

楽しみながら伝える

そんな中で、平成16（2004）年、片手間ではできないと判断しホテルも退職。頭のねじを飛ばして、右も左もわからないままNPO法人を設立しました。自然志向、体験観光などの地域の気運も高まり、地域の自然を愛する有志の皆様と活動を続けてきました。主に沖ノ島の自然観察とビーチコーミングを行う「沖ノ島無人島探検」プログラムには、地域の観光協会・行政なども連携した仕組みの中で、多くの学習旅行や修学旅行の子どもたちがやってくるようになりました（平成19（2007）年約

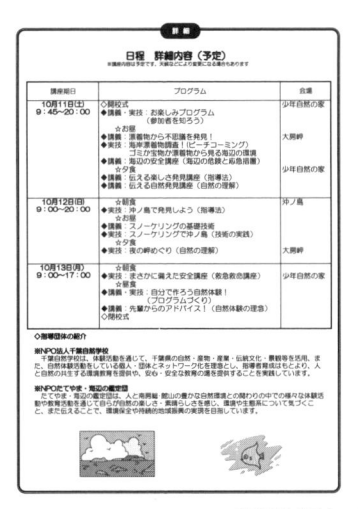

2 「エコツーリズム大賞」受賞地域にみる"仕掛け"

自然体験リーダー養成講座

1,500人程度)。「沖ノ島無人島探検」は、平成19年から、地域のオプションツアーとして定期開催化し、少ないながらも年間700人程度の来訪者が参加するようになりました。

また、夏季には、北限域のサンゴが浅瀬に生息し、魚たちや海の生き物と身近に触れあえる沖ノ島での「サンゴウォッチング体験」(スノーケリング体験)も7,8月の期間中700人が参加する人気メニューに。「サンゴウォッチング体験」は、地域の皆様の様々な形での支援によって、大変ながらも、参加者はもとよりスタッフ自身も、海を楽しみながらプログラムを提供しています。そのほか、シットオンカヤック体験・里山体験なども実施中です。

今後活動を続けるためには、プログラムの地域的な広がりと、内容の厚みを図っていく必要があります。

南房総・館山だけのエコツーリズム：次の世代へ

現在、南房総・館山エリアは館山自動車道の開通などにより、首都圏からのアクセスは、以前よりはかなり向上しています。「エコツアー」や「エコツーリズム」の実践は自然資源の「保全」と「活用」であり、そうした中で地域全体を見据えた保全システムやルールづくりが必要なタイミングを迎えているのです。

今後は行政機関・教育機関または、他団体や地域の専門家・住民などと連携した、地域の環境調査と保全システムの創出と、また地域資源を活用したエコツアーなどの展開による地域の魅力づくりと、持続的に継続させる地域振興である「エコツーリズム」を、様々な連携の中で、地域の取り組みとして実践できるように努力したいと考えています。それらが実践されることで「地域のエコツーリズム」が実現し、またそれ自体が「地域ブランド」となっていくのではないでしょうか。

また，今後の社会づくりやまちづくりのための重要なキーワードは，「環境」を重視した取り組みだと思います。環境とひとくちにいっても，都会と地方など地域により異なるかもしれませんが，「環境≒教育≒人づくり≒地域の魅力≒（観光）≒まちづくり」というような関係性が特に地域社会では存在すると感じています。「環境」というキーワードは，様々な施策に関わる横断的なテーマと捉えることもできます。また，それらを可能とする社会の実現こそ次世代に問われる社会づくりやまちづくりの課題なのではないでしょうか。

南信州観光公社の取り組みについて
――株式会社　南信州観光公社（長野県）http://www.mstb.jp/

高橋　充

　南信州観光公社では教育旅行団体を中心に，実際の生産現場や生活の現場に飛び込み，体験活動を行うことを通して，地域住民と都市の学生とが素のままの交流を楽しむことができるように様々な調整を日々行っています。ここでは受け入れシステムや現場の様子を紹介し，あわせて一般団体向けの企画についても紹介いたします。

受け入れシステムについて

1．受け入れシステムの構図

　次頁のシステム図は南信州観光公社での体験プログラムの受け入れの流れを表しています。簡単に解説しますと，南信州観光公社の枠の左方は地域外部の関係を表しています。体験プログラムの利用希望者は旅行会社と旅行申込・引受を行い，旅行会社が南信州観光公社へ発注します。次に右方に目を移しますと，右端の枠には上から順番に物産，土産……

Ⅱ　エコツーリズムと地域社会

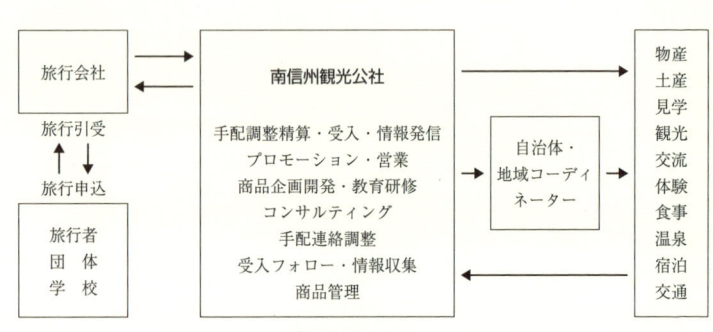

```
┌─────────┐      ┌─────────────────────┐          ┌─────────┐   物
│ 旅行会社 │ ⇄   │   南信州観光公社      │  →       │ 自治体・ │   産
└─────────┘      │                     │          │ 地域コーディ│  土産
  ↓↑旅行引受     │ 手配調整精算・受入・情報発信 │          │ ネーター │  見学
  ↓↑旅行申込     │ プロモーション・営業    │          └─────────┘  観光
┌─────────┐      │ 商品企画開発・教育研修   │                       交流
│ 旅行者  │      │ コンサルティング        │          ←             体験
│ 団 体  │      │ 手配連絡調整           │                        食事
│ 学 校  │      │ 受入フォロー・情報収集   │                        温泉
└─────────┘      │ 商品管理              │                        宿泊
                 └─────────────────────┘                        交通
```

受け入れシステム

交通とありますが，その中でも交流と体験の分野がいわゆる体験プログラムに当たります。その担い手は，地元の農家や職人，地域おこしグループや愛好会組織などごく普通の地域住民がほとんどです。そうした方々にプログラムの受け入れを依頼するにあたって，南信州観光公社は，直接交渉をする場合もあれば，図中にある自治体・地域コーディネーターを通じて交渉をする場合もあります。自治体・地域コーディネーターとは，行政・民間を問わず，南信州観光公社との打ち合わせを通じて，その地域の体験受入先の人々との受入調整をする人あるいは組織のことを指します。そうした交渉の結果および経過を踏まえて，先の旅行会社からの発注を受注していくわけです。その後，実施までの打ち合せか

自然の川で5人1組で行う渓流釣り／プロの職人の工房で行う草木染／少人数での農家民泊

樹齢500年の巨木・安富桜／ペリー来航ゆかりの黒船桜

ら精算までを南信州観光公社が内・外双方の窓口となって行っています。

2. 受け入れの現場

それぞれに特色があるプログラムですが，どれにも共通するのは，体験する人がありのままを体験し，それにインストラクターあるいは受入農家として関わる地域の人々が存在しているということです。

体験型観光の手法を取り入れた一般団体向け企画の例

南信州地域で教育旅行以外に行われている体験型観光の手法を取り入れた一般ツアー企画について紹介いたします。

一般ツアー客の場合は教育旅行団体と違って，事前にモチベーションがつくれるような仕掛けは難しいと考えられますので，地域の特筆できる資産を地元ガイドが案内するスタイルのものや，トレッキングツアーのように目的が明白で参加型の企画特性をもったものが取り組みやすいのですが，ここで紹介する桜守の旅は，南信州地域に残る一本桜の名桜の多さとその見頃時期の長さに着目し，桜守と称する案内人を養成し，桜ツアーでは弱点とされる見頃時期の不安定なところを，桜守が，約1カ月に及ぶ期間にわたってその日に咲いている旬の桜を名桜ミステリーツアーとして案内するという企画です。

Ⅱ　エコツーリズムと地域社会

このような見事な一本桜は南信州地域には80本以上ありますが，それぞれの桜について調べ，名桜物語を作成し，桜の保護についての考えも含ませた案内を桜守が当日に行うわけです。中には推定樹齢を歴史ロマンを含ませて案内しているケースもありますが，利用者の評判は上々で，「こんな花見の仕方もあるんだなー」としみじみと感想を漏らしたベテランのバスドライバーの方もいました。地域の誇りである一本桜を，花見は群桜ばかりではないという考えをもって市場に打ち出したともいえます。この企画ができる過程において，当時の行政担当者の熱意は相当のものがあり，地元在住の"桜狂い"という言葉が誉め言葉になるような存在もありました。そうした方々が一心に尽力したことで，企画の実現にこぎ着けることができたということも付け加えておきます。やはり相当の想いをもって取り組む人の存在なくしては一つの企画として成り立ってはいきません。この他に普通に観光で訪れてはなかなかたどり着かないような，地元の人々に永年愛されてきた和菓子屋の銘品を試食しながら街並み散策を楽しむ「飯田城址歴史散策と和菓子探訪の旅」や，憧れていたけれども諦めてもいた冬の里山に入ることを，地元ガイドの案内によりスノーシューを履いて楽しむ「南信州ウィンタートレッキング」といった企画等にもこうした手法が活かされています。

里山水博物館　針江の生水
――針江生水の郷委員会（滋賀県）
http://www.geocities.jp/syouzu2007/　　　　　　美濃部武彦

　針江地区は比良山系に源を発する天井川・安曇川の伏流水が湧き出ています。ミネラル，カルシウムをたっぷり含んだそれを私たちは生水（しょうず）と呼び，生活用水として有効利用しているのが「川端（かばた）」です。

2 「エコツーリズム大賞」受賞地域にみる"仕掛け"

　上流の人は，思いやりをもって下流の人に迷惑のかからないきれいな水を流し，下流の人は上流の人を信じ安心して顔を洗い，食べ物が洗える，それが私たちの一番の自慢なのです。歴史と文化が生んだ水を大切にする心が針江区民の絆です。針江区が先頭になって毎年，年4回，のべ人員800人ほどが，大川掃除，藻刈りなどを行っています。

　そんな針江の川端への見学者が激増。急遽，子どもたちが心配だ，ゴミが出る，戸締りが……と区民の不安が重なったため，有志26名が集まり「針江生水の郷委員会」を発足（現在では会員80名以上），2005年4月より月2回（第1・第3土曜日），川端のある暮らしを紹介するエコツアー「里山命めぐる水辺ツアー」を始め，人と水の結びつきや，生き物と暮らす生き方や，針江大川の自然，地の野菜や魚などを紹介しています。また，川端のある空家を借り受け，針江地区でとれる食材で川端体験宿泊をしています。

　針江地区は元々農業，漁業の町です。現在，田圃は約650反で，針江元気米の仲間たちが，古代米・アワ・ヒエ・キビ等を収穫していろいろな加工品を開発・研究しています。

川端（かばた）　水が湧くところは「元池」，顔や食べ物を洗うところを「つぼ池」，そして鍋を洗うところは「端池」または，鯉が洗い物のクズや汚れ物を全て食べ，水を浄化してくれる池で「鯉池」とも呼びます

また大川沿いの休耕田には，毎年菜の花・レンゲ・ひまわり・コスモスと花がいっぱいです。ツアーのお客様に針江の自然とお土産を持って帰ってもらい，針江の生水そして農水産物で，元気を全国に発信しています。

2007年秋より，私たち針江生水の郷委員会では「針江里山（水）博物館構想」を立ち上げました。

針江浜のヨシ群生地・針江の農地，針江の川端文化こそ日本の原風景であると信じ，1,400万人の水がめである母なる琵琶湖を守り，全国の皆様に，水のありがたさと，水環境を守るための勉強の場所として針江の地を提供し，水の大切さを伝えていくための協力を惜しみなくさせていただく覚悟です。

裏磐梯におけるエコツーリズム
―― 裏磐梯エコツーリズム協会（福島県）
http://www.eco-urabandai.com/

伊藤延廣

裏磐梯とは

福島県のほぼ中央にそびえる磐梯山の，明治21（1888）年の大噴火によってその北側に出現した広大な高原台地一帯が裏磐梯と呼ばれている。噴火から120年を経た今，その痕跡は荒々しい姿を見せる火口壁に残る程度で，高原にはすでに深い緑が甦り，崩れ落ちた岩石によってつくられた大小300余の湖沼群，さらには周辺の山々と相まって美しい自然景観をつくり出している。

昭和25（1950）年には，こうした景観が評価されて磐梯朝日国立公園の「裏磐梯地区」に指定され，福島県を代表する観光地の一つとして多

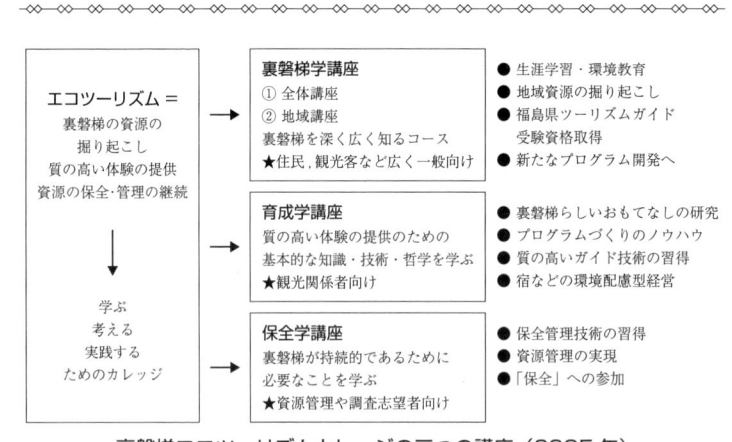

2 「エコツーリズム大賞」受賞地域にみる"仕掛け"

```
エコツーリズム＝          │裏磐梯学講座            │● 生涯学習・環境教育
裏磐梯の資源の           →│① 全体講座             │● 地域資源の掘り起こし
掘り起こし              │② 地域講座             │● 福島県ツーリズムガイド
質の高い体験の提供         │裏磐梯を深く広く知るコース    │　受験資格取得
資源の保全・管理の継続       │★住民，観光客など広く一般向け  │● 新たなプログラム開発へ
    ↓                │育成学講座             │● 裏磐梯らしいおもてなしの研究
                    →│質の高い体験の提供のための    │● プログラムづくりのノウハウ
 学ぶ                 │基本的な知識・技術・哲学を学ぶ  │● 質の高いガイド技術の習得
 考える                │★観光関係者向け          │● 宿などの環境配慮型経営
 実践する
ためのカレッジ            │保全学講座             │● 保全管理技術の習得
                    →│裏磐梯が持続的であるために    │● 資源管理の実現
                     │必要なことを学ぶ          │●「保全」への参加
                     │★資源管理や調査志望者向け
```

裏磐梯エコツーリズムカレッジの三つの講座（2005年）

くの観光客を迎えてきた。しかし，近年，観光ニーズの変化に伴う入込客数の減少などによる地域内産業の不振，観光客の特定地域への集中による自然環境への負荷の増大など，負の影響が随所に見受けられるようになってきた。

エコツーリズム導入およびモデル事業の経緯

　そうした中，自然資源を活用した観光促進策として，地元北塩原村によって19のトレッキングコースが整備された。その完成記念事業として平成11（1999）年に開催された「檜原湖国際トレッキングフェスタ」および，あわせて開催された日本エコツーリズム協会主催の「国際エコツーリズム大会」を機に，裏磐梯におけるエコツーリズム推進の活動が開始された。その後，環境省によるエコツーリズム推進方策が示され，その中のモデル事業の実施対象地区に裏磐梯も選定された。

　環境省によるモデル事業の3類型のうち，裏磐梯は「多くの来訪者が

Ⅱ　エコツーリズムと地域社会

訪れる地域での取り組み」として選定され，平成16（2004）年からの3年間，様々な取り組みを行ってきた。特に，身近な資源の掘り起こしや共有化，ガイドや観光事業者などの人材育成，資源の保全方法などを学ぶ「エコツーリズムカレッジ」の運用を中心に活動を展開した。さらに「住民参加によるモニタリングシステムの開発」「情報発信システムの開発」「研究者ネットワークの構築」なども課題とした。

裏磐梯学

エコツーリズムカレッジの展開

エコツーリズムカレッジでは，まず裏磐梯を深く広く知るコースとして「裏磐梯学講座」を設定し，身近な資源の掘り起こし，その資源の共有化と再確認など，高齢者の生涯学習や子どもたちの環境教育にも配慮したカリキュラムとした。

具体的には，磐梯山の噴火の状況，噴火後の植生の回復経過やそれらの植物に支えられる生物相，さらには地元の古老から噴火以前の歴史や民俗，郷土料理を学ぶなど，比較的親しみやすい講座とした。また，裏磐梯学講座の中に，受講生が一堂に会して学ぶ「全体講座」と，希

育成学講座

2 「エコツーリズム大賞」受賞地域にみる"仕掛け"

望する地域の集落で実施する「地域講座」を設け，地域住民など，より多くの人たちが参加できる内容とした。次にガイドや観光事業者の人材育成，観光施設の環境配慮型経営など，観光関係者向けの「育成学講座」を設定した。ここでは，和食の料理長による「おもてなし」講

保全学講座

座，自然・歴史資源などを組み合わせたプログラム開発講座，合宿型のガイドスキルアップ講座など，より実践的なテーマを多く取り入れた。さらに，観光資源（特に自然資源）の保全管理技術の習得，保全実務の体験など，裏磐梯の資源を持続的に活用するための「保全学講座」を設定し，野鳥や植生などのモニタリング手法，利用負荷に視点を置いた調査手法を学ぶなど，より積極的に資源管理に取り組む人たちの育成を図った。その結果，ガイドや観光事業者ではない一般住民の中にも，地域資源の価値に対する認識が生まれ，来訪者に対する「おもてなしの心」が芽生えている。

　このエコツーリズムカレッジの活動は，モデル事業が終了した平成19（2007）年度以降も，裏磐梯のエコツーリズム推進に賛同する有志により発足した「裏磐梯エコツーリズム協会」に引き継がれ継続的に実施されている。こうしたエコツーリズムカレッジの継続的な活動が評価され，平成19年度のエコツーリズム大賞特別賞の受賞となった。

　こうしたエコツーリズムカレッジ以外の活動も，裏磐梯エコツーリズム協会の事業計画に組み込まれ順次展開が図られているが，特に「住民

参加によるモニタリングシステムの開発」および「情報発信システムの開発」,さらには「研究者ネットワークの構築」については,最重点項目として取り組みが行われている。

今後の課題

　裏磐梯のような一般的な観光地において,エコツーリズムを普及定着させることは一朝一夕にできることではない。先のエコツーリズムカレッジ他の活動を地道に推進し,一人でも多くの人の理解と共感を得ていく必要がある。また,裏磐梯エコツーリズム協会は,独立した民間の団体であるため,その活動を支える資金の調達も当面の課題といえる。エコツーリズムの理念や実践地であることが,多くの企業や観光客に理解されるようになれば,企業からの協賛金や観光客からの「環境協力金」なども考えられるが,現時点ではそうした理解がそこまで進んでいるとは考えにくい。その意味において,エコツーリズムの理念,実務などを,現場から積極的に発信していくこともまた重要な課題だと考えている。

3 エコツーリズムとエコミュージアム

(1) エコツーリズムとエコミュージアム

　エコツーリズムとエコミュージアムがともに重視する概念は，持続可能性，内発的発展性である。エコツーリズムは関係する推進主体が互いの機能を発揮して持続可能な地域環境創造に貢献する。エコミュージアムは住民と行政，住民と専門家などの協力により，地域の持続可能な発展に貢献する。エコツーリズムはツーリズムの導入によって，地域の内発的発展性を高めようとする。エコミュージアムはミュージアム活動を通じて地域遺産の再認識によって内発的発展性を高める。両者の違いはエコツーリズムがツーリズムの導入を武器にするのに対し，エコミュージアムはミュージアムを武器にしようとする点である。

　しかし，エコツーリズム受け入れに先んじて地域住民や観光業者による地域の価値認識と観光客受け入れ態勢づくりを行うため，エコツーリズムでもエコミュージアムで中心となる地域遺産の評価と活用作業が行われる。エコミュージアムにおいては，地域の遺産の再評価のために外部からのまなざしの果たす役割が大きいことを意識して，観光客の誘致を意識する。ある瞬間をとらえた両者の活動が極めて似ているように感じることも多い。互いの活動が相乗効果を生むともいえる。

(2) エコミュージアムの概念

　エコミュージアム（Ecomuseum）とは，地域全体を博物館ととらえ

Ⅱ エコツーリズムと地域社会

る活動であり,装置であるが,この概念は,1960年代後半にフランス人G・H・リビエールによって発想された。その用語は,フランス語「エコミュゼ (Écomusée)」の英訳で,日本では新井重三の「生活・環境博物館」という意訳もあるが,現在では「エコミュージアム」のカタカナ表記が一般的である。言葉としてはエコロジーとミュージアムの合成語であり,エコロジーの語源であるギリシャ語のオイコス (oikos) の持つ「家」「家庭」「生活」に関わる現象や実態を,博物館活動として理解しようとする意図を込めている。

エコミュージアムは「地域社会の人々の生活と,そこの自然環境,社会環境の発展過程を史的に探求し,自然遺産及び文化遺産を現地において保存し,育成し,展示することを通して,当該地域社会の発展に寄与することを目的とする博物館」(新井編著 [1995]:11) とされるが,筆者 (吉兼) は,エコミュージアムの概念を次のようにまとめている。

> エコミュージアムは地域の中にいくつかの限られた美しい景観や自然,大事な文化財や記念物があるというのではなく,地域の中にあるすべての素材に価値があり,それらが一体となってはじめて地域は地域となると考えるものである。エコミュージアムは一定範域(テリトリー)内で地域の記憶の井戸を掘り,掘り出された記憶(遺産)を地域全体の中で保存・展示・活用していく博物館づくりである。それは地域遺産の遺産相続の仕掛けづくりとそのための運動であるとも考えられる。エコミュージアムは従来の博物館のように建物の中に資料を集めて展示するだけではなく,テリトリー全体を展示室として,地域の遺産・記憶を本来の場で保存活用しようとするものである。それは地域の姿を映す鏡を構成するものである。また,収集・保存しようとするものはあくまでも住民の記憶である。エコミュージアムの主体は住民である。その住民がアイデンティティを感じるテリトリー

の中で大切にしたいという記憶を住民,さらに来訪者（観光客）にも理解できるように工夫する。つまり地域を等身大で映す鏡を作り,その鏡を通して将来の地域像を考えていこうとするものである。それは住民にとっても観光客にとっても何気なく訪ねて否応なく理解する生涯学習機関というべきものである。

(吉兼［1998］：139-142,なおエコミュージアムの事例は吉兼［1998］参照)

(3) エコミュージアムの構造

エコミュージアムは従来,コアとサテライトと発見の小径(discovery trail)によって構成されるとされてきた。コア施設が地域博物館のように地域全体を説明し,エコミュージアムの情報センターの役割を果たし,エコミュージアムの事務局やガイドなどがそこに常駐する。サテライトは地域の個別の記憶（遺産）を現場で保存・展示・活用するテーマ博物館のような存在である。発見の小径は,あるテーマを理解できる散策路である。このような構造から一点集中型でない分散型博物館ととらえる見方もあろう。運営の仕方については,コア（本部）だけでなく,各サテライトも法人格を持つ個別の非営利組織やボランティアグループによって運営されていると紹介され,コアを運営する組織がサテライトの活動を支援し,統括するものとされた。しかし,エコミュージアムは活動を続ける中で,コアとサテライトのヒエラルヒーな関係を嫌い,コアとサテライトといういい方はやめ,個々のサイト名（例えば,森の博物館,運河の博物館など）で呼び,コア（本部組織）とはともに対等な関係を築き,互いに活動のための協約を結びながらネットワーク構造で活動を進めようとする傾向が見られることが報告されるようになっている。筆者が1996年,1997年に訪ねたフランスのクルーゾー・モンソー・レ・ミーヌ・エコミュージアムでは,そのことが特に強調されていた。

諸活動が行政主導型で生まれることの多い日本では前者のコア・サテライト型が受け入れやすく、体制づくりも早いと考えることができるが、筆者は、地域資源でもある活動団体など人的財産が地域で自律的に機能するには後者の考え方の方がむしろ現実的であり、内発的発展につながるとの考えに至っている。ただし、行政主導を含めこれ以外の構造も見られるので、エコミュージアムの土着化の姿は地域固有の姿として表れると考える方が妥当かもしれない。

(4) エコミュージアムに託す期待とエコツーリズムへの貢献

エコミュージアムに託す期待は大きい。これらが果たされたとき、そこはエコツーリズムの魅力的な受け皿となる。以下、筆者が重要と考えるキーワードからエコミュージアムがどのような博物館をめざすのかを述べ、あわせてそれらが果たすエコツーリズムへの貢献についてコメントする。

①環境文化を守り創造する博物館

環境文化とは環境とのつきあい方のことである（環境文化の概念は、吉兼［1996］：38-46）。エコミュージアムは、今の環境をどのように存続させるのか、新しい時代にどのようなつきあいのルールを作るのかを考えるきっかけと場を提供する博物館である。環境文化は環境との良好な関係を維持存続しようと模索する中で築きあげた規範であるので、エコツーリズムが重視する「地域の自然に対する迷惑を最小限にする観光」のためのマナーづくりに貢献できるものである。

②自文化を自分化するための博物館

身の回りの環境や文化とつきあうには、自文化である地域の文化を理解しておかねばならない。しかし、その中にいる人々にとっては当たり前すぎて、その価値には気づきにくい。エコミュージアム

は自分たちの文化を本当に自分のものにする，そのような作業の場として展開する博物館である。ツーリズムがここではエコミュージアムに貢献する。当たり前すぎて気づかない地域の人々に感動や驚きの姿を見せることは，彼らに自文化を気づかせることになるからである。一方，自分化された自文化を持つ人々はエコツーリズムにおける格好のガイド役となろう。

③テリトリーを大切にする博物館

　エコミュージアムは従来の建物型の博物館ではない。地域全体を博物館とし，地域遺産を現地保存型で展示する。その対象とする地域の範囲がテリトリーである。それは活動する人々が自信を持って責任の持てる範囲，文化圏のことである。テリトリーはエコツーリストに対してはひとまとまりのツアーゾーンを提供することになる。

④時間と空間の博物館

　地域には長い歴史の中で積み重ねられてきた人々の生活の記憶（時間）が，過去から切り離されない形でそこにあり，共有文化を持つ一定の広がり（空間）の中で表現される。エコミュージアムは時計を止めた状態で，ある特定の自然や人間を表現するのではなく，過去から現代に至る時間の流れの中で生活する人々の生活をとらえ，現地において確認することによって未来を予測する博物館である。この時間軸と空間軸を持つエコミュージアムは地域の記憶の井戸から掘り出された実に様々な遺産から構成されている。それらの遺産（記憶の井戸）は，ドラえもんの「どこでもドア」の役を果たし，どこからでも地域の核心（記憶の井戸の水脈）にたどり着くことが可能であり，一番入りやすく気にいったところから地域に入ることのできる，入り口や順路を気にしない楽しみを提供する。

Ⅱ エコツーリズムと地域社会

⑤二重入力方式の博物館

　エコミュージアムは住民と行政の協力によって作られる。住民だけが独りよがりに作るのでもなく，行政が一方的に作るのでもない。住民の熱い想いやエネルギーと，行政の持っている経済力やシステム，ノウハウをともに合わせて作るものである。またエコミュージアムづくりには地域の先輩である住民と専門家との，協力が不可欠である。例えば，専門家は発見された事実の分析やそれに基づき予測を行うことが得意であるが，現実に地域で発生している事実の発見などは住民の方が得意分野といえる。エコミュージアムは住民と専門家が一緒になって，住民が発見した事実を専門家が科学的に分析してアドバイスを行い，それをまた住民が地域の中で守り，展開していこうとする博物館である。この関係はエコツーリズムの五角形の一翼を担うことになるであろう（本書112頁図Ⅲ-1-2，真板［2001：31］）。

⑥全体としてまとまってみえる博物館

　エコミュージアムがめざすものは地域を映す鏡を構成することである。そこには地域を映した1枚の絵がいつも見えなければならない。ジグソーパズルを思い浮かべてほしい。パズルのピースを集めただけでは何の絵かわからない。それを並べて絵にすることが大切である。もちろん1ピース欠けても絵は完成しない。エコミュージアムは，地域を全体としてまとまって見せる博物館なのである。これこそ観光客が求める，地域文化にひたりきる楽しみの舞台である。観光客が最後の1ピースを発見できればそれは最高の喜びであろう。

⑦次々に新しいものに生まれ変わる博物館

　鏡に映すものが変われば映るものも変わる。地域を映す鏡であるエコミュージアムの活動は刻々と変化する。映った鏡を見て髪や化

粧を整えるように，エコミュージアムは将来の美しい地域をめざして，地域に働きかける博物館である。繰り返し訪れてもらうことこそ，これからのツーリズムの期待することであるが，新たな情報を発信し，姿を変え続けるエコミュージアムにはリピーターを誘発する魅力がある。

⑧インタープリターが不可欠な博物館

エコミュージアムは，住民にとっても，観光客にとっても，地域を楽しく，正しく，無理なく理解する学校の機能を果たすことができる。学校の機能を果たすためにはインタープリターが不可欠である。インタープリターとは直訳すれば通訳。自然や歴史，文化が上げている歓喜や悲鳴の声を，わかりやすく解説してくれる人である。フランスのエコミュージアム連合では，「記憶を前に」というスローガンを打ち出している。過去から現在に時間軸としてつながっているものを止めてノスタルジーに浸るのではなく，それを未来へと投げかけて，この大切な記憶を将来に活かしていくという発想だ。わかりやすく解説し，互いに理解することでこそ，新しい環境文化を創っていくことができるのである。エコツーリズムにおいてもインタープリターの存在は不可欠であるので，共有できる貴重な財産となろう。

エコミュージアムは，地域の記憶の井戸から，その水脈にたどり着き，得られた地域理解のテーマからあらためて地域全体をまるごと理解，保存，活用しようとするものである。そしてエコツーリズムと連携することで，その相乗効果から内発的ポテンシャルを高めながら持続可能な地域づくりに大いなる貢献を果たすものである。

（吉兼秀夫）

Ⅱ　エコツーリズムと地域社会

参考文献

新井重三編著［1995］『実践エコミュージアム入門』牧野出版。

大原一興［1999］『エコミュージアムへの旅』鹿島出版会。

小松光一編著［1999］『エコミュージアム――21世紀の地域おこし』家の光協会。

真板昭夫［2001］「エコツーリズムの定義と概念形成に関わる史的考察」石森秀三・真板昭夫編『エコツーリズムの総合的研究』（国立民族学博物館調査報告23）pp.15-40。

吉兼秀夫［1996］「フィールドから学ぶ環境文化の重要性」『環境社会学研究』2：38-49。

―――［1997］「ブレスブルギニヨン・エコミュゼ」日本エコミュージアム研究会編『エコミュージアム・理念と活動』牧野出版, pp.71-86。

―――［1998］「エコミュージアム活動の現状」『日本観光研究学会全国大会研究発表論文集』13：139-142。

―――［2000］「エコミュージアムと地域社会」石原照敏・吉兼秀夫・安福恵美子編『新しい観光と地域社会』古今書院, pp.84-94。

―――［2003］「生活と観光」堀川紀年・石井雄二・前田弘編『国際観光学を学ぶ人のために』世界思想社, pp.168-191。

―――［2005］「自文化を自分化するエコミュージアム」『地理』605：17-23。

―――［2009］「エコミュージアムによる地域づくり――フランスと日本の比較」『まちづくり』22：28-33。

Ⅲ　エコツーリズムとパートナーシップ

1　エコツーリズムとパートナーシップ

　ツーリズム（観光）は，ツーリストとツーリズム産業だけで成立しているのではない。ツーリズムは多様な人や組織が関わり，多様な機能や影響力をもった集合体である。この集合体としてのツーリズムは，まとまりのある統合体というよりも分散化，個別化した業態として存在している。そして，それゆえに，近年のツーリズムはマスツーリズムとして地球的規模の成長拡大をとげる過程で，経済的・社会的・文化的不均衡を生じ，環境問題（開発にともなう自然や社会・文化の破壊）や南北問題（開発途上地域で生じる環境問題）を引き起こしている。

　このような現代ツーリズムの問題を克服するためには，ツーリズムに関わる当事者間で利益（経済的利益，自然資源の保護，伝統文化の保存，保健衛生や治安の維持など）を調整し，自然も人も含めた地域社会全体の利益配分の最適化を図らねばならない。そこで今，その理念と方法として重視されているのがパートナーシップ（partnership）である。

　ツーリズムの分野に限らず一般的にパートナーシップとは，協力，連携，協働などと訳され，単なる情報の共有のような「弱い」関係から，利害を調整しながら共通目標の達成に至る「強い」関係まで幅広い意味をもつ。ツーリズムにおける理想的なパートナーシップとは「複数の主体（個人や集団）が共通の規則に合意し，互いに利害を調整して，ある共通の目的（利益）を達成する行動とその組織，それらを支える理念や方法」である（ツーリズムにおけるパートナーシップに関するまとまった文献は少ない。本章では，ブラムウェルとレーン共編著の *Tourism Collaboration and Partnerships: Politics, Practice and Sustainability*. Channel View Publications, 2000. を参考にした）。

　エコツーリズムにおいてパートナーシップの重要性が国際的レベルで認識され始めたのは，国連の定めた「国際エコツーリズム年」の2002年

頃からである。その10月にオーストラリアのケアンズで開かれた国際エコツーリズム会議では，「エコツーリズムのためのパートナーシップ」と題する「ケアンズ憲章」が制定され，エコツーリズムの効果的実践のための極めて重要な理念，方法としてパートナーシップの創出が提唱された（ケアンズ憲章については，http://www.ecotourism.org.au/cairnscharter.asp から，引用，参照した）。そこでは，エコツーリズムの重視する，地域における住民，コミュニティ，政府や自治体，企業などによる社会全体の持続的な経済・社会開発のために，パートナーシップによって自然資源・人的資源・金融資源が効果的に活用されるべきとされている。それ以降，パートナーシップの実践のための理念の確立，方法論の整備，さらにその普及が，エコツーリズムにおける最優先課題の一つと位置づけられるようになったのである。

なお，ここではエコツーリズムにおけるパートナーシップの概念や仕組みをエコツーリズム・パートナーシップとよぶことにする。

（前田　弘）

§1　エコツーリズムにおける地域住民の役割

ケアンズ憲章では，エコツーリズム・パートナーシップのパートナー（主体）として，企業などの民間セクター，自治体などの公共セクター，NGOやNPOなどの非政府・非営利組織，住民グループ，研究調査機関，政府間組織，国際金融機関などがあげられている。また，日本エコツーリズム協会によるエコツーリズムの定義には，パートナーシップという言葉は現れていないが，それと同様の考え方として「エコツーリズムの健全な推進を図るためには旅行者，地域住民，観光業者，研究者，行政の五つの立場の人々の協力がバランス良く保たれることが不可欠である」（NPO法人日本エコツーリズム協会のホームページ，http://www.ecotourism.gr.jp/ecotour.html の記述から引用）とある。

Ⅲ　エコツーリズムとパートナーシップ

　このように，パートナーシップにおけるパートナーの構成や関係には多少の違いはあるが，パートナーとは，パートナーシップが設立・運営される地域社会において，生活や事業を営むなど何らかの行動をする上で他の主体と利害関係を生じる主体である。それは，パートナーシップにおけるステークホルダー（stakeholder, 利害関係者）ということもできる。

　エコツーリズム・パートナーシップの主体間の関係は平等であり，特定の主体に力が集中して他を支配するような関係が生じてはならない。ただし，パートナーシップの実施される地域で，もっとも多数で，資源にもっとも近くて強い関係にあるのは，その地域で暮らす住民である。そのため，住民は地域資源活用によるツーリズム事業の恩恵をもっとも受けやすいが，事業の欠点や失敗などによる悪影響も直接被りやすい。したがって，地域住民は権力を集中させたり一方的に行使したりしてはならないが，パートナーシップの設立や運営に中心的役割を果たす主体として位置づけられねばならない。そしてその役割とは，地域社会に持続的発展をもたらすエコツーリズムの設立と運営に一貫して参画することである。もちろん，それは住民が独力でエコツーリズムを確立することではない。住民は他のパートナーの専門知識や専門技術の支援を受けながら，協力してエコツーリズム事業を進める。この役割は，住民の地域資源の理解度やパートナーシップへの関与の程度，事業化能力の程度などに応じて，段階的である（図Ⅲ-1-1を参照）。

（1）　地域アイデンティティの主体

　地域住民の第1段階の役割は，エコツーリズムの原資になる地域資源に対する理解を深めることである。この場合，理解とは単に知識を増やすことだけでなく，その過程で住民自身が「地域アイデンティティ（local identity, community identity）」を形成することである。

1　エコツーリズムとパートナーシップ

```
                    地域アイデンティティの主体

住民・コミュニティ                                パートナー

  パ                    Ⅰ                    協
  ー                                          力
  ト                地域資源の再発見・再評価と    や
  ナ                キャパシティ・ビルディング    支
  ー                                          援
  シ                  ・宝探し                  の
  ッ                  ・トレーニング            相
  プ                                          互
  へ                                          関
  の                    Ⅳ                    係
  参          自律的ツーリズムの確立
  画

    地域資源の活用                  地域資源の管理と
    ・ビジョン（テーマ）の明確化    パートナーシップの運営
    ・資源の商品化                  ・ツーリズムの成長管理
     マーケットの選択・開拓        ・資金確保と
       ⇒マーケティング                組織の維持・更新
     ツーリストの誘致              ・意思決定と説明責任
       ⇒プロモーション

         Ⅱ                              Ⅲ
  地域マーケティングの主体        地域マネジメントの主体

              地域ガバナンスの主体へ
              地域アメニティ向上への参画
```

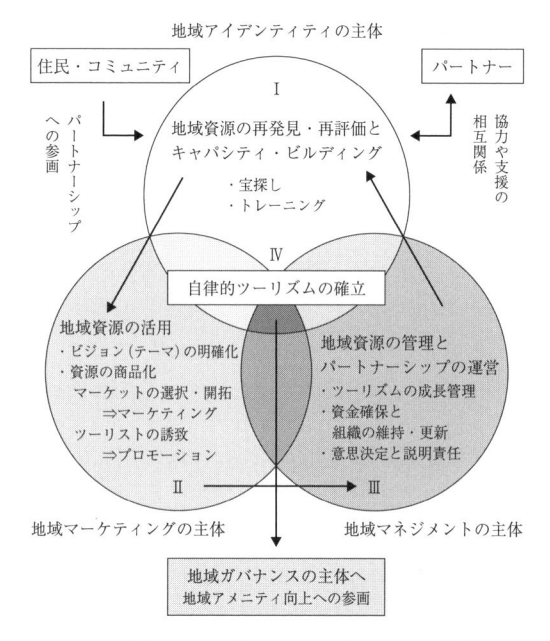

図Ⅲ-1-1　エコツーリズム・パートナーシップにおける地域住民の三つの役割

地域アイデンティティとは個人や集団の中にできる地域の自然や文化への愛着や誇りなどの好意的な思考や行為の総体で，これが住民をエコツーリズム・パートナーシップに引きつけ，エコツーリズム確立への持続的活動に向かわせる原動力になる。

　地域アイデンティティ形成の方法は「地域資源の再発見と再評価」である。これは，住民にとって身近でよく知られた存在である地域資源の意味や価値を改めて見直し，そこに新しい意味や価値を付加する作業である。地域資源が「私たちの生活にどのような意味をもつのか」を見極めること（再発見）と，地域資源に「どのような意味や解釈を加えれば，その価値がより高まるか」を検討すること

Ⅲ　エコツーリズムとパートナーシップ

（再評価）が目的になる。この具体的方法は「宝探し」ともよばれ，本書第Ⅱ部に詳しく述べられている。

　このような再発見と再評価の事業は，老若男女を問わず住民の誰もが参加できる開かれたイベントでもあることが望ましいが，単なるお祭り騒ぎで終わってしまう一過性の事業にしてはならない。事業の成果とともに住民に求められるのは，その過程を通じてエコツーリズム確立のためのもっとも基本的な能力（情報の収集や分析，組織の形成や運営，情報発信など）を獲得すること，すなわちキャパシティ・ビルディング（capacity building, 能力開発）である。

　パートナーシップは相互依存ではなく相互協力の関係なので，各パートナーは自身の能力をパートナーシップ全体の目的のために提供しなければならない。住民以外のパートナーは自治体であれ，民間企業であれ，それぞれすでに専門的知識・技術をもった主体である。それらに比べて住民は，とくに地域開発や社会開発において，他者に何らかの能力を提供するよりも他者からの能力を享受する立場になりがちである。しかし，そのような立場のままエコツーリズムの確立に参加しても，平等な協力関係であるパートナーシップは構築できない。したがって，地域住民のもっとも基本的な役割とは，パートナーシップ設立の可能な限り早い段階でキャパシティ・ビルディングのトレーニングに積極的に参加し，実践的な能力を獲得することである。このキャパシティ・ビルディング自体が，エコツーリズム設立の初期事業として位置づけられてもよい。なお，そのトレーニングに当たっては，他のパートナーからの専門知識・技術の提供や指導が当然必要になる。

（2）　地域マーケティングの主体

　地域アイデンティティの形成によって，地域資源がエコツーリズムの原資として再資源化（再発見と再評価）されたら，次は，その資

源をエコツーリズムに活用する事業が住民の第二の役割になる。住民の第一の役割で対象になるのは地域資源であったが，第二の役割ではそれが地域外部のツーリストになる。そのツーリストに向かって，再発見，再評価した地域資源の意味や価値を何の加工もせずにそのまま提供しても，ツーリストの理解を得ることは難しい。そこで，再資源化された地域資源がツーリストにとっても意味や価値をもつような加工，すなわちエコツーリズムの商品化の作業が必要になる。

　ここで重要なのは，商品化がツーリストのニーズ（需要や好み）に偏り過ぎないように，「地域資源や地域社会にとってどのようなツーリストがふさわしいか」という観点から地域側とツーリスト側のニーズを調整することである。それは，エコツーリズムがツーリスト偏重の商品化に陥りやすいマスツーリズムと異なる点でもある。ニーズの調整では，再発見・再評価した資源についてまず「どの部分をどんな形にして提供し，どんなエコツーリズム・サイトを実現したいか」というエコツーリズムのビジョン（vision, 展望）やテーマを住民自身が明確化しなければならない。

　ビジョンやテーマとは，たとえば，自然や文化の多様性やユニークさ，自然と生活の共存関係，伝統文化の奥深さ，自然保護への取り組みなど，住民がツーリストに提供したい資源の魅力やそれについての住民のポリシー（考え方・方針）のことである。資金や人材に恵まれない地域住民が，パートナーシップの内部だけでなく，ツーリズムを通して外部世界とも対等な関係を構築するには，このビジョンやテーマが大きな力になる。逆に，この段階で住民がビジョンを確立できないと，圧倒的経済力をもつマスツーリズムが地域社会に一方的に流入する危険性が高まったり，逆に外部世界の関心を全く引きつけない状況になったりする。

　ビジョンやテーマに基づくエコツーリズムの商品化では，マーケ

Ⅲ　エコツーリズムとパートナーシップ

ティングとプロモーションの二つの手法が必要になる。この場合のマーケティングとは，地域住民のビジョンに合致するツーリストのマーケット（市場）を選択したり，開拓したりすることである。この種のツーリスト・マーケットは，マスツーリズムの一般的なマーケットとは規模も性質も異なるので，マーケティングの手法も独自のものを開発しなければならない。

　しかし，マーケティングは高度な専門技術なので，そもそも住民はそれを扱う知識も技能ももち合わせていないのが通常である。そこで，パートナーである観光業者やコンサルタントなどの民間セクターがマーケティング事業を支援する必要がある。ただし，民間セクターはマーケティングそのものを担うよりも，むしろマーケティングの技術を住民が少しでも習得できるように指導的役割を果たすのが望ましい。パートナーの支援を受けながら，住民がエコツーリズムにおける地域マーケティングの主体になることが，持続的なツーリズム開発につながるからである。

　地域住民のビジョンに合致するツーリスト・マーケットの選択もしくは開拓が実現すれば，次はそのマーケットに向けてエコツーリズムをプロモーションすることになる。プロモーション（promotion）とは一般に商品の販売促進を意味するが，この場合は商品化されたエコツーリズムの意味や価値をツーリストに理解させ，それに魅力を感じさせるためのツーリストに対する働きかけのことである。つまり，ツーリスト誘致のための宣伝・啓蒙活動全般が含まれる。このプロモーションもマーケティングと同様に，他のパートナーから住民への専門知識・技術の支援や指導が欠かせない。

(3)　地域マネジメントの主体

　住民による第一（地域アイデンティティの主体）と第二（地域マーケティングの主体）の役割を経て，エコツーリズムが始動する。ここに，

1 エコツーリズムとパートナーシップ

地域から外部へのエコツーリズム商品(エコツアー)の提供と外部から地域へのツーリスト来訪とによるツーリズムのサイクルが成立する。このとき,住民の第三の役割は,そのサイクルを運営し管理する地域マネジメントの主体になることである。これは,「地域資源の管理」と「パートナーシップの運営」の二つの事業からなる。

「地域資源の管理」とは,エコツーリズムの原資である地域資源をツーリズムの進展にともなって量的にも質的にも枯渇させたり荒廃させたりしないように,資源の保護とツーリズムの成長(ツーリストの入込数やツーリズム開発の規模・範囲など)をマネジメント(調整)することである。それは,エコツーリズムの規模が小さい場合には,経済的利益は少なくても,資源への負荷が小さくしかも地域の社会や文化にプラスの効果があれば,エコツーリズム事業を経済的理由だけで消滅させないよう持続させるマネジメントである。またそれは,エコツーリズムの規模が拡大してマスツーリズム化の可能性がある場合には,ツーリズムの成長を抑制しながら資源への負荷を低減させるマネジメントでもある。

このような地域マネジメントの主体として住民は,環境保護のマネジメントからビジネス・マネジメントに至る様々な課題を処理しなければならない。たとえば,自然保護の科学的手法の導入,開発の規制や誘導に関する利権や法的問題,資金の確保など,それらは複雑な要因が絡み合っている。地域住民の役割としては,もっとも高度な知識と技術が求められ,もっとも難しい事業になる。したがって,第一・第二の段階より以上に,パートナーシップにおける行政,企業,研究者などからの強い支援と協力が欠かせない。そこで,住民はパートナーシップ自体の運営でも中心的役割を担って,パートナーシップの維持や更新を図り,パートナー間の関係をより強固にしなければならない。

このパートナーシップ運営での住民の役割は,意思決定(decision

making）と説明責任（accountability）である。意思決定とは，地域資源の管理とパートナーシップの運営に関して，問題の処理，その方法や方針について，最終的な選択と決定を行うことである。もちろんこれは，パートナーシップ全体の支持と同意に基づくが，その主体は地域社会のマジョリティ（多数派）であり，地域資源ともっとも近くて強い関係にある住民が担うべきである。この意思決定が住民の権利であるとすれば，住民は義務として説明責任も果たさねばならない。住民は，意思決定の過程と結果についてパートナーシップの内部だけでなく外部に対しても，責任をもって説明し，その内容を明らかにし，疑問には答えねばならない。それによって，パートナーシップの評価や信頼度も高まることになる。

　以上のように，地域アイデンティティから地域マーケティングを経て，地域マネジメントに至るまで，住民がそれぞれの事業について主体的役割を発揮すればするほど，地域社会に持続的発展をもたらすエコツーリズムの形成が進み，その運営の持続性も高まる。これらの住民の役割は，図Ⅲ-1-1のようにⅠからⅢの段階を一通り経て終了するのではない。ⅠからⅢまでを1サイクルとすれば，住民はこのサイクルを何度も繰り返しながら，地域資源の理解をより深め，キャパシティをより広げ，資源の活用と管理の技術をより高め，そして，パートナーシップの運営力をより強めていかねばならない。また，その過程で，パートナーとの連携，協力関係が必要不可欠である。住民の「マネジメント力」はパートナーシップによってこそ形成され，持続されるからである。

　地域社会に終わりがないように，地域開発にも終わりはなく，したがって，エコツーリズムの設立と運営にも終わりはない。重要なのは，このサイクルを通じて，エコツーリズムを資源とビジョンとルールと人材の備わったツーリズム，すなわち「自律的ツーリズム」として確立することである。そしてその先には，住民がエコ

ツーリズムに限らず，地域社会全体のアメニティ（amenity，住みやすさや暮らしよさ）の向上に寄与する地域ガバナンス（地域社会の管理・運営）の主体となる可能性も開かれている。

(前田　弘)

§2　エコツーリズムの推進体制

　エコツーリズムが求める多様な要件を満たし持続させる推進体制は，ひとつの社会運営システムである。その要素とはいったいどのようなものだろうか。

(1) エコツーリズムを成立させるための基本的要素

　これまで再三述べてきたように，エコツーリズムは単なる観光現象ではなく，資源の保全と地域振興と観光という三つの異なる側面を融合させた総合的な地域運営の仕組みである。したがって，「観光者（ゲスト）」と「観光地（ホスト）」「観光事業者」の3者だけでなく，様々な立場からの参画があって初めてエコツーリズムは理想的な形で実現する。もっとも重要なのは地域住民である。そして資源の保全や管理，ガイドラインづくりなどに関わる人々や，地域づくりに直接責任をもつ行政等の関与が必要となってくる。

　真板・海津は，1994年に，地域主導型エコツーリズムを実践するために必要な主体は五つであり，その相互連携によってエコツーリズムは望ましい形で成立しうると整理し（表Ⅲ-1-1），2000年に発表した。

　これらの五つの主体は図Ⅲ-1-2のように相互が連携することによってエコツーリズムの実施に必要な様々なことがらを解決しうる。

(2) 地域の協会

　これらの五つの主体の参画を効率的に，かつエコツーリズムとい

Ⅲ　エコツーリズムとパートナーシップ

う共通の目標を共有できるようにするために，地域単位での協会組織を設立する動きは1990年前後より行われてきた。1989年の小笠原ホエールウォッチング協会，1990年の座間味村ホエールウォッチング協会，1996年の西表島エコツーリズム協会（設立準備会発足は

表Ⅲ-1-1　エコツーリズムを成立させるための五つの主体とその役割

主体	役割の例
地域住民	エコツーリズム導入の主体，計画段階におけるアドバイザー，資源の保全と紹介，地域振興の主体　等
研究者・専門家	資源管理のアドバイザー，資源の価値化，開発プロセスのアドバイザー　等
行政	地域住民の活動支援，人材育成，ガイドラインの作成，情報普及，資源管理のための調査研究，推進主体の支援　等
観光事業者	地域の理解者，エコツアー商品の造成，観光者への情報提供，地域振興への協力，資源保護の協力，ツーリスト　等
観光者	エコツアーへの参加，地域振興への協力，資源保護の実践，地域の自然・文化の情報普及　等

出所：エコツーリズム推進協議会［1999］に加筆

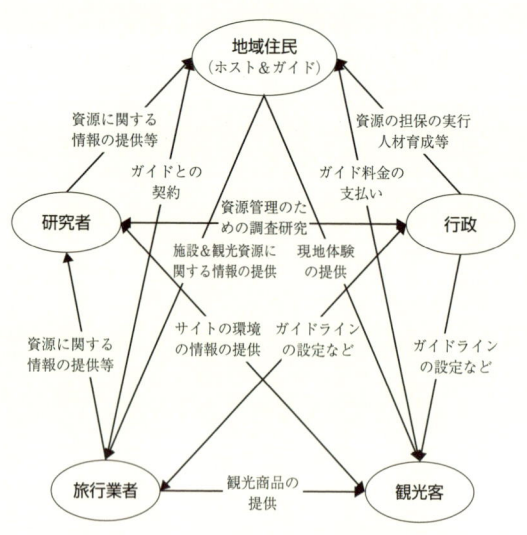

図Ⅲ-1-2　エコツーリズムの五つの担い手
出所：真板他［1998］

1994年),1998年の北海道のエコツーリズムを考える会など,エコツーリズムの先進地においては2000年より前に協会組織が設立されており,2009年3月現在,全国で約30の協会が把握されている。これらの協会組織の活動内容や構成員の特徴を整理したものが表Ⅲ-1-2である。

この表をみてわかる通り,単なるガイド団体やプログラム提供団体ではなく,資源調査や管理,情報提供,ガイド育成,ツアー提供など広範囲なことがらを事業としている団体が多い。

(3) エコツーリズムを推進,普及,向上させるために

以上は,エコツーリズムを地域主導型観光として自律的に進めるために必要不可欠な基本的な主体論である。つづいて,実際に,エコツーリズムがその理念に基づいた効果的な持続可能な観光として文字通り「持続」していくためには,ビジネスを支える様々な主体の参加が必要となる。

①マスコミ,メディア

エコツアーやエコツーリズムに関する情報の普及,エコツーリズムに対する国民の認知度の向上は,マスメディアの力によるところが大きい。図Ⅲ-1-3は過去20年における国内四大新聞へのエコツーリズムの露出回数の推移である。

理論が実践に先行したことが,エコツーリズムの知名度の低さの原因と指摘されることも多いが,理論と実践は車の両輪であり,理論構築に裏づけられた実践に関する情報をわかりやすく提示することが必要である。マスメディアによるエコツーリズムへのアプローチと,エコツーリズム実践者からの積極的な情報発信の両者が急務である。

Ⅲ　エコツーリズムとパートナーシップ

表Ⅲ-1-2　全国の主なエコツーリズム協会

地　域　名		名　　　　称
北海道	斜里町	知床エコツーリズム推進協議会
	標津町	標津町エコ・ツーリズム交流推進協議会
	苫前郡羽幌町	天売・焼尻エコツー推進協議会
青森県・秋田県		環白神エコツーリズム推進協議会
岩手県	早池峰山	早池峰エコツーリズム推進協議会
福島県	裏磐梯	裏磐梯エコツーリズム協会
埼玉県	飯能市	飯能市エコツーリズム推進協議会
千葉県	館山市	たてやまエコツーリズム協会
東京都	小笠原諸島	小笠原エコツーリズム推進協議会
新潟県	佐渡島	佐渡エコツーリズム協議会
山梨県	富士山	富士山青木ヶ原樹海等エコツアーガイドライン推進協議会
	富士山北麓	富士山北麓エコツーリズム推進協議会
	山中湖村	山中湖村エコツーリズム推進協議会
長野県	茅野市	茅野エコツーリズム協議会
静岡県	川根本町	川根本町エコツーリズムネットワーク
	静岡市	南アルプス井川エコツーリズム推進協議会
三重県	名張市	名張市エコツーリズム推進会議
	鳥羽市	鳥羽市エコツーリズム推進協議会
京都府	宮津市	宮津市エコツーリズム推進協議会
滋賀県		エコツーリズム協会しが
兵庫県	三田市	三田エコツーリズム研究会
鳥取県	米子市	大山・中海・隠岐エコツーリズム協議会
岡山県	真庭市	蒜山エコツーリズム推進事業実行委員会
山口県	美祢市	秋吉台エコツーリズム協会
長崎県	佐世保市	佐世保地区エコツーリズム推進委員会
	佐世保・大村・西海3市	県北・県央エコツーリズム協議会
宮崎県	諸塚村	まちむら応縁倶楽部もろつかエコツーリズム研究会
鹿児島県	屋久島	屋久島地区エコツーリズム推進協議会
沖縄県	恩納村	恩納村エコツーリズム研究会
	東村	東村エコツーリズム協会
	西表島	西表島エコツーリズム協会
	渡嘉敷村・座間味村	慶良間エコツーリズム推進協議会
	全域	NPO法人沖縄エコツーリズム推進協議会

出所：日本エコツーリズム協会［2009］より改編

②企業の参加

　企業に対して，法人としての社会的責任（CSR）の認識や，社会貢献活動を求める声は，ますます高まっている。理念を掲げるだけでなく，具体的な取り組みを行うことは，企業全般に望まれることに

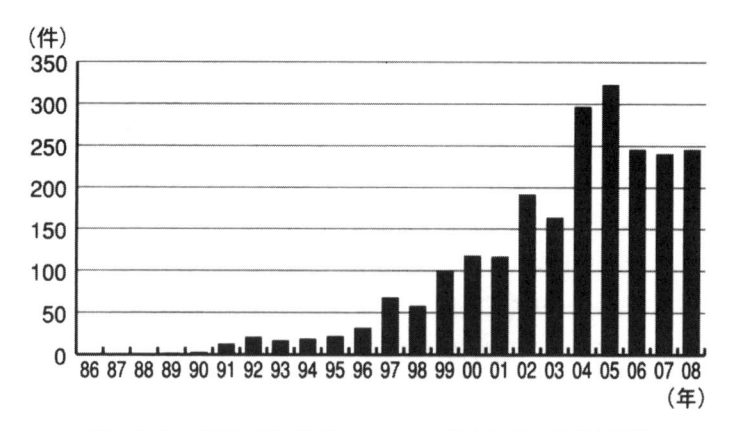

1 エコツーリズムとパートナーシップ

図Ⅲ-1-3 新聞における「エコツーリズム」に関する記事件数
注:2008年は1月〜11月末まで。
出所:日本エコツーリズム協会[2009]:28

なったように思われる。企業が社員研修や顧客サービスなどでエコツーリズムの実践に参画する事例も増えてきた。

OA 機器で知られる株式会社リコーは,マレーシアのサバ州キナバタンガン川流域で,世界自然保護基金(WWF)への寄付を通じてアジアゾウの生息地の保全活動を支援している。一帯はもともとアジアゾウの生息地だった場所であるが,農園を拓くために森林を伐採し,アジアゾウの移動経路を分断してしまった。森から農園に飛び出したゾウは害獣として農園主に追われ,撃ち殺されてしまう。その結果,生息頭数が激減し,絶滅の危機に追いやられてしまったのだ。WWFは現地法人として MESCOT という組織を立ち上げキャパシティ・ディベロップメントを行い,アジアゾウの生息地であった農地の買い上げと森林回復,さらにホームステイによるコミュニティへの経済還元を組み合わせたプログラムを実践している。このプログラムにおいてエコツーリズムは,コミュニティに経済効果を

Ⅲ　エコツーリズムとパートナーシップ

もたらし、観光客の参加によって森林を復元するツールとして活用されている。

　トヨタ自動車株式会社は、岐阜県白川村に自然学校「トヨタ白川郷自然学校」を建設し、観光客を受け入れている。同校は世界文化遺産である白川郷から15分ほどの馬刈集落にある。豪雪によって住民が離村せざるをえなかった悪条件の土地だが、同社はそれをメリットととらえ、豪雪を楽しむ冬のプログラムを充実させ、宿泊をともなう自然とのふれ合い体験プログラムを通年行っている。白川郷には、年間150万人の観光客が訪れるが、滞在時間が短いことが悩みの種だった。トヨタ白川郷自然学校は白川郷そのものへの集客を妨げず、訪問先の多様化と分散によって白川村全体の滞在時間と訪問客数を伸ばすことに貢献している。

　福島県随一の観光地裏磐梯では、2005年から、磐梯東都バスが1970年代に地方を走っていたボンネットバスを改造し、家庭廃油で走る周遊バス「森のくまさん号」（通称「くまバス」）を走らせている。廃油は地域の宿泊施設や家庭から回収したものだ。電気自動車に比べれば排ガスゼロではないという指摘もあるが、宿泊施設を200軒近く抱える裏磐梯では、宿も参加できる環境負荷を低減するしくみといえる。この周遊バスは檜原湖の周囲を回り、各集落内の道も通るので、地域をゆっくり楽しむ公共交通として愛用されている。

　国立公園や世界遺産など、エコツーリズムの実践の場における生態学や環境保全に対しても、企業の参加が求められている。このような活動やエコツアーを実践する地域の保護やツアー参加は実践結果が目に見えやすい。企業の社会的貢献をアピールするには、エコツーリズムは消費者にダイレクトに伝わるすぐれた手段といえる。

（海津ゆりえ）

参考文献

エコツーリズム協会［2009］『エコツーリズム　未来への課題と展望——10年の軌跡をふまえて』（『ECOツーリズム』第42・43合併号）

エコツーリズム推進協議会［1999］『エコツーリズムの世紀へ』エコツーリズム推進協議会。

真板他［1998］「参加者意識の分析からみた魅力あるエコツアープログラムに必要な要素についての研究」『第13回日本観光研究学会全国大会研究発表論文集』日本観光研究学会。

前田弘［2001］「成長の管理——自律的観光としてのリゾートづくり」石森秀三・西山徳明編『ヘリテージ・ツーリズムの総合的研究』（国立民族学博物館調査報告21）pp.119-141。

―――［2003］「観光地の変化と成長」堀川紀年・石井雄二・前田弘編『国際観光学を学ぶ人のために』世界思想社，pp.66-87。

―――［2003］「コミュニティ・ツーリズムにおけるパートナーシップに関する研究」『日本観光研究学会第18回全国大会研究論文集』pp.93-96。

―――［2009］「観光パートナーシップによる地域振興——英国カントリーサイドの事例から」『運輸と経済』69（6）：29-39。

Bramwell, B. & B. Lane (eds.) [2000] *Tourism Collaboration and Partnerships: Politics, Practice and Sustainability.* Clevedon: Channel View Publications.

2 小笠原諸島
—— エコツーリズムの経済効果とコラボレーション

　西表島を地域おこしから始まったエコツーリズムの先進例とするなら，観光から始まったエコツーリズムの先進例が小笠原である。その推進の経緯は，多くの島嶼のエコツーリズムの参考となってきた。（一木重夫）

§1　小笠原諸島の概要

（1）　地勢と気候
　小笠原諸島は沖縄本島とほぼ同じ緯度にあり，東京から南へ約1,000キロメートル離れた大小30余りから成る島々で，行政区分は東京都小笠原村である（図Ⅲ-2-1）。年間平均気温は23度で，冬でも雪や霜は観測されない亜熱帯海洋性気候である。

（2）　歴史文化
　小笠原諸島に人が最初に定住したのは1830年，欧米人とハワイからの移民で，日本人の移民が最初に小笠原諸島に定住したのは1862年であった。第二次大戦後，小笠原諸島は米軍の占領下に置かれ，欧米系の島民に限り帰島を許され，一般島民は帰島が許されなかった。このように，先住民が日本人ではなかったことと，小笠原諸島が日本に返還された1968年までの23年間，一般島民不在という空白時期があったことが，歴史文化の大きな特徴である。2010年7月現在，小笠原諸島の人口は2,475人で，父島に2,018人，母島に457人が暮らしている。人口の半数以上が返還後に新たに移住

してきた新島民と呼ばれる人たちである。

(3) 自然

　小笠原諸島の83パーセントは国立公園に指定されている。また，大陸の影響をほとんど受けていない海洋島という性質から様々な固有動植物が生息しており，生物多様性に富んでいる。そのため，東洋のガラパゴスと評されることもあり，世界自然遺産の候補地に指定されている。世界有数の透明度を誇る海には，クジラやイルカなどの大型哺乳動物の他，ウミガメ，マンタ，南方性魚類などの珍しい海洋生物が生息している。

(4) 生活

　小笠原諸島振興開発特別措置法という国の法律で，道路，水道などの社会基盤整備が集中的に行われてきた。その結果，集落内の下水道普及率は100パーセントという他の離島では類をみない高さと

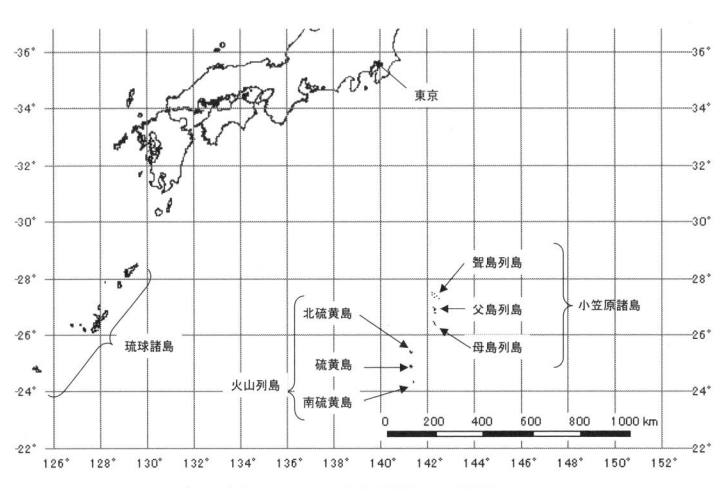

図Ⅲ-2-1　小笠原諸島の位置

Ⅲ　エコツーリズムとパートナーシップ

なっている（小笠原村［2005］：31）。

　小笠原諸島には民間が利用できる飛行場はなく，本州と小笠原諸島を結ぶ交通手段は定期船と不定期船の二つしかない。島民および観光客のほとんどが，約1週間に1便の定期船を使って東京と小笠原諸島を往復している。

(5) 産業

　2005年における産業分類別就業者数は，農業と漁業の第一次産業で7.3パーセント，鉱業，建設業，製造業の第二次産業で14.5パーセント，公務やサービス業などの第三次産業で78.0パーセントとなっている（平成17年国勢調査）。1995年における生産額では建設業の40.5パーセントがもっとも多く，次いで公務の25.6パーセントとなっている（東京都小笠原支庁［1995］：87-88）。小笠原諸島は公共事業中心の経済構造となっている。

§2　エコツーリズムの取り組み

(1) エコツーリズムの基本計画

　小笠原諸島では公共事業中心の経済構造から自立性の高い経済構造へ移行する努力が求められている。そのため，小笠原村は2000年に小笠原諸島観光振興計画・基本計画を発表し，観光産業を村の経済の中核となる産業に育てることを目標とした（小笠原村［2000］：28）。中でもエコツーリズムは観光振興策として小笠原村の重要な施策となっている。2004年には小笠原エコツーリズム推進委員会が「小笠原エコツーリズム推進マスタープラン」を発表し，エコツーリズムの実践のための第一歩を踏み出した（小笠原エコツーリズム推進委員会［2004］）。しかし，小笠原諸島のエコツーリズムは，エコツーリズムという言葉が一般に認識される以前の1980年代後半

からすでに始まっていた。

(2) エコツーリズムの始まり：ホエールウォッチング

1987年の商業捕鯨禁止まで，小笠原諸島には捕鯨の基地として栄えた歴史があった。偶然にもその翌年の1988年に母島で日本初のホエールウォッチングが行われた。1989年には小笠原ホエールウォッチング協会が設立され，ホエールウォッチングの自主ルール（図Ⅲ-2-2）を制定して，利用と保全のバランスを保つ仕組みづくりをした。その後も小笠原ホエールウォッチング協会は鯨類の調査研究を行い，鯨類の生態により配慮するために自主ルールの改正を行っている（小笠原ホエールウォッチング協会［2000］：15）。

(3) 加速するエコツーリズム

小笠原諸島のエコツーリズムへの取り組みがさらに加速したのは，2000年の石原東京都知事の来島がきっかけであった。石原都知事は父島の属島の一つで観光の目玉になっている南島を訪れた。過度な観光利用によって荒廃した南島を目の当たりにして，小笠原諸島にエコツーリズムを導入するように指示した。地元観光団体や小笠原村は，2000〜2001年の間に南島の観光利用を制限する自主ルールを設けた。

2002年には東京都と小笠原村がエコツーリズムの協定書を締結して行政同士の協力体制を構築するとともに，地元では行政，商工会，観光団体，研究機関から委員を選出した小笠原エコツーリズム推進委員会が設立された。2003年には東京都版エコツーリズム

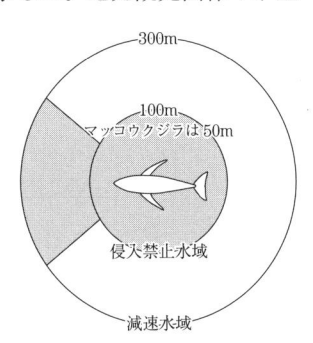

図Ⅲ-2-2　小笠原ホエールウォッチング協会の自主ルール

（東京都が推進するエコツーリズム。東京都独自の名称）が施行され，南島と母島石門地区でガイド同伴，利用人数制限などを定めた「適正な利用のルール」のもとにエコツアーが実施されるようになった。2004年には東京都が東京都自然保護員（通称「都レンジャー」）を小笠原に常駐させ，観光利用指導や移入種対策などの自然保護活動を行っている。

（4） ルールとガイドラインづくり

東京都版エコツーリズムが進行するとともに，民間レベルでもエコツーリズムのルールとガイドラインづくりが行われてきた。東京都版エコツーリズムが開始された2003年以降に制定されたルールとガイドラインは七つにも及ぶ。ルールやガイドラインはその対象となる自然を専門にする研究者との連携を図り，地元ガイドと観光団体との合意を得て制定したものである。

これまでに制定されたルールとガイドラインは10以上にも及ぶが，これらは『小笠原ルールブック』という小冊子にまとめられ，観光客に配布されている（小笠原エコツーリズム推進委員会［2005］，小笠原エコツーリズム協議会が2010年に第2版を発行した）。小笠原諸島にはホエールウォッチング，ダイビング，ナイトツアー，シーカヤック，フィールドガイド，釣りなどのガイドツアーが実施されているが，ほとんどのガイドツアーは何らかのルールとガイドラインのもとに行われている。今後は全村的なルールの共有化（普及啓発），自然度が高い地区における観光利用のルールづくり，エコツーリズム推進法の適用などが課題になっている。

表Ⅲ-2-1 小笠原におけるエコツーリズムの歴史

	エコツーリズムの主な出来事	エコツーリズムのルールに関する出来事	ルール制定団体
1988年	母島で日本初のホエールウォッチングを行う		
1989年	小笠原ホエールウォッチング協会設立	ホエールウォッチング自主ルール制定	小笠原ホエールウォッチング協会
1990年			
1991年			
1992年		ホエールウォッチング自主ルール改定	小笠原ホエールウォッチング協会
1993年			
1994年			
1995年			
1996年			
1997年		ホエールウォッチング自主ルール改定	小笠原ホエールウォッチング協会
1998年			
1999年		小笠原カントリーコードを制定	環境省
2000年	石原東京都知事が南島の荒廃状況を視察してエコツーリズム導入を指示	南島で自主ルールを制定	小笠原村観光協会
		イシガキダイ,イシダイのキャッチ&リリース制を開始	小笠原母島漁業協同組合
2001年		南島で自主ルールを制定	小笠原村
2002年	小笠原エコツーリズム推進委員会設立		
	東京都と小笠原村がエコツーリズムの協定書を締結		
	東京都自然ガイド認定講習会を開始		
2003年	東京都版エコツーリズムを開始	南島と母島石門で適正な利用のルールを制定	東京都と小笠原村
		母島石門の自主ルールを制定	母島自然ガイド運営協議会
2004年	都レンジャー3名が赴任	ウミガメウォッチングのガイドラインを制定	小笠原村観光協会
	環境省エコツーリズムモデル事業地区に選定(3カ年)	アホウドリウォッチングのルールを制定	島内外15の団体
	小笠原エコツーリズム推進委員会が「小笠原エコツーリズム推進マスタープラン」を策定	グリーンペペウォッチングのガイドラインの制定	小笠原村観光協会
		オオコウモリウォッチングのガイドラインの制定	小笠原村観光協会
		アカガシラカラスバト自主ルールの制定	小笠原総合事務所国有林課・小笠原自然観察指導員連絡会
2005年	小笠原エコツーリズム推進委員会が発展的解散し,小笠原エコツーリズム協議会設立	エコツーリズムのルールをまとめた小冊子『小笠原ルールブック』の発行	小笠原エコツーリズム推進委員会編集
		イルカの自主ルールの制定	小笠原村観光協会

Ⅲ　エコツーリズムとパートナーシップ

§3　小笠原諸島の観光客消費額

(1)　小笠原諸島全体の観光客消費額

　小笠原諸島では観光資源を保全する活動において日本で先駆的な取り組みをしてきたが，一方でエコツーリズムは経済的な発展をともなわなければ実現しない。ここで2004年の観光客消費額推計（東京都産業労働局観光部［2005］：21）を紹介する。

　小笠原諸島への観光客数（縁故者宅への宿泊を含む）は定期船・不定期船合わせて年間約2万7,000人で，平均宿泊数は2.9泊となっている。島内で消費される全観光消費額は約12億円であり，その約半分を占める消費額が「ツアー代・その他費用」である。小笠原諸島を訪れる観光客は，ツアー代にもっともお金をかけることが明らかになっている。同じ亜熱帯の観光地である沖縄県の「ツアー代・その他費用」の消費額は，他の消費項目に比べてもっとも低い水準になっている（海事産業研究所［2003］：80）。一方，小笠原諸島における1人当たりの「宿泊代」「食事代」「土産代」「交通費および島内施設見学代」はかなり低い水準である。2001年の1人当たりの土産代は沖縄県の方が約9倍も

表Ⅲ-2-2　小笠原諸島における観光客消費額（2004年）

観光客数	26,674 人
平均宿泊数	2.9 泊
全観光消費額	1,159,742,000 円
宿泊代	343,620,000 円
食事代	76,966,000 円
土産代	71,099,000 円
交通費および島内施設見学代	123,368,000 円
ツアー代・その他	544,689,000 円
1人当たり総計消費額	45,431 円
宿泊費*	14,836 円
食事代	2,885 円
土産代	2,665 円
交通費および島内施設見学代	4,625 円
ツアー代・その他費用	20,420 円

注：「ツアー代・その他費用」は資料では「その他費用」と記述されている。
＊　縁故者宅，定期船船中泊，不定期観光船船中泊を除く。

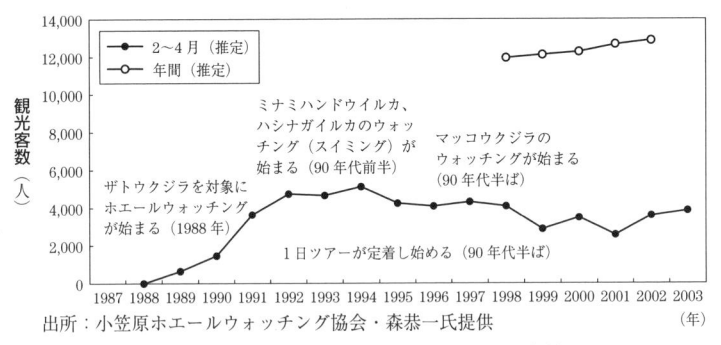

図Ⅲ-2-3 ホエールウォッチングの観光客数

グラフ凡例：
- 2～4月（推定）
- 年間（推定）

グラフ内注記：
- ザトウクジラを対象にホエールウォッチングが始まる（1988年）
- ミナミハンドウイルカ、ハシナガイルカのウォッチング（スイミング）が始まる（90年代前半）
- マッコウクジラのウォッチングが始まる（90年代半ば）
- 1日ツアーが定着し始める（90年代半ば）

出所：小笠原ホエールウォッチング協会・森恭一氏提供

高いことが知られている（海事産業研究所［2003］：80）。小笠原諸島への旅行は，「ツアー代でお金をかける代わりに，宿泊代や土産代を低く抑える」傾向があるようだ。

（2） ガイドツアーの観光客消費額

1988年に始まったザトウクジラウォッチングの観光客数（2～4月）は，開始から5年余りで4,000人を超えた（図Ⅲ-2-3）。現在では，マッコウクジラやイルカウォッチングを含めて年間約1万2,000人がホエールウォッチングを体験するようになり，1988年の0円から始まったホエールウォッチングの消費額（宿泊代等を含む）は最近では4億8,000万円となって42パーセントのトップシェアになるまでに成長した（表Ⅲ-2-3）。経済的な発展をともなわなければならないエコツーリズムとして，ホエールウォッチングは成功したといえよう。近年はとくにシーカヤック，フィールドガイドの成長が著しい。

（3） 観光客消費額の減少

経済的な発展においても一定の効果を認めている小笠原諸島のエコツーリズムだが，2000年をピークに観光客消費額が減少傾向と

表Ⅲ-2-3 小笠原諸島におけるツアーごとの観光客消費額（宿泊代等を含む）の推計

ツアーの種類	観光客消費額（円）	シェア（%）
ホエールウォッチング	481,646,092	42
ダイビング	271,518,954	23
ナイトツアー	81,438,391	7
シーカヤック	66,688,300	6
フィールドガイド	57,217,428	5
釣り	32,031,315	3
その他のツアー	9,235,505	1
不参加・不明	159,966,014	14
合計*	1,159,742,000	100

注：1　ツアーごとの消費額，2004年の観光客消費額，2005年に小笠原村観光協会に登録されているツアーごとの平均ツアー価格，1999年に小笠原村観光協会が実施した「観光客満足度調査」のデータから求めたツアー参加率から求めている。
　　2　数値は四捨五入している。
＊　合計は小数点計算しているので表示されている数値の合計と合わない。

なっている（図Ⅲ-2-4）。2000年は約20億円の消費額であったが，2004年は約12億円となり40パーセント減少している。観光客数も若干減少傾向にあるが，2000年と2004年を比べると約10パーセントしか減少していない（図Ⅲ-2-6）。1人当たりの観光消費額を見ると2000年は70,433円，2004年は43,478円となり38パーセント減少していた（図Ⅲ-2-5）。このため，近年の観光客消費額の減少は，客単価の減少が大きな要因になっていることが考えられる。

§4　経済効果を高めるために

　観光消費額を増加させるためには，客単価と観光客の増加が重要となるが，これを実現するためにはどのような対策を講じればよいのだろうか。

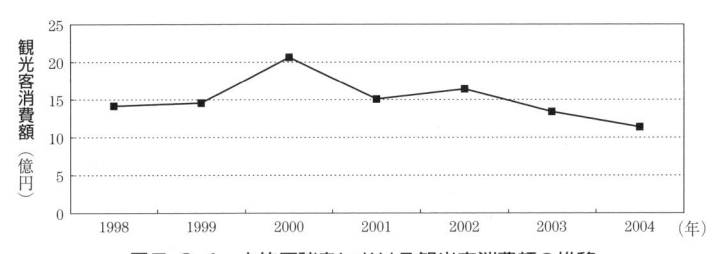

2 小笠原諸島

図Ⅲ-2-4　小笠原諸島における観光客消費額の推移

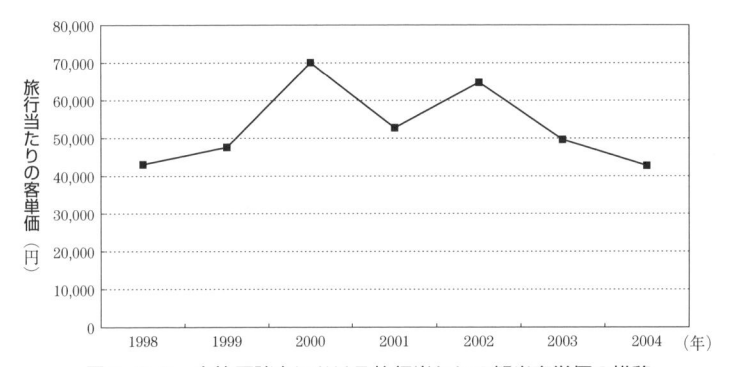

図Ⅲ-2-5　小笠原諸島における旅行当たりの観光客単価の推移

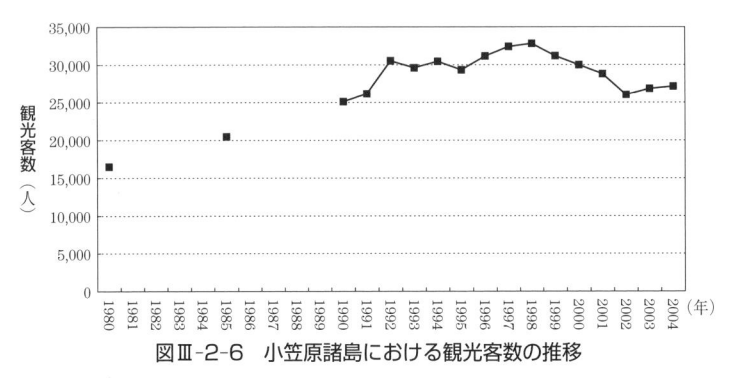

図Ⅲ-2-6　小笠原諸島における観光客数の推移

出所：図Ⅲ-2-4～6のいずれもデータは東京都産業労働局発行『伊豆諸島・小笠原諸島観光客入込実態調査報告書』(各年版)

Ⅲ　エコツーリズムとパートナーシップ

(1) ソフト対策

ソフト対策としては，より質の高いサービスの提供，より多様で質の高いガイドプログラム，地元特産の土産・飲食などの提供があげられる。とくにガイドプログラムは，小笠原諸島を訪れる観光客がその価値に対してもっとも多くの対価を支払っており，価値次第ではさらに多くの対価を支払う可能性がある。小笠原諸島や屋久島のように資源性に優れており，市場性が一般的な地域では，高品質で高価格の商品造成が可能であり，ガイドプログラムの価格設定が1日8,000〜1万5,000円を想定できるという指摘もある（環境省編［2004］：22-45）。小笠原諸島のホエールウォッチングを例にすると，最近の価格設定は1日8,000〜1万1,000円（主流は8,000円）である。また，フィールドガイドは1日6,500〜9,000円（主流は8,000円）となっている。これらを例にとっても，小笠原諸島のツアー代はまだ高価格に設定できる余地は残されている。

高価格に設定するには高品質で観光客の満足度の高いガイドプログラムにする必要があり，そのためには自然界のしくみに関する奥深い解説を含めたインタープリテーションを取り入れることが重要になる。ツアー参加者のレベルは年々高くなっており，解説における満足度を高めるためには，最先端の科学的な研究成果が必要である（海事産業研究所［2003］：80）。特異な自然に恵まれた小笠原諸島には八つもの研究機関があり，島外から大学等の24もの研究機関が小笠原諸島の自然や文化を研究している（Ichiki［2003］：15-28）。これら研究機関との連携をさらに強化することで，高品質なガイドプログラムを作成することが可能であろう。

(2) ハード対策

ハード対策としては，宿泊施設やツアー船の整備，新たな観光施設と観光資源の開発，交通アクセスの向上などがあげられる。しか

し,ハード対策には小笠原諸島の自然環境を壊さない細心の注意が必要である。小笠原諸島は世界自然遺産の候補地に指定されており,2011年の本登録を目指している。小笠原諸島の自然の特徴として,非常に破壊されやすい性質を有している点がある。世界自然遺産の第1号であり,小笠原諸島の自然とよく比較されるガラパゴス諸島は,小笠原諸島の総面積の約75倍もあり大規模な自然を有する点で,小笠原諸島と比べれば自然は破壊されにくい。

仮にガラパゴスと同じ程度の開発が小笠原諸島で行われれば,小笠原諸島の自然はたちまち破壊されてしまうだろう。小笠原諸島の環境収容力を超えないハード対策が,エコツーリズムを実現する上での前提条件となる。また,交通アクセスの向上は小笠原村民の民生の安定にとって極めて重要な課題であり,航空路線が必要(環境に配慮した場合に賛成も含む)と感じている村民は,平成19(2007)年度に小笠原村が実施した村民アンケートによると約7割にも及んでいる。一方,エコツーリズムの点からすると,交通アクセスの向上が必ずしも必要とされる要素ではないことも指摘されている(東京都総務局行政部振興企画課[2002];楠部[2005])。

小笠原諸島の魅力を調査した複数回答のアンケート結果によると,「長い船旅」「本土から隔絶した環境」が小笠原諸島の魅力と回答した観光客は54パーセントにも達している(東京都総務局行政部振興企画課[2002]:18)。また,片道25時間半の船旅が,普通の国内旅行の感覚を良い意味で失わせている可能性が指摘されている(楠部[2005]:18)。いずれにしても,ハード対策は自然環境の保全,環境収容力,観光地としての魅力を,住民,行政,観光団体,研究機関,第一次産業団体などと十分に連携をしながら慎重に協議をして合意形成を図り,対策を講じていく必要があるだろう。

Ⅲ　エコツーリズムとパートナーシップ

§5　コラボレーション

　小笠原諸島ではエコツーリズムの基本理念を「かけがえのない小笠原の自然を将来に渡って残していきながら，旅行者がその自然と自然に育まれた歴史文化に親しむことで小笠原の島民が豊かに暮らせる島づくり」として掲げている（小笠原エコツーリズム推進委員会［2004］）。「かけがえのない小笠原の自然を将来に渡って残して」いくためには，資源管理の役割を担う研究機関が中心となり，行政，観光団体との連携のもとで活動する必要がある。「旅行者がその自然と自然に育まれた歴史文化に親しむ」ためには，研究機関から最新の科学情報の提供を受けながらより質の高いガイドプログラムを開発する必要がある。「小笠原の島民が豊かに暮らせる」ためには，ソフトとハード対策を住民，行政，観光団体，研究機関，第一次産業団体との連携の下に実施して経済効果をより高める必要がある。

　このように基本理念に基づくエコツーリズムを実現するためには，住民や関係機関とのコラボレーションは欠かせない。小笠原村は村長を会長として，16の関係機関の代表者から構成される小笠原エコツーリズム協議会を 2005 年に設立した。この協議会はエコツーリズムを実現するために話し合い，合意形成を図りながら，より具体的で実現可能なコラボレーションを模索している段階である。

　小笠原村内の総生産額は年間約 200 億円であり，そのうちの約 81 億円が建築業で，公務が 51 億円となっている（東京都小笠原支庁［1995］）。公務を除く第三次産業の生産額は約 61 億円，第一次産業は約 7 億円にとどまっている。島内の観光消費額は年間十数億円程度の規模であり，小笠原村が掲げている「自立性の高い経済構造」への移行には，まだまだ相当の努力と時間が必要である。しかし，小笠原諸島はエコツーリズムの実現によって観光消費額や観光とも

関連する第一次産業の規模を十数億円から数十億円の規模に拡大し，かつ自然環境を持続可能な状態に保全しなければならない使命を負っている。離島という隔離された地理的環境，質の高い資源性，研究機関の充実，新島民が多い地域性などの観点で，「小笠原諸島でエコツーリズムが実現できなければ，他の地域は実現できない」とよくいわれることがある。もはや小笠原諸島は，日本におけるエコツーリズムでもっとも潜在能力のあるモデル地域となっている。コラボレーションによって地域としての魅力を高め，生産性を向上させ，自然環境を保全していくというエコツーリズムの実現に向けて，東洋のガラパゴスと呼ばれる小笠原諸島は，本当の意味で東洋のガラパゴスになろうとしている。 （一木重夫）

参考文献

小笠原エコツーリズム推進委員会［2004］「小笠原エコツーリズム推進マスタープラン」
─── ［2005］『小笠原ルールブック』
小笠原ホエールウォッチング協会［2000］『Megaptera』設立10周年記念号。
小笠原村［2000］「小笠原諸島観光振興計画」東京都小笠原村。
─── ［2005］「小笠原村村勢要覧」東京都小笠原村。
楠部真也［2005］『平成17年度東京都自然ガイド（小笠原）認定講習エコツーリズム概論』東京都小笠原支庁。
海事産業研究所［2003］『離島航路事業の高度化及び離島におけるエコツーリズム振興に関する調査研究報告書』
環境省編［2004］『エコツーリズム──さあ，はじめよう！』日本交通公社。
東京都小笠原支庁［1995］「管内概要　産業経済」
東京都産業労働局観光部［2005］『平成16年伊豆諸島・小笠原諸島観光客入込実態調査報告書』
東京都総務局行政部振興企画課・(株)アール・ピー・アイ［2002］「来島者意識調査結果速報──抜粋」東京都総務局行政部振興企画課。
Ichiki, S. [2003] "Ecotourism in Ogasawara Islands." *Global Environmental Research* 7(1): 15-28.

Ⅳ　エコツーリズムにおける資源とその保全

1 エコツーリズムが守るもの
―― 持続的な資源管理の仕組み

　エコツーリズムは、資源の持続的利用、すなわち保全が大前提である。それでは保全とは一体どういうことか。本章ではその「しくみ」について述べる。

エコツーリズムにおける資源
　各地域のエコツーリズムを支え発展させる基盤となる「資源」とは何であろうか。単純に「自然環境」と答えるだけで十分なのか。新たな時代の観光概念であるエコツーリズムには、現代社会の様々な要請が反映されるため、それをいかに捉えるかは論者の立脚点によって少しずつ異なっている。しかしながら、エコツーリズムに関する定義や解説をみると、概ね以下の3点は共通して盛り込まれている。①地域の自然環境、社会環境に対して低負荷であること、②地域の自然や文化、社会と深くふれ合うことを楽しむ観光であること、③地域の振興や活性化に対して、精神面、経済面で貢献すること、の3点である。

　域外からの来訪者に対して、地域の自然や歴史、文化に関わる情報（ガイドあるいは文字媒体だけでなく、景観や料理なども重要な情報である）を適切に伝えることで楽しみを提供し、そして地域としても、域外者の来訪による収入を原資として地域の環境管理が促進され資源性の保全や向上に役立てるとともに、地域住民も地域の自然や歴史、文化に対する理解が深まり、地域に対する誇りや帰属意識が高まる。つまり、エコツーリズムとはこうした循環型の地域運営・管理シス

テムに他ならないことが理解される。

　そしてエコツーリズムが注目され，関心を集める背景には，上記の枠組みからも理解されるように，観光志向の変化と，それに伴う資源の変化があると言える。近代において大きな展開をみた周遊観光においては，非日常的な風景・景観が資源の中心であり，自然環境でも人為の加わらない原生自然が求められた。しかしながら現在では，単に非日常的な体験を求めるだけでなく，新たな自己や新たな生活を実現するための体験が求められる傾向が強くなり，地域の自然や歴史，文化との，より深いふれ合いが求められるようになってきた。つまり，自己実現への欲求を背景として，自然と人々との関わりが歴史の過程で醸成した風景や生活文化を楽しむ傾向が強くなってきている。したがってエコツーリズムにおいては，自然環境や生態系の営みにふれることやその仕組みについて詳しく知ることも重要であるが，それだけに止まらず，自然環境と人々とがいかにふれ合ってきたのかを知ることも大きな楽しみとなっている。

　「エコツーリズム」という言葉からは，優れた原生自然こそが資源であるようにイメージされがちであるが，人と自然とのふれ合いが形成した二次的な自然環境や，地域の生活文化も重要な資源であることが理解される。そして，これら地域の暮らしと関わりの深い文化的な資源を持続的に保全していくためには，自然環境と地域の人々との良好な関係を維持していくことが重要な課題となる。つまりエコツーリズムでは，人為の排除を基本として保護を促す原生自然環境と，適切な人為の促進を環境保全の基本とする二次的自然環境の両者を資源としており，地域の自然環境を適切に管理するという概念のもとに，人と自然との良好な関係を構築することが重要な課題であると言える。

Ⅳ　エコツーリズムにおける資源とその保全

(1) 資源の管理・育成の内在化

　これまで，自然環境は自然性が高い原生自然状態であることが良しとされ，できる限り人為を加えないよう，また影響を極力抑えるよう管理していくことが基本とされてきた。そして，エコツーリズムでも，自然環境への負荷を極力小さく抑えることがうたわれている。しかしながら一方で，自然環境とのふれ合いを通して，自然環境への認識や理解を深めることも求められ，自然との賢いつき合い方の模索が課題となっている。

　人が自然環境の中に入ることを前提とすれば，いくら負荷を小さく抑えると言っても「ゼロ」にすることはできず，何らかの負荷がかかることは避けられない。人が訪れれば，必ずゴミや屎尿，踏圧，気配をはじめ，少なからぬ地域環境への負荷が生じる。利用による影響を極力小さく抑えることも重要であるが，このように自然環境に対して人々の利用や接触を想定するのであれば，小さいながらも必ず自然環境への負荷がかかることを前提とし，その影響の程度を的確に把握し，回復していく手段を組み込んだ動的な管理システムを構築する方が現実的ではないか。

　人と自然との共生，つまり人間が自然環境と関わっていくことを前提とする限り，「自然環境の保護」とは，原生自然環境であっても，また二次的自然環境であっても，現状を動的に維持していく管理システムを想定する方が実効性が高いと考えている。人が訪れることによる環境負荷を前提としたうえで，地域環境の資源性を維持したり高めたりする仕組みと連動させることがポイントとなろう。

　このようにエコツーリズムと，周遊型観光を中心とした近代ツーリズムとの差異は，単に滞在・滞留型である，あるいはガイドが同行するといった形式的側面にとどまらず，資源である地域の自然的・文化的環境を保全しその資源性を高める仕組みを内在させるという点にあると考えている。周遊観光では，資源は優れたものとし

て先天的に存在しており、資源性を顕現させるための到達手段や観賞施設を整えることが観光であるとの認識が強かった。資源性を高めたり、育てたり、管理したりといった発想は希薄だったと言えよう。基本的に資源とは優れたものであり、手をつけずに保護していけばよいという考え方であったと考えられる。二次的自然のように、人と自然とが適切にふれ合うことが資源性を維持あるいは高めるという発想は、新たな時代の観光概念であると言える。

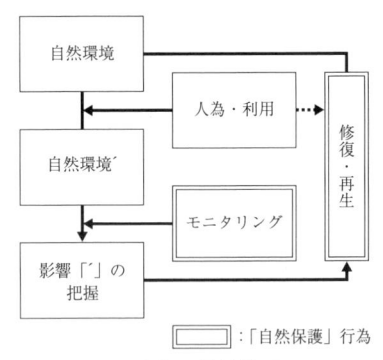

図Ⅳ-1-1　動的な維持管理システムとしての「自然保護」

(2) 動的な管理の仕組みのイメージ

こうした自然環境や地域社会への負荷や関与を前提として、動的な維持管理システムを構築するとすれば、資源の状態を的確に把握するためのモニタリングが大変重要な鍵を握っている。常時、地域環境への負荷状態を把握しておき、看過すべきではない影響や負荷が判明した場合には、地域環境の状態を原状に修復、再生するという作業を繰り返しながら資源性を保全していくという考え方である（図Ⅳ-1-1）。

資源性の維持・保全に関しては、原生自然の場合には、植生回復に象徴されるように人為による影響を排除することで原状回復するのに対し、二次的自然環境やその他の文化資源に関しては、むしろ環境に対する人為を促進することで原状回復を進めるという全く異なった方針で取り組むことになる。

ただいずれにせよ自然環境への影響を、できる限り小さい段階で

把握し，資源性を修復・再生していくことが重要であり，短いインターバルでの頻度の高いモニタリングが必要となる。そのためには定点において，定期的に専門技術者による調査を実施することが重要であるが，それには大きな労力と費用が必要となり，高い頻度を期待することはできない。したがって，より日常的な活動として，日々の利用活動の中でモニタリングを進める方法についても検討する必要がある。

その際，まず考えられるのは，利用指導を行うガイドあるいは頻度高く利用する周辺住民等が，日常的な活動の中で自然環境の状態に気を配り，小さな異常を報告し合う「参加型モニタリング」の仕組みである。そして参加者によって報告されたモニタリング情報が有効に活用されるためには，チェック項目の明確化や，報告された情報を共有する仕組み，そしてストックされた情報を専門家が定期的にチェックするシステムなどを検討しておく必要がある。

特に，チェック項目については，事前に十分な検討が必要であることは言うまでもなく，ただ漫然と歩きながら得た情報を何でも報告するという形では，かえって混乱するし，実施者としても何を見ればよいのかわからない。減少すること，あるいは増加すること，侵入することで，その場の自然環境の状態が認識できるような指標種の検討や，地域の自然環境の状態を把握するうえで効率的なモニタリングスポットの設定は，最低限検討が必要な課題である。このようにモニタリング自身にも構造化が求められ，システムとして動かしていく必要がある。

(3) 動的な管理を支えるための財源

こうしたモニタリングをはじめとする自然環境の持続的な維持管理システムを構築し動かしていくためには，費用と労力が必要であることも十分に認識しておく必要がある。少なくとも，自然環境を

1 エコツーリズムが守るもの

修復・再生する際には、そのための材料、作業、技術の全てをボランティアに任せて、無料で実行することは不可能であろう。システムを動かしていくための継続的な財源の確保が必要である。

これら自然環境の管理は、従来、その財源を公的機関が直接担ったり、あるいは地域の第一次産業や人々の生活を通して実施されてきた。しかしながら、林業に象徴されるように第一次産業の不振や、行政の緊縮財政傾向の中で、新たな予算費目の確保がなかなか難しくなっており、従来からの財源だけに頼るのではなく、独自の財源についても検討していく必要がある。

新たな管理システムを動かすとなれば新たな資金も必要であり、そうした観点から注目されているのが「環境(保全・整備)協力金」である。エコツーリズムにおいては、来訪者は、地域の景観をはじめ、自然的、社会的環境を楽しむ。そこで単に、宿泊や飲食、ガイドといった直接的サービスへの対価を支払うだけでなく、地域の資源性を保全し向上させるための費用に対しても協力してもらおうという考え方である。

当然、旅行費用の総額は高くなるわけで、観光客からは敬遠されると思われがちであるが、環境の保全・管理に対する社会の認識は大きく進展しており、十分な説明と抵抗感の少ない徴収方法があれば協力を仰ぐことができる時代になっている。この環境保全のための協力金に対する認識は徐々に普及しつつあり、各地で検討されたり、また実施されているケースも少なくない。ガイドによるツアー料金や、旅行パッケージ代に組み込まれたり、駐車場あるいは可能な場合にはゲートでの徴収等が試みられている。

筆者(下村)らが2005年5月の連休に実施した西表島来訪者へのアンケート調査では、約500人に尋ねた結果、1人あたり500円程度であれば8割以上の人が協力意思を示しており、平均的には1,600円程度を支払ってもよいという結果となった。もちろんこうした数

IV エコツーリズムにおける資源とその保全

値は地域によって異なり、首都圏における森林公園での例であるが、利用者に森林の管理費用に対する負担意識を尋ねた調査でも、8割近い利用者が「負担してもよい」と答えている。また、その負担許容額の総計は、年間の管理費用の4割程度をカバーする試算となった。自然環境には人為による管理を必要とするものも多いこと、そのためには経費も労力も必要であることに対する認識は徐々に定着しつつあると考えられる。

エコツーリズムでは、地域の自然環境、農林地、居住エリア、これら全ての場や景観が資源であり、料理や工芸、祭り等を含む地域の暮らし自身が資源である。したがって、地域の自然的、社会的環境の保全・管理は、地域全体の課題として官民が協働して取り組んでいく必要がある。また社会の価値観や要請は十分に成熟してきており、新たな財源の可能性も広がってきている。地域の人々、そして地域を訪れる人々が、システムイメージを共有しつつ、エコツーリズムを総合的に促進していくことが重要であると考えている。

（下村彰男）

参考文献

環境省編［2004］『エコツーリズム──さあ、はじめよう！』日本交通公社。
下村彰男［2005］「エコツーリズム推進への課題と期待」『環境情報科学』34(1)：36-39。
─────［2008］「『環境と観光』の次なる時代へ」『地域づくり』231：4-7。

2　文化遺産とエコツーリズム

　本書のテーマであるエコツーリズム,その原点はツーリズムを活用した自然保護運動であったと考える。都市民が求める自然は,原生的であればあるほど人を惹きつけ,また人との交わりによって傷つけられやすく脆い。そうした自然に対し,立ち入りを規制し,柵を造って護るのが当たり前と考えられていた時代に,エコツーリズム提唱者は,むしろ訪問者にきちんと管理された方法でその対象へのアクセスを許し,その生態や魅力を正しく理解させるべきである,と唱えた。インタープリターのガイドによりその価値を深く理解した訪問者は,その自然の大切さに気づき,またその保護・管理に必要な経済的な支援にも手をさしのべる。先進諸国や都市におけるこうした体験と実践に基づく自然保護思想の拡大こそ,エコツーリズムがめざしたものだったのではなかろうか。

　文化遺産保護の世界においても,この四半世紀の間にツーリズム開発をめぐる様々な議論があった。その結果として1999年のICOMOS国際文化観光憲章は,遺産は保護するだけでは護れず,訪問者がその正しい意味と重要性(significance)を理解できるよう,遺産に積極的にアクセスできる管理手法をとるべきである,と述べている。遺産保護に大衆レベルでの高い認識と支持がない限り,政策的にも資金的にも保護し続けることはできないという重要な結論に至ったのである。これは,「遺産と訪問者(ツーリスト)の関係制御」から,「遺産とローカルコミュニティ(ホスト)と訪問者(ゲスト)の関係構築」へと,遺産マネジメントの概念に大きなパラダイムシフトが起こったことを示している。

　こうした視点からみると,エコツーリズムこそ,未来の世界に自然と文化の多様性を損なわずに継承していくための普遍的なツーリズム開発モデルと言えないだろうか。エコツーリズムも近年はその対象を地域の歴史や文化,民俗にまで裾野を広げてきているが,むしろ文化遺産観光

Ⅳ　エコツーリズムにおける資源とその保全

（ヘリテージツーリズム）の側からエコツーリズムの理念と仕組みを導入すべき時代が来ていると考える。

しかし懸念もある。様々な現場に展開するうち，エコツーリズムの理念が揺らいできてはいないかということである。「打出の小槌」と誤解して受け入れた地域は失望するのも早い。本質を見失わないようにモデルを適用し，あせらず地域ごとに固有解を見出していくことが重要であろう。

本章では，中国の文化遺産地域に深く関わりながら研究を続ける山村高淑により，ヘリテージ・ツーリズムに対する上記のような視点から貴重な考察がなされており，興味深くお読みいただきたい。　　（西山徳明）

§1　文化遺産の生態学的継承という視点——エコツーリズムと地域との出会い

（1）　文化遺産としての歴史都市・伝統的集落が直面する課題

歴史都市や伝統的集落の保存は易しいが，継承・更新は難しい。すなわち，歴史的建造物を文化財として指定（あるいは登録）し，単体としてこれを物理的に凍結保存することは法的にも技術的にも困難なことではない。しかしながら，これまで引き継いできた歴史的建造物を，常に生きている状態で維持・管理・更新していくことは極めて難しいのが現状である。建造物が文化財として指定されると，どうしてもその建造物のみが保存の対象として注目される。そして通常，建築学や都市計画の専門家によって，厳格な保存計画が作成される。しかしこうした保存計画の中で，建造物を生み出す背景となった風土や自然環境，そして建造物を維持・更新していくための地域社会の伝統と知恵などについて触れられることはほとんどない。歴史都市・伝統的集落の保存に関わる従来の議論の限界はここにある。

筆者（山村）が経年調査に当たっている，中国雲南省西北部に位置する世界遺産都市・麗江旧市街地においても，こうした問題は極め

て深刻である。麗江旧市街地は少数民族納西族(ナシ)の政治・文化の中心都市であり、約3.8平方キロメートルの範囲に4,000戸以上の伝統的木造住宅が密集している。ところが燃料用の薪を得るため、長年にわたり周辺の森林を無計画に伐採した結果、伝統的な住宅建材としての雲南マツ(Yunnan Pine: *Pinus yunnanensis*)が激減してしまった。さらに1998年には長江流域で大洪水が発生したため、中央政府は流域である麗江一帯の保水力を高めるため、木材の伐採を厳しく制限し始めた(中国長江流域における森林経営が抱える問題点については高橋ほか[2002]などに詳しい)。これによって建材価格は高騰、伝統的住宅の修改築には莫大な費用がかかるようになってしまった。

　筆者の調査によれば、文化財保存のための法的ガイドラインに沿って自宅を修復するより、新市街地に同程度の床面積の新築住宅を購入する方が安く済むという事例まで明らかになった。こうした状況下、旧住民が次々と新市街地に転出していくという現象が発生、伝統的なコミュニティは急速に衰退しつつある(こうした現状については、拙稿〔Yamamura[2003; 2004]〕で詳しく報告している)。

　本来の主であるナシ族が住まなくなった住宅は、老朽化しても修繕されず、世界遺産であるがために撤去もできない。結局のところ空き家は外部の商売人に貸し出され、どこにでもある土産品店となる。現在の麗江旧市街地がテーマパークのような印象を受けるのはそのためである(写真Ⅳ-2-1, 2)。

(2) 文化遺産の保全におけるエコツーリズム思想の重要性

　こうした問題を解決する唯一の方法は、建造物を単体の文化財と見なす従来の考え方を改め、自然生態系の一部として有機的に形成されてきたものだということを再認識することである。特に麗江旧市街地のような木造建築の場合、こうした視点が極めて重要である。そして、こうした考えを実行するために有効な考え方・手法が、エ

Ⅳ　エコツーリズムにおける資源とその保全

写真Ⅳ-2-1　1997年の世界遺産登録後，麗江旧市街地中心部では土産品店やカフェ・バーなど観光客向けの店舗が急増。旧市街地中心部の沿道建築の9割以上がこうした観光関連店舗となっている。(山村高淑撮影，2005年7月)

写真Ⅳ-2-2　厳しいデザインガイドライン，木材価格の高騰などにより，麗江旧市街地では伝統的住宅を建替えるためには極めて高額の費用がかかる。これを嫌がり転出する住民も多く，旧市街地では，修改築されずに放置される住宅を多く見かける。(山村高淑撮影，2004年6月)

コツーリズムなのである。それはなぜか。その理由として，ここでは大きく以下の2点を挙げておきたい。

　まず1点目は，エコツーリズムにおける地域生態系の考え方である。そもそもエコツーリズムは，自然観察や文化体験を通して地域の生態系に対する理解を高め，かつ経済的にもその保護に貢献することを第一義に掲げてきた。そして地域生態系を理解する際，非常に重要視してきたのが，生態系には人を含む——すなわち，地域の文化遺産や伝統的生活様式などの社会文化的要素をも含む———ということである。言い換えれば，人間は自然生態系の一部であり，人間と自然が持続的に共生していくためには，伝統的な文化や生活様式が非常に重要な役割を果たしてきた点をエコツーリズムは重視してきた。このことは，まさに上述したような，文化遺産をめぐる様々な地域要素の有機的な関係性について，エコツーリズム分野が先駆的に気づいてきたということを示している。

　2点目は，生態系の保護のために観光客の参加・労働提供を取り込む枠組みを構築してきた点である。この点は，現在の歴史都市や

伝統的集落が直面する大きな問題を解決するためのひとつの方策となる可能性を秘めている。というのも，多くの都市・集落において，本来地域の文化遺産を保全・継承する主体であるべき地域のコミュニティが弱体化しているからである。これは深刻な問題であり，例えば前述したような事由から，麗江旧市街地ではこの10年間で旧住民の3分の1が域外へ転出，伝統文化の保持が極めて困難な状況になっている（山村ほか［2001］；Yamamura［2003; 2004］）。

こうした状況を鑑みると，今後，旅行者を含む地域住民以外の人々が，どう地域のコミュニティをサポートしていくか，ということが非常に重要な要件となってくる。このような点において，エコツーリズムは多くの経験とノウハウを有しているのである。

こうした背景もあり，近年，エコツーリズムのノウハウを，歴史都市・伝統的集落の保全・継承に応用していこうという動きが，既存の学問領域を超えた活動の中から生まれてきている。次項ではその具体的事例として，前述した雲南省麗江において筆者らが実践している事例を紹介しておきたい。

(3) **理論から実践へ**——麗江におけるエコツアー導入実験から学ぶこと

こうした観点から，中国雲南省麗江において1999年から文化遺産の保全に向けたエコツアーの導入実験が始まっている。上述したような問題意識を共有した，筆者を含む日中の若手研究者・大学院生が20人ほど集まりNGOを設立，「緑の希望プロジェクト」と称して，日本人・中国人旅行者の参加を得て，麗江農村部の長江沿いの河川敷ならびに耕作放棄地への植林事業をメインとするエコツアーを開始したのである（写真IV-2-3．麗江における「緑の希望プロジェクト」の詳細については，拙稿〔Yamamura et al.［2005］；山村ほか［2005］〕を参照）。その目的は，洪水防止や荒廃地の修復・自然生態系の回復，およびこうした植林地を地域の環境教育林として位置づけることで人々の

Ⅳ　エコツーリズムにおける資源とその保全

写真Ⅳ-2-3　日中の旅行者が中心になって行っている麗江農村部での耕作放棄地への植林活動。（山村高淑撮影，2003年3月）

生態系保護の意識を高め，最終的には地域住民による文化遺産の持続可能な保全を実現することにある。

　紙幅の都合上，ここでは詳細な活動内容を報告することはできないが，目下，順調に成果を上げている背景として，以下の3点を指摘しておきたい。こうした特徴によって，森林経営の主体である地元政府，利害関係者である地域住民，そして旅行者を中心とした住民以外の人々との間に森林を協働管理する枠組みが形成されつつある点は評価されてもよいと考える。

①学際的研究・議論が行われていること：様々な分野から若手研究者が参加し，それぞれの研究ノウハウを持ち寄ることでNGOの運営を開始した。メンバーは全て30代以下であり，既存の学問分野にとらわれず，学際的議論を進めることが可能となった。このことは②の教育に大きく貢献した。

②活動目的を教育に置いたこと：植林活動の目的を地域の児童のための「環境教育林」造成に置き，具体的な作業に地域の小中学生ならびに日本の大学生を参加させた。このことにより，子どもたち・学生の両親をはじめとした家族や，教員，比較的教育レベルの高い住民層などの注目を広く集めることに成功し，森林管理の重要性の普及・啓蒙につながった（写真Ⅳ-2-4）。

③戦略を持って活動を推進していること：地元政府と討議を重ねた結果，集落内にある耕作放棄地を提供してもらい，そこを植林対象地とすることができた。これにより植林活動を，集落の共有地における公共の利益のための活動と位置づけることが可能となり，地域住民の高い参加率を得ることができた。またこのことは，植林の

2 文化遺産とエコツーリズム

効果を住民が日常的に視認できるという効果も生んだ。さらに初期の植樹種は，伝統的に地域住民が食用に利用してきた果樹とした。このことは，住民意識の中に，数年後に食料として収穫できるという具体的な目的意識を生むことにつながり，積極的な管理意識を誘発した。

写真Ⅳ-2-4 地元政府がNGOの活動を全面的にバックアップ，植林地に活動内容を記した説明板を設置した。写真は，その説明板の前でNGOスタッフが地元の小学生に植林と生態系保全の意義について説明をしている様子。（山村高淑撮影，2003年3月）

このように長期的展望——すなわち文化遺産の持続的な保全・継承という観点（麗江旧市街地における持続可能な観光開発方式については，筆者らがユネスコの国際会議において試論を発表している〔和・山村［2003］〕）——に立つならば，実際に歴史都市や伝統的集落の保全で求められているのは，厳格な保存計画でも，大規模な投資でも，大掛かりな共同研究でもないことに気づく。真に必要なのは地域住民の誇りと参加であり，研究者や住民以外の人々の無償の理解と協力である。また，文化遺産保全に向けてエコツアーを実施していくためには，当然のことながら，科学的根拠に基づいた長期目標の設定と具体的環境計画が必要不可欠となる。それを提示し，地域住民と地域行政の間に立ち調整していくのが生態学と地域文化を熟知した研究者の責務である。しかしながら現実には，このような課題には，実際現地に深く入り込まない限り，なかなか気づかないものである。

こうした自然・人・伝統文化を含めた地域社会（現場）最重視のアプローチこそ，エコツーリズムが標榜してきたものではなかっただろうか。今こそ，エコツーリズムはその思想と知識，ノウハウと人材を，地域の文化遺産の保全と社会的・文化的発展をサポートするために投入すべきである。歴史都市・伝統的集落の保全はそうし

Ⅳ　エコツーリズムにおける資源とその保全

た意味で大きな実験の場となり得るはずである。

§2　伝統文化とはなにか

（1）　文化的景観の意味するもの

　1980年代，世界遺産の登録とその保全に関連して，大きな問題が提起された。それは，文化遺産が本来包含しているはずの多様な価値観が，必ずしも世界遺産リストに反映されていないのではないか，というものである。その大きな根拠となったのが，世界遺産登録物件数の偏り，言うなれば保存対象の偏りである。つまり，欧米型のmonuments（記念的建造物）への対象の偏重である。

　こうした問題提起は，ユネスコを中心に，世界遺産に登録すべき文化遺産の概念そのものをより広義で捉えようという動きとして活発化していく。つまり，従来のように単なる「物件」（有形遺産，特に不動産）だけを文化遺産として考えるのではなく，地域の「景観」を構成するそれぞれの要素を，有形，無形，動産，不動産を通じた人間の営みの総合的なシステム＝系（これがまさにエコツーリズムが提唱してきた地域生態系の意義であるのだが……）として捉え，そのシステム自体に文化的な価値が存在するという考え方である。ここにおいて，前述したようなエコツーリズムにおける社会文化的要素を含む地域生態系の捉え方が，文化遺産研究の側でも本格的に取り入れられるようになった。

　そしてこのような議論の中から提示されたのが，cultural landscape（文化的景観）の概念である。すなわち，ユネスコは，living culture（生きた文化），living tradition（伝統）など広く人間の諸活動に関わるあらゆる自然的・文化的要素を相対的に「景観」として捉え，そこに居住する人間の生活の証左として位置づけ cultural landscape と呼んだのである（根木ほか [1999]：54-58）。

2　文化遺産とエコツーリズム

　この概念は1992年の第16回世界遺産委員会にて導入が正式に決定され，その後文化遺産と自然遺産の両者が同一の制度のもとに世界遺産保護の体系に組み込まれることになった（World Heritage Committee ［1992］，なお，世界遺産登録上は，これを「文化遺産」に含むものとし，① designed landscape 意匠された空間，② evolved landscape 有機的に進化する景観，③ associate landscape 関連する景観，という三つのカテゴリーに分類・定義している。この辺りの経緯については，本中［1999］に詳しい）。

　こうして文化的景観は世界遺産を構成する新しいジャンルとして注目されるようになり，1994年には世界遺産委員会により，「遺産を"もの"として類型化するアプローチから，広範囲にわたる文化的表現の複雑でダイナミックな性格に焦点を合わせたアプローチへと移行させる必要」があり，「人間の諸活動や居住の形態，生活様式や技術革新などを総合的に含めた，人間と土地との共存のあり方を示す事例や，人間の相互作用，文化の共存，精神的・創造的表現に関する事例なども考慮すべきである」ことが指摘された（World Heritage Committee ［1994］，下線筆者）。

　このように，文化的景観をめぐる議論において「人間活動と自然環境との相互的な働きかけの結果として文化遺産は成立している」という考え方が提示されたことにより，「伝統文化」の持つ意味は決定的に重要なものとなった。つまり，文化的景観の考え方に従えば，文化遺産とは，人間が周囲の自然に様々な働きかけを行い続けたことによって形成された，ひとつの安定した系（システム）として捉えるべきものである。そしてその際，この系を持続的に安定させるうえで非常に重要な働きを持つのが，長い歴史の中で培われてきた自然と共生するための知恵，すなわち地域の「伝統文化」（伝統的な自然観，生産様式，地域社会の構造など）なのである。ここに至って，人間活動と自然環境との相互関係の考え方については，もはや文化遺産の保護とエコツーリズムとの間に本質的境界はほとんどなくな

Ⅳ　エコツーリズムにおける資源とその保全

るのである。

(2) エコツーリズムとヘリテージツーリズムにおける伝統文化の捉え方

では，こうした地域の「伝統文化」とは具体的にどのように捉えるべきものなのであろうか。

まず重要なのは，ここでの「伝統文化」とは，自然環境と持続的に共生するための，人間の営みに関係する多様な社会文化的要素を包括した概念である，という点である。そのように考えると，「伝統文化」とは，大きく以下の三つのレベルに分けて考えるべきものであると思われる。すなわち，①意識構造，②技術体系，③社会構造の三つである。

①の意識構造とは，個人あるいは特定の集団内におけるアイデンティティのことである。自然観・宗教観・死生観などの要素が，こうした個人あるいは集団のアイデンティティを構成する重要な要素になっている。②の技術体系とは，衣・食・住など，人間生活に関わる全てのものを生み出す技術の体系である。郷土料理や伝統工芸，伝統的生産方式などはその好例である。当然，祭祀・芸能などもこれに含まれる。そして③の社会構造とは，個人と個人の関係から，家族，共同体に至るまで，地域内の各主体の多様な関係性（あるいはネットワーク），ならびに他の共同体や来訪者など，地域外部の主体との関係性として捉えられる要素である。

したがって，エコツーリズム分野における伝統文化をめぐる論点とは，こうした伝統的な要素（＝資源）を，観光という文脈において，どのように持続的に活用し再構築していくかという議論に他ならない。これは文化遺産をどのように保全・活用し公開していくかを命題としているヘリテージツーリズム（文化遺産観光）分野においても全く同様である。つまり，こうした分野においては，地域の伝統文化を前提としながらも，外部からの働きかけや外部要素も状況に応

じて取り入れつつ，これらを現代的要求に合うよう自律的に再構築していくことが重要な要件となる。

以下，エコツーリズムやヘリテージツーリズムの分野において，伝統文化の再構築をどのように捉えるべきか，上述した伝統文化の三つのカテゴリー別に整理してみたい。

①意識構造

意識構造の再構築とは，伝統文化の再構築が行われるうえで，そのプロセスの最も基層をなす概念である。つまり，地域社会が地域固有の伝統文化を再発見・再評価し，アイデンティティを確保することで初めて，地域社会が主体性を発揮し，これを基礎として単に経済成長にとどまらない，社会や人間を含めた多面的な発展が可能となる。こうした考え方は，これまでの地域の主体的な発展をめぐる議論においても，しばしば，単に外生的な発展の波に追随するのではなく，地域固有の文化を重視した発展を実現していく考え方として提示されてきた (Picard [1995]；山下 [1997] など)。つまり，西欧近代化論に内在する一元的・普遍的発展像とそれに伴う他律的・支配的関係の形成を否定・拒否し，これに代えて自律的な活動に基づく地域社会を形成することが重要であるとする考え方である。そしてそのためには，独自の価値観の再評価，地域社会を代表する新たな文化的アイデンティティの発見・提供が必要となるのである。

こうしたプロセスはエコツーリズムにおいてもヘリテージツーリズムにおいても，地域の観光活動と伝統文化の関係性をめぐる重要なポイントとなる。すなわち，地域の伝統文化を，単なる有用性や文化財としての価値だけではなく，観光市場という新たな視点から再評価し，観光産業の創出に積極的に位置づけ，活かしていく試みを通して，地域社会のアイデンティティが強化されていくプロセスが重要である。

Ⅳ　エコツーリズムにおける資源とその保全

　こうした固有の伝統文化の再発見・再評価は，同時に地場産業の質の見直しにもつながっていく。これは次で述べる技術体系の再構築プロセスにおいてもその基盤となる視座であるのだが，伝統的な地場産業（例えば，手工芸など）を観光の視点から再評価する試みには，既存技術が新たな発展を遂げていく契機となる可能性が秘められている。また，観光活動とは「ホスト・ゲスト間における文化的交流」であるという視点から言えば，こうしたアイデンティティの再構築は，ホストの誇れるものをより効果的にゲストに表現するという点で，その基盤となる重要なプロセスであると言える。

　ただし注意しなければならないのは，このアイデンティティは外部世界との駆け引きの中で微妙なバランスのうえに構築されるものだという点である。つまり，多くの既往研究が指摘しているように，伝統文化の価値については，「中ではなく外の人々によって再発見される，あるいは，域外を見ることによってあらためてその価値に気付くケース」がしばしばみられるのである（例えば，後藤編［2001］: 222 など）。したがって地域のアイデンティティが外部から与えられることも可能性としては充分あり得るということを認識する必要があろう。

　開発においてはもちろんその土地に根ざした人々の生き方，考え方，価値観が尊重されるべきであるが，現在の開発，ことに観光開発という国際的な経済活動と直結する開発においては，土地に根ざした生き方だけで解決するには手に負えない問題があまりにも多い。したがってアイデンティティの認識・強化とは，決して「地域に根ざした生き方」あるいは「過去の様式」に戻れということを意味するものではない点にも注意が必要である。こうした議論は，ローカルなシステムとマクロなシステムとの折り合いを，ホスト社会がどのようにつけていくか，という文脈で理解する必要がある。

②技術体系

 伝統的な技術体系とは，先も触れたとおり，地域に継承されてきた衣・食・住など，人間生活に関わる全てのものをつくる生産技術の体系であり，観光客にとっては，最も顕著に目に見える観光資源となる要素である。エコツーリズムやヘリテージツーリズムが産業として成立していくためには，当然のことながら，こうした技術体系が市場における消費にまで結びつかなければならない。

 イギリスの財政学者であるピーコック（Peacock [1993]）は，芸術品を対象とした市場について，オリジナルの市場を一次市場，その複製品による市場を二次市場として二重の市場という考え方を提示している（なおピーコックは芸術品を対象として二重の市場の考えを提示しており，特に二次市場についてはオリジナルのコンテンツの複製技術やコンピュータ技術による産業化を指している）。日本では後藤和子編 [2001] がこれを紹介し，本物の絵画などのオリジナルの市場を一次市場，その複製品の市場を二次市場として分けて考えたうえで，芸術活動の質を高めるためには以下のような視点が必要であることを指摘している。

 すなわち，オリジナルな芸術品を扱う一次市場は本来商業目的でないことが多く，また大量生産も不可能であるため採算がとれないことが多く，こうした市場において質の高い芸術を創造するためには何らかの公的支援が必要である。一方，二次市場は複製や量産の技術を用いて産業化することが可能である。そして，二次市場における複製品の産業化が進めば進むほど，これら複製品の質を担保するために，オリジナルの内容や価値に基づく一次市場は重要性を増すことになる。さらに二次市場の広がりは複製といえども一般市民が芸術に触れたり学習したりする機会を増加させ，その質の向上はオリジナルの芸術の価値に対する理解を増進する，との見解である。

 この考え方はエコツーリズムやヘリテージツーリズム市場にも適

用可能だと筆者は考える。すなわち保存・継承されてきた伝統的な技術体系そのものに関する市場を一次市場,観光向けに再構築された伝統文化に関する市場を二次市場と捉えることはできないだろうか。具体的には,一次市場の例としては,遺跡や伝統的建造物そのものへの訪問,伝統的祭祀の現地見学,観光向けでない伝統工芸などを挙げることができる。狭義の文化のオーセンティシティ(真正性)が求められるのはこうした市場であると理解することができよう。これらオリジナルな技術は,本来観光向けに構築されてきたものではなく,例外的な場合を除いて,一般に採算性は低く,観光市場として成立させようとする場合,その維持・管理・運営などの面において行政などからの支援が必要となる点も,上述の芸術品の一次市場と同様である。

一方,二次市場の例としては,民族村などのモデルカルチャーにおける遺跡や伝統的建造物のレプリカ見学やショー化された民族舞踊鑑賞,伝統工芸技術を応用した観光土産品などを挙げることができよう。こうした二次市場を通してオリジナルの伝統文化に関する観光客の正しい理解を促進することができれば,オリジナルの保全・継承の促進にもつながっていくであろう。そのためにも,レプリカやショー,土産品などは,二次市場とは言え,その質においてはオリジナルの文化を反映した高いレベルを維持する必要がある。エコツーリズムやヘリテージツーリズムにおいて,インタープリテーションを通してオリジナルの文化の価値をいかに観光客に伝達するかという議論においても,こうした見解は大いに参考となろう。

③社会構造

社会構造の再構築とは,地域の発展に関わる地域内外の人的資源の関係性の変革である。では,そもそも地域社会とは何か。

一般的にエコツーリズムやヘリテージツーリズムで言うところの

2 文化遺産とエコツーリズム

地域とは，国家よりも小さな領域であり，地域の自律的な活動が可能となる範囲（コミュニティ）を意味している（過去においてコミュニティに関する様々な定義を整理し，その意味を検討した著作として有用なものに，社会学者であるジェシー・バーナードが1970年代に発表した *The Sociology of Community* がある。この中でバーナードは，コミュニティに関する様々な定義に共通するのは，「locale 場所」「common ties 共通の紐帯」「social interaction 社会的相互作用」であるとしている〔Bernard［1973］：3-5〕）。

つまり，人々が観光開発において自らを主体として位置づけ，自律的な活動を展開していくためには，参加を可能とする小さな単位の場（あるいは社）が提供される必要があると言え，これがいわゆるコミュニティという言葉を用いて示されてきた単位の意味するところである。途上国の開発問題においてしばしば用いられる「コミュニティ・ディベロップメント（Community Development）」という概念もこうした考えに基づくものであり，国連では次のような定義を行っている。「地域社会の経済的，社会的，文化的条件を向上し，これら地域社会を国民社会の生活に統合し，国の進歩に充分に貢献できるように，人々自身の努力と政府当局の努力とを結びつけるプロセス」(United Nations［1971］：2)。実際，エコツーリズムやヘリテージツーリズムというのは，多くの国や地域，特に途上国や辺境地域において，このCommunity Developmentの一環として位置づけられている。

しかしながら，こうした試みは，必ずしもうまくいっていないのが現状である。なぜならば，伝統文化を共有する——共通の文化的紐帯によって結びつけられる——伝統的な地域コミュニティそのものが弱体化していることが往々にしてあるからである。というのも，先に麗江の例でも触れたように，多くの歴史都市や伝統的集落において，急激な都市化や産業構造の変革の結果，社会構造そのものに大きな変容が生じてしまっているのである。伝統的集落において労

155

働力となる若者がいない,というのは我々の身近にもある,その顕著な例である。

　こうした状況下,観光産業を自律的に創出していくためには,地域社会の再定義と再組織化が必要不可欠となってくる。これはコミュニティの再生作業と呼ぶべきものである。そのためには,旧来の伝統文化を復興し,それを核としてコミュニティを復元・復活させるか,あるいは新たな文化的紐帯を提示することで,それによって結ばれた人々による新たなコミュニティを構築していくか,そのどちらかしか方法はない。特に後者は,地域内に定住する人間だけではなく,観光客や外部社会とどのようにパートナーシップを組み,観光産業の持続的な展開を推進していくのか,そのネットワーク構築のあり方にまで拡大して考えるべき課題である。いずれにせよ,先に述べた「地域のアイデンティティ」の問題に帰結することは確かである。

　なお,こうした伝統的地域社会構造の再生と地域の発展のあり方に関しては,地域開発論や途上国開発論において先駆的に活発な議論がなされてきた。紙幅の都合上,詳細については触れないが,関心のある向きは,鶴見和子 [1996],西川潤編 [2001] などを参照されたい。

§3　特産品の意味するもの

(1) 持続可能な産業開発と特産品

　あえて単純化を畏れずに定義すれば,特産品とは,伝統的な技術体系に基づく産品が,優れた市場価値と競争力を持ち,地域のブランドとして定着したもののことである。あるいは場合によっては,全く新しい技術を外部より導入し,地域に定着させたものもある。いずれにせよ,後者も「新たな地域の伝統」としてスタートを切っ

た技術として捉えることが可能であり，地域の技術体系を地域社会が自律的に活用・革新し生産した，地域が誇ることのできる産品のことである。例えば，大分県が昭和54（1979）年から行ってきた「一村一品運動」は，地域による特産品作りの先駆的事例と言える。そして，地域のブランドとして定着した産品は，当然のことながら，来訪者にとっては格好の観光土産品となる場合が多い。

さて，一般に特産品は，特定国家の辺境や開発途上国など経済的に立ち遅れた地域で非常に重要な意味を持つ。つまり，これら地域は経済開発が遅れたがゆえに，豊かな伝統文化や自然が残っている場合が多く，前述の大分県の言葉を借りるまでもなく，こうした地域生態系の中で育まれてきた文化や自然を活かし，必要に応じて外部の技術やノウハウも導入しながら，これを持続可能な形で自律的に商品化（産業化・ブランド化）すること——すなわち特産品を育成すること——が，地域経済を発展させるうえで重要な手段となる。

言い換えれば，特産品の成立プロセスとは，前節「伝統文化とは何か」で触れた「伝統文化」の三つのレベル——①意識構造，②技術体系，③社会構造——のうち，②の技術体系の保存と継承，革新，新規導入と定着のプロセスである。すなわち，伝統文化の自律的再構築プロセスに他ならない。

本節では筆者が経年追跡調査を行っている，前出の中国雲南省麗江旧市街地の特産品である，現代東巴工芸品（現代トンバ工芸品，伝統的な象形文字や宗教画を利用した工芸品）を取り上げ，上述したような観点から，その成立プロセスについて若干の考察を加えてみたい。

(2) ナシ族とトンバ画について

ナシ族は独自の言語，文字，宗教を有する，総人口30万8,839人（2000年国勢調査による）の，中国における少数民族である。このナシ族の政治・経済・文化の中心都市として発展してきたのが，前述の

世界遺産である，麗江旧市街地である。ナシ族は自然崇拝を中心とする固有の宗教「トンバ教」を持ち，彼ら固有の象形文字であるトンバ文字（世界唯一の生きている象形文字と言われ，1,400余の字形を有する），宗教画であるトンバ画，祭祀・儀礼形式，習俗などを受け継いできた。こうしたトンバ教を基盤とする伝統文化を「東巴(トンバ)」文化と呼ぶ（中国ではトンバを「東巴」と表記するが，これはもともとのナシ語の発音「トンバ」に音の近い漢字を当てたものである。したがって本節では原語がナシ語であることを考慮して，以下，片仮名で「トンバ」と表記する。なお，日本では「トンパ」と記されることが多いが，原語の発音は「トンバ」に近い)。なお「トンバ」とは特定の血族あるいは家系における世襲制の宗教職で，トンバ教における男性祈禱師のことを指す（中共麗江納西族自治県委員会ほか編［2000］：408-443）。

こうしたトンバ文化のうち，特にトンバ画と呼ばれるものは，本来，神霊，人物，動植物，妖怪等のモチーフおよびトンバ文字を用いて神話や経文を表した彩色画のことで，トンバ教における経典や祭礼用の巻物などの形でトンバが宗教目的に制作してきたものである（郭編［1999］：479-484）。

その一方で，特に1949年の新中国成立後はトンバ画が宗教画としてではなく純粋な芸術作品として制作され始める。伝統的なトンバ画の技法を修得した麗江出身の画家たちが，新たな技法を吸収しながら，伝統的なデザインやモチーフ，トンバ文字をこれまでにない表現方法で絵画作品として発表し始めたのである。現地ではこうした新世代の画家による新たな形式のトンバ画を「現代トンバ画」と呼んでいる（郭編［1999］：479-484）。

写真Ⅳ-2-5 現代トンバ工芸品の例（木版に彫刻），麗江旧市街地にて制作者のご厚意により筆者（山村）撮影（2001年9月）

さらに1996年前後から麗江が世界的な観光地として認知され，観光客数が急増したことに伴い，現代トンバ画は観光土産品としてアレンジされるようになり始めた。これら観光土産は，木版や紙，壺などを利用してその表面にトンバ画を刻印することで制作されることが主流であるが，制作者によって極めて多様な形式を有しており，目下商品として特に統一された呼称がない。したがって本節では便宜上，トンバ画を応用して，商品として制作された工芸品を総称して「現代トンバ工芸品」と呼ぶことにする。

(3) **契機**——ナシ族の若者による二つの伝統的な技術体系の融合

現地でのヒアリング結果に基づけば，もともと麗江県博物館（1984年に当時の麗江県が設置。1999年より麗江東巴文化博物館に改称。麗江の歴史・文化・自然に関する資料の収集・整理，研究活動に当たっている）でトンバ文字およびトンバ画の研究に当たっていたナシ族のA氏が，これまで研究した技術を活かした事業を起こしたいと考え，1993年に博物館を退職，紙や木材を用いてトンバ画を題材にした独創的な絵画や彫刻の制作に取りかかった。これが商品としての現代トンバ工芸品が旧市街地で制作されるようになった発端だと言われる。その後A氏は麗江旧市街地において1996年に観光客向けの店舗を開店，これが旧市街地で最も早く開店した工房となる。そしてこのA氏の友人で，当時「麗江啤酒廠（麗江ビール工場）」でパッケージ・デザインを担当していたB氏（ナシ族）がA氏の影響を受け，「もともと趣味だった木彫り彫刻を仕事にしたい」と考え1997年に工場を退職，工房を開設した。

もともと麗江は豊富な森林資源に恵まれており，ナシ族男性にはこうした周辺の山から切り出した木材の根の部分を用いて彫刻を施し，家具や動物を模(かたど)った置物を制作する伝統が古くからある。これは一般に「根雕（gen diao）」と呼ばれ現在でも趣味として盛んに行わ

IV　エコツーリズムにおける資源とその保全

れており，通常ナシ族男性は家族からこの技術を学ぶことが多いという（郭編［1999］：498-500）。このように特産品としての現代トンバ工芸品の成立の契機は，伝統的な木工技術とトンバ画の技法を融合させる，という地元ナシ族の若者による独創的なアイデアにあった。

　こうしてナシ族の若者によって考案された現代トンバ工芸品であるが，1996年にA氏が初めて工房を開店して間もなく，外部から流入してきた漢族（中国の人口の大多数を占める民族グループ）の参入がみられ，筆者の調査によれば，2001年の段階で，全工房中ほぼ半数が流入漢族の経営となっていることがわかった（この辺りの詳細については，Yamamura［2005］にて報告しているので参照されたい）。

（4） 流入人口による商品化の加速と地域社会の自律性について

　上記のような契機で考案された現代トンバ工芸品であるが，筆者が調査をしたところ，現在の麗江旧市街地では，ナシ族自身によって制作・販売されているものが案外少ないことがわかった。実は，観光地化した麗江に商機があると見て流入してきた，漢族を中心とした新住民によって制作・販売されているものが大半なのである。

　現地で商品をよくみるとわかるのだが，ナシ族によって制作された現代トンバ工芸品は，非常にレベルの高い精巧なものが多く，価格的にも安価ではない。したがって，実際の商業ベースにうまくのせることができておらず，その流通量は比較的少ない。その一方で，A氏の工房開店後，中国各地からやってきた漢族の人々は，トンバ文化や伝統技術への興味は薄いものの，商売としての商品作りの経験や資本の面で，地元ナシ族に比べ有利な条件を持ち合わせており，工芸技術としては稚拙なのだが，安価でかつ土産品としても面白い商品を作り始め，高い売り上げと利益率を獲得している。

　いずれにしても，流入人口による外部の知識やノウハウが，新産業の創出に大きく関与しており，ナシ族のみでは産業として充分に

成立し得ていない点は非常に興味深い。既存の木工技術を基盤にし，地元のナシ族の若者による独創的なアイデアによって考案された現代トンバ工芸品であるが，その土産品としての商品化過程や現在の経営においては流入した漢族が担っている役割が大きいのである。つまり，特産品としての現代トンバ工芸品という新たな産業の創出においては，ナシ族の伝統的な技術と意匠を活かしつつ，これに流入人口が自らの独創性を融合させ，商品化に成功しているといえる。一方，そのプロセスの初期段階においては，流入漢族が当地のナシ族に木工技術の手ほどきを受けたり，トンバ文字の意味を教えてもらったりしたこともあったそうである。

こうした経緯を経て，現在では先住民と新住民がお互いの良いところを取り入れながら，さらなる商品開発が進んでいる。もちろん，先住民と新住民との間で様々な意見の対立は存在するし，将来に向けた不確定要素や課題も多い（この辺りについては，山村［2003］；Yamamura［2005］にて詳述しているので参照されたい）。

この点は，「地域の自律性」という観点から非常に重要なポイントである。すなわち，地域社会の伝統に基づく発展においては，もちろん地域社会の「内部」あるいは「下」からの動きも重要な要素ではあるのだが，必ずしもそれだけでは充分でなく，外部の諸要素について再認識する必要があるのである。石森秀三が内発的発展論への問題提起の中で述べているように，「ひとつの地域社会が潜在的に有している各種の可能性が発見される契機はほとんどの場合に外部との出会いにもとづいている」のであり，地域社会の発展とは「決して外部性をすべて排除して成り立つものではない」のである。そして地域社会の伝統に基づく発展とは，むしろ地域社会が自らの伝統を基盤にしながらも，「自らの意志や判断で外部の諸要素を取り込んだり，それらとの連携を図ったりすることによってよりよい成果を生み出す試み」として認識されるべきものであろう（石森

[2001：11)。

(5) 地域全体の産業発展を生み出す連鎖反応

　筆者はこれら現代トンバ工芸品店の経営者に対して，工芸品の材料となる木材の仕入先を尋ねてみた。その結果，全員が麗江産の木材を材料として用いていることがわかった。これら木材は，旧市街地周辺の農村部で生産され，生産者自身が荷車に載せ，直接販売にまわってくるものである。筆者が現地に滞在中も，旧市街地においてこうした木材を荷台に載せて工房に販売にまわる人々をひんぱんに目にした。先にも触れたように，もともと麗江は豊富な森林資源に恵まれており，木の切り株を彫刻し，家具や置物を制作する伝統が古くからある。そしてこうした需要があるため，周辺農村の農民は，以前より山から切り出した木の切り株を荷台に載せて販売に来ており，現在でもその姿を見ることができる。

　つまり，工芸品材料である木材の流通は，既存の生産・流通ネットワークが再構築されたものである（なお，前述のとおり，1998年の長江流域における大洪水以降，中央政府は天然林保護プロジェクトを打ち出し，森林の伐採は原則として禁止している。麗江旧市街地周辺の場合，こうした工芸用木材は，地元政府によりそれまでの生業と関連して山林の使用を認められた農村住民によってのみ生産されている。麗江県林業局へのヒアリングによる〔2000年11月〕）。

　なお，このように材料の仕入れにおいて既存の流通ネットワークが活用されている点は，以下のような点で地域経済の発展に寄与していると見ることができる。すなわち，本来，伝統的な技術体系に属するトンバ文字・トンバ画の作成と，これも同じく伝統的な「根雕」技術とは，何の関係性もなかった（本来トンバ文字やトンバ画は，経文を記したり，神事を行ったりする際に，司祭であるトンバが紙や布などに描いてきたものである。祭礼などの際には木板が使用されることもあったが，こ

れは儀式用に特別に用意されたものであり,専用の木材市場が存在したわけではない)。それが,こうした二つの既存の技術体系が再構築されることで特産品としての現代トンバ工芸品の創出が進んだ。これにより,本来は「根雕」に木材を提供していた周辺農村における既存産業(木材生産業)が新たな流通ネットワークを構築したのである。このように,既存の技術体系をベースとし,それらを組み合わせていくという産業開発手法は,持続可能な地域の産業開発という意味で非常に大きな意味を持つのである。

本節では,現代トンバ工芸品を対象に,既存の地域社会と流入人口の両者がいかに産業創出に関わっているかを紹介した。このように外部の社会との関わりや既存産業との連関という観点から,いかに地域生態系の中に当該産業が位置づけられているのかを考察することは,その産業の持続可能性を判断するうえで非常に重要な手段である。エコツーリズムの思想と視点は,こうした意味でも非常に有用なものなのである。 (山村高淑)

参考文献

石森秀三［2001］「内発的観光開発と自律的観光」石森秀三・西山徳明編『ヘリテージ・ツーリズムの総合的研究』(国立民族学博物館調査報告21) pp. 5-19。

郭浄・段玉明・楊福泉主編［1999］『雲南少数民族概覧』昆明：雲南人民出版社。

郭大烈主編［1999］『納西族文化大観』昆明：雲南民族出版社。

高発元主編［2001］『雲南民族村寨調査・納西族——麗江黄山郷白華村』昆明：雲南大学出版社。

後藤和子編［2001］『文化政策学』有斐閣。

高橋勇一・箕輪光博・和愛軍［2002］「住民との協働管理を考慮した持続可能な森林経営の資本評価」『環境情報科学(別冊)論文集』16：13-18。

鶴見和子［1996］『内発的発展論の展開』筑摩書房。

西川潤編［2001］『アジアの内発的発展』藤原書店。
根木昭・根木修・垣内恵美子・大塚利昭［1999］『田園の発見とその再生
　　――「環境文化」の創造に向けて』晃洋書房。
本中眞［1999］「文化と自然のはざまにあるもの――世界遺産条約と文化的
　　景観」『奈良国立文化財研究所学報』58：231-318。
山下晋司［1997］「観光開発と地域的アイデンティティの創出」川田順造他
　　編『反開発の思想』（岩波講座開発と文化3）岩波書店，pp. 107-124。
山村高淑［2003］「ツーリスト・アートの創出と文化遺産の継承――麗江ナ
　　シ族における東巴画の事例」『京都嵯峨芸術大学紀要』28：1-14。
山村高淑・城所哲夫・大西隆［2001］「世界遺産を観光資源とした観光産業
　　の実態とその課題に関する研究――中国・麗江旧市街地における観光
　　関連店舗の経営実態分析」『都市計画論文集』36：247-252。
山村高淑・和愛軍・高橋勇一・張天新［2005］「教育実践活動 100年後の
　　森をデザインする――中国長江上流域における政府・地域住民・学生
　　の協働による森林管理の実践」『京都嵯峨芸術大学紀要』30：68-73。
中共麗江納西族自治県委員会・麗江納西族自治県人民政府編［2000］『麗江
　　文化薈萃』北京：宗教文化出版社。
和愛軍・山村高淑［2003］「試論麗江古城的価値評価与可持続的旅游開発方
　　式―― CVM手法在麗江古城経済価値評価中的応用」麗江市外事僑務弁
　　公室・麗江古城保護管理委員会弁公室編『聯合国教科文組織亜太地区文
　　化遺産管理第五届年会記実（UNESCO CONFERENCE/WORKSHOP
　　CULTURAL HERITAGE MANAGEMENT AND TOURISM: Models for
　　Cooperation among Stakeholders）』昆明：雲南民族出版社，pp. 260-
　　266。

Bernard, J. [1973] *The Sociology of Community*. Glenview, IL: Scott, Foresman.

United Nations [1971] *Popular Participation in Development: Emerging Trends in Community Development*. New York: United Nations.

Peacock, A. T. [1993] *Paying the Piper: Culture, Music, and Money*. Edinburgh: Edinburgh University Press.

Picard, M. [1995] "Cultural Heritage and Tourist Capital: Cultural Tourism in Bali." In M.-F. Lanfant, J. B. Allcock and E.Bruner (eds.) *International Tourism: Identity and Change*. London: Sage

Publications, pp. 44-66.

World Heritage Committee [1992] Official Record: WORLD HERITAGE COMMITTEE Sixteenth Session (Santa Fe, USA, 7-14. December. 1992). World Heritage Centre.

――― [1994] Official Record: Expert Meeting on the "Global Strategy" and thematic studies for a representative World Heritage List (UNESCO Headquarters, 20-22. June. 1994). World Heritage Centre.

Yamamura, T. [2003] "Indigenous Society and Immigrants: Tourism and Retailing in Lijiang, China, a World Heritage City." *TOURISM: An International Interdisciplinary Journal* 51(2): 215-235.

――― [2004] "Authenticity, Ethnicity and Social Transformation at World Heritage Sites." In D. Hall (ed.) *Tourism and Transition*. Oxfordshire: CABI Publishing, pp. 185-200.

――― [2005] "Dongba Art in Lijiang, China: Indigenous Culture, Local Community and Tourism." In C. Ryan and M. Aicken (eds.) *Indigenous Tourism: The Commodification and Management of Culture*. Oxford: Elsevier, pp. 181-199.

Yamamura, T., T. Zhang and A. He [2005] "Green Hope Project: An Experience of Forest Management Based on the Partnership between Government, Local Community, and Tourists." *Tourism Culture & Communication* 5:177-186.

3 エコツーリズムの保全目標

　エコツーリズムの概念は,生物多様性の源として,また地球大気の組成を維持するための酸素の供給源,炭素の吸収源として重要な熱帯林が,違法伐採,牧畜,石油採掘,採鉱,入植等により大量に破壊されていることが懸念されるラテンアメリカにおいて,これら侵略的で略奪的な経済活動に対するオルターナティブとして提案されたものである。それとともに,その多くが失敗したアフリカにおける国立公園等の,地域住民の生活を無視した保護中心主義的管理手法に対するオルターナティブとして,政治的・文化的弱者である公園周辺の地域社会の人々をも公園と観光におけるステークホルダーとする手法が融合して成立したものである。
　したがって,エコツーリズムは,自然あるいは生物多様性を脅かす侵略的で略奪的な経済活動に対して,地域社会への経済的効果において一定程度の競争力を持ち,長期的に見れば地域社会の持続的な繁栄をもたらすものでなければならない。
　ここでは,エコツーリズムによって保全しようとするものとしての「生物多様性」とはなにかを明らかにしたうえで,「エコツアーの訪問地の特徴」「見せ方と保全のルール」「エコツアーを通じた生物多様性の保全」「エコツーリズムと景観保全」を論じる予定である。いずれの場合においても,地域社会に対する経済的効果を含む貢献を常にその議論の前提としなければならない。
　また,主としてラテンアメリカやアフリカという発展途上地域で成立したエコツーリズムを日本において論ずる場合,注意しなければならないのは,日本と発展途上地域とでは,自然地域周辺の地域社会を取り巻く社会条件が著しく異なることである。一例を挙げれば,ツーリストと受け入れ地域社会の経済的格差がある。著しい経済格差は,地域社会全体がエコツーリズムに依存することを可能にするが,日本の場合,地域

格差が拡大しているとはいえ、少数の旅行者の消費額は地域経済のごく一部を構成するに過ぎない。この事実を無視しては現実的な議論とはなりえない。

日本にエコツーリズム概念が導入された時期には、自然地域における大規模な自然破壊はかなり以前に鳴りを潜め、自然保護地域の課題はマスツーリズムによってもたらされるオーバーユースに移り、したがって、エコツーリズムはマスツーリズムに対するオルターナティブとなることが期待されていた。

日本の場合、保護地域周辺の住民が、発展途上国におけるのと同じ意味での社会的弱者ではなく、保護地域の制度上の脆弱さは、地域住民への権利・権限への配慮の結果もたらされている側面が強い。

したがって、「環境保全」の中心となる生物多様性の保全について進める以下の論考においても（発展途上地域で開発された）一般論の適用の可否を検証しながら、あるいは比較を行いながら進めたい。（幸丸政明）

§1 生物多様性とはなにか

(1) 生物多様性と生物多様性条約

「生物（の）多様性」は英語の"biodiversity"の訳であるが、このロングバージョンである"biological diversity"が初めて一般的な用語として登場したのは1980年に出版された『西暦2000年の地球』においてであり、それを使用したのはT・E・ラブジョイであった。しかし、biodiversityという語を社会的に一般化したのは、ワシントンで開催された「生物多様性に関するナショナル・フォーラム」の報告書であり、その編集者であったE・O・ウィルソンがこの言葉の造語者としての名誉を与えられている（Swingland [2001]）。"biological diversity"の場合は"species diversity", "species richness"とほぼ同義で種の数を表すものとして用いられていたが、"biodiversity"はそれ以上の概念として、多くの研究者や機関が概

Ⅳ　エコツーリズムにおける資源とその保全

念定義を試み，公式と認められる定義は優に 12 を超すという (Gaston & Spicer [1998])。そのうち現在のところ最も重要で（影響力が大きく）包括的な定義は，1992 年，国連環境開発会議（地球サミット）で採択され，翌年発効した生物多様性条約（以下，単に条約という）のものであろう。

条約は第 2 条で次のように述べている。

> 「生物多様性」とは，すべての生物（陸上生態系，海洋その他の水界生態系，これらが複合した生態系その他生息又は生育の場のいかんを問わない。）の間の変異性をいうものとし，種内の多様性，種間の多様性及び生態系の多様性を含む。

しかしながらこの定義は，生物多様性の範囲を示しているに過ぎず，その価値あるいは意味についてはまったく触れていない。「生物多様性」を保全すべきものと捉えるなら，「生物多様性」とは，生命が表現するものすべてには違い（変異性）が存在し，それは生物進化の結果であると同時に生物進化の原動力でもあり，さらに生物世界というシステムのダイナミクスと安定性の基盤でもあるという，生物世界の特性を表す最も広範な統一的概念とすべきであろう。

条約は第 6 条で，加盟国は生物多様性の保全と持続可能な利用を目的とする国家戦略もしくは計画の策定を義務付けており，わが国は条約締結を受けて 1995 年 10 月に生物多様性国家戦略を策定した後，おおむね 5 年を目処に見直しを行い，2002 年 3 月に新・生物多様性国家戦略，2007 年 11 月には「第三次生物多様性国家戦略」が策定された。その後超党派で策定が進められていた生物多様性基本法が 2008 年 6 月に公布され，これにより生物多様性国家戦略は法定計画として位置づけられ，2010 年 3 月に「生物多様性国家戦略 2010」が閣議決定された。

この「生物多様性国家戦略 2010」は，2010 年 10 月にわが国で開催された生物多様性条約第 10 回締約国会議（COP10）に向けてのわ

が国の取り組みを視野に、第三次生物多様性国家戦略策定後の施策の進捗や変化を踏まえて内容の充実を図ったものであり、四つの基本戦略の一つに、エコツーリズム推進法に基づくエコツーリズムの推進が挙げられている。

わが国の場合、第三次生物多様性国家戦略において「生物多様性」とは何かをわかりやすく説明する試みがなされ、それを「つながり」と「個性」と言い換えている。

(2) 生物多様性の構成要素

生物多様性の条約上の定義において述べられているとおり、生命の変異性は遺伝的レベル、種（分類学）レベル、生態系レベルという三つのグループに分けられ、それぞれのレベルで階層性を持つ要素に区分することができる。たとえば、遺伝的レベルでは、核酸―遺伝子―染色体―個体―個体群、種レベルでは、個体群―亜種―種―属―科―門―界、生態系レベルでは、個体群―ニッチェ―ハビタット―生態系―景観―バイオリージョン―バイオームである。

遺伝的レベルでは、個体群は個体から構成され、各個体は染色体の統一体であり、染色体は遺伝子から構成され、遺伝子は核酸から形成される。同様に、種レベルにおいては、界、門、科、属、種、亜種、個体群が入れ子になっており、下位の要素は上位の要素にすべて含まれる（Heywood & Baste [1995]）。生態系となると、1滴の雨水も地球全体も生態系と呼ばれることがあり、空間的にも概念的にも幅がありすぎるが、景観生態学的に生態系＝景観要素、景観要素の組合せとして景観、その上位概念としては生物地理学的単位として、バイオリージョン、バイオームのように捉えれば空間的包含関係は整理される。

生物多様性の要素のどれを、最も基本的、本質的あるいは自然的であるとみなしうるかは、議論の分かれるところである。遺伝子が

生命の基本的単位であることは疑いようがないが，現実に存在するのは個体であり，その集合としての種が生物多様性の最も基本的な要素として扱われている。

しかしながら，その種（個体群）も単独で存在しているのではなく，他の生物，非生物要素とともに一つのシステムとして相互に作用しあって存在しているのであるから，生物多様性は実体としては生態系レベルで成立しているというべきであろう。

(3) 生物多様性の意味

すでに示したように「生物多様性」は生物進化の原動力にして結果，動的にして安定的なシステムという生物世界の特性を表す概念と捉えるのが合理的であるが，条約上の定義は生物多様性が持つ価値についてはニュートラルである。そのニュートラルな記述とは対照的に，条約はその目的を第1条において次のように明示している。

> （前略）生物の多様性の保全，その構成要素の持続可能な利用及び遺伝資源の利用から生ずる利益の公正かつ衡平な配分をこの条約の関係規定に従って実現することを目的とする。この目的は，特に遺伝的資源の取得の適当な機会の提供及び関連のある技術の適当な移転（これらの提供及び移転は，当該遺伝子資源及び当該関連のある技術についてのすべての権利を考慮して行う。）並びに適当な資金供与の方法により達成する。

「生物多様性」という術語が政策的あるいは社会的に用いられる場合，それには自ずから価値が付与されている。一般的に「生物多様性」は有用なもので，その喪失は良くないことで，それを維持すべく何事かなされるべきであるという意味を含んでいる。その結果，条約の形式的な定義以上にこの術語を利用しようとする意思が存在することを認識する必要がある。

条約が生物多様性に認める価値は，生物多様性を保全する，すな

わちそれが存在することによって人間社会が被る恩恵と，資源としての生物体と遺伝子情報である。

前者は，動的かつ安定的な生態系が持つ大気，気候そして水分に対する調節機能，光合成によるエネルギー転換機能，物質循環機能などによってもたらされる人間にとって必要かつ好適な環境とその持続性，安定性である。後者は，それを利用することによって人間に必要な，あるいは有益なものを生み出す源であり，最も直接的，即物的な価値である。

生物多様性の価値を論ずるとき，上述の二つの価値を利用価値と呼び，それぞれを直接的利用価値，間接的利用価値とする一方，現在では利用されておらず，その効用も認識されていない属性を非利用価値とし，それらに対し，将来価値を発揮する可能性という視点から潜在的価値，将来世代の利用可能性の選択肢を狭めないという視点から遺産的価値という位置づけを与えている（Gaston & Spicer [1998]）。条約が「利益の公正かつ衡平な配分」というとき，それが世代間における，すなわち将来世代との間の配分をも視野に入れているならば，生物多様性に潜在的な価値あるいは遺産的な価値を認めていることになる。

わが国では，新・生物多様性国家戦略において，人間にとっての生物多様性の意味として，人間生存の基盤，世代を超えた安全性・効率性の基礎，有用性の源泉，および豊かな文化の根源という四つを挙げたが，第三次生物多様性国家戦略では，①すべての生命が存立する基盤を整える，②人間にとって有用な価値を持つ，③豊かな文化の根源となる，④将来にわたる暮らしの安全性を保障する，と整理している。

このうち，①，③および④は間接的利用的価値とされるものに，②は直接的利用価値に区分されるが，④は潜在的価値，遺産的価値という側面を持つかもしれない。

Ⅳ　エコツーリズムにおける資源とその保全

生物多様性の価値に対する認識は，表現の仕方こそ異なるものの，おおむね一致しているといえよう。

以上は，現に利用されていようといまいと，有益性が認められていようといまいと，あくまでも「われわれ人間にとって」，すなわち「人間中心的」視点からの価値づけであったが，人間も含めた生物それ自体に備わった本来的な価値を認めるアルネ・ネスに代表されるディープ・エコロジー派の「生命圏中心主義」の立場もある。そのような立場からは，「地球上の人間とそれ以外の生命が幸福にまた健全に生きることは，それ自体の価値（本質的な価値，あるいは内在的な価値）を持ち，生命が豊かに多様なかたちで存在することは，本質的な価値の実現に貢献し，それ自体価値を持つ」とされる（ネス＆セッションズ［2001］）。

人間中心的な考え方も，間接的利用価値や潜在的価値あるいは遺産的価値を幅広く認めていけば生物多様性の保全にたどり着くことが可能であるが，生物の多様性，すなわち生物世界の在りようそのものを保全しようという企てには，ある程度生命圏中心的な考え方も必要と思われる。

（4）　生物多様性の現状と評価

生物多様性が危機にさらされており，保全努力が優先的に向けられるべき存在であるということはいまや社会的合意となっているといってよいだろう。

最新の国家戦略では，人間にとって必要不可欠な生物多様性が直面する危機として，①人間活動や開発による危機，②里地里山などにおける人間活動の縮小による危機，③人間により持ち込まれたものによる危機，そして，④地球温暖化による危機，を掲げ，2050年へ向けての長期目標として，「生物多様性の損失を止め，現状より豊かな状態にするとともに，生態系サービスの恩恵を持続的に拡大

する」こととし，今後 10 年間の短期目標として，①生物多様性の分析・把握と保全に向けた活動の拡大，②持続可能な利用，③社会経済活動への組み込み，が挙げられている。

上記目標のうち，生物多様性の分析・把握においては，①地球レベル，国家レベル，地方レベルでの望ましい，すなわちわれわれが暮らしたい世界の生物多様性の状態，および②同じタイプの土地同士の比較を可能にする生物多様性の評価基準，が明らかにされる必要がある。

①は，ある地域の自然の状態を生物多様性の観点から維持，改善あるいは再生しようとする場合の目標として不可欠な情報であるが，それを国家戦略の中に求めるならば，「国土空間における生物多様性のグランドデザイン」がこれに該当すると思われる。「われわれが暮らしたい世界のイメージ」であるから，その表現が文学的，情緒的になるのはやむをえないというよりむしろ好ましいかもしれないが，その内容は科学性を欠いたものであってはならない。定性的にせよ，人為によって過度に改変される以前の本来の生物相をベースにしたグランドデザインの構築が今後の課題であろう。

②は，ある地域の一部を生物多様性の観点から保護地域に指定する，あるいは保全対策を講じようとする場合，優先順位を決定するうえで不可欠なものである。生物多様性とは，遺伝子，種および生態系レベルにおける構成要素の多様性と変異性であるが，遺伝子レベルで直接このことを把握するのは現実的に不可能であり，一方，生態系レベルでは要素の類型化および識別が十分でないことから，やはりその把握には困難が伴うだろう。現時点では種レベルでのアプローチにかろうじてその可能性が開けている。

具体的には，在来種の多様性が高い（種数が多い）こと，絶滅のおそれのある種を多く含むことなどがその基準となるだろう。

皮肉なことに，種数や種の豊富さを包含してより包括的な概念と

した生物多様性であるが、遺伝子レベルでの多様性でも生態系レベルの多様性でも、代替指標として「種」を用いざるをえないのが現状といえる。最新の国家戦略においても、生物多様性の現状を表す指標として種数が重要な役割を担っている。

§2　エコツアーの訪問地の特徴

（1）　エコツアーサイトの要件

エコツーリズムは、一般的には侵略的かつ略奪的な経済活動のオルターナティブあるいはアンチテーゼという位置づけが与えられているが、日本の事情に即していえば、開発やオーバーユースによる環境破壊を引き起こし、地域社会の文化的伝統を破壊しかねない公共事業依存型、リゾート（法）型、マスツーリズム型地域活性化事業のオルターナティブということができるだろう。

オルターナティブたりうるには、エコツーリズムが、環境保全、特に生物多様性保全に寄与することと、これらの事業に匹敵するだけの経済効果、地域活性化効果をもたらすことが要件になる。

したがって、エコツアー適地の要件としては、その場所の生物的自然が、①保全するに値する価値のあること、②人為的影響により悪化あるいは消滅する兆しを示していること、③魅力的なエコツアー資源となりうること、である。

ところで、①の保全するに値する価値のあることという要件であるが、生物多様性とは、生物の進化と適応のメカニズムが機能した結果、その土地の上に創り出された生物自然の様相であり、それが生物の属性上起こりえない、あるいは対応しえない人間活動によってもたらされたものでない限り、人間の個性と同様、それぞれ尊重されるべきものである。そのように考えれば、人間の手によって改変されていない自然地域、あるいは改変されていたとしても人と自

然との緩やかな働きかけによって平衡状態にある半自然地域は，生物多様性保全上すべて価値あるものとみなされる。

また②の人為的影響により悪化あるいは消滅する兆しを示していることという要件に関しては，生物多様性は，開発や乱獲など人間活動に伴う負の影響，里山の荒廃等の人間活動の縮小や生活スタイルの変化に伴う影響，移入種等の人間活動によって新たに問題となっているインパクトによって脅かされているという，国家戦略に示されている認識に立てば，自然地域および半自然地域において悪化の兆候を示さないところはどこにもないといえる。

したがって以上の2点は判定の基準とはなりえず，エコツアー適地判定の基準は，③の生物的自然が魅力的なエコツアー資源となりうること，に絞られる。

(2) エコツアー資源の魅力度と魅力度に応じたエコツアーサイトの分類

一般に，旅行者が目的地を決定する際に考慮する条件として挙げられるのが，アトラクション（魅力），アクティビティ（魅力を味わうための活動），アクセス（到達方法），アコモデーション（宿泊施設），アメニティ（娯楽性・快適性）という「五つのA」といわれるものである（Dickman [1989]）。

エコツアー等において，この「五つのA」は他の旅行形態と比較してそれぞれ特徴を持つが，最も重要なのは「アトラクション」すなわちエコツーリズム資源（ここでは生物多様性の構成要素）の魅力であろう。

エコツーリストを魅惑する訪問地の生物多様性構成要素，すなわち生物種，群集，生態系は，ツーリストの関心分野とそれらに対する知識や関心の深さによって異なる。

Ⅳ　エコツーリズムにおける資源とその保全

①初心者向けサイト

　ごく一般的な関心しかない，いわば初心者の誰をも魅惑するのは，生物資源が，世界的に見ても，地域特有で人目を引き，印象的なもの——大型，壮大，美麗，希少，珍奇な個体，個体群，現象等——である場合，すなわち世界遺産レベルの評価を受けたものになるが，エコツアー初心者にとっては，そのために特別に技術や体力が要求されるアクティビティや，到達するために長時間歩かなければならない，宿泊施設も質素なもので，快適なサービスも受けられないといった他の条件は，一般的な旅行と同様，ツアーに対してマイナスの評価しか与えないだろう。したがって，初心者にとってのアトラクションは，その場所に自動車や船，飛行機等で容易に到達でき，肉眼やせいぜい双眼鏡を用いて視覚的に楽しむことができるものとなる。

　このような条件を満たすエコツアー資源としては次のようなものが考えられる：

　乾季に水場に集まるサバンナの大型野生動物／季節的に移動するサバンナの大型草食獣／遡上・産卵するサケ類，それらを捕食するヒグマ，猛禽類／集団繁殖地，渡来地，越冬地／産卵地における海生哺乳類，水鳥類，ウミワシ類，ウミガメ類／集団塒（ねぐら）からのコウモリや鳥類の出入／イルカ，クジラ類（船上から）／サンゴ礁などの海中景観（グラスボート，海中展望塔から）／発光生物の集団的発光現象／花畑／巨樹・巨木・銘木。

　これらはその場に到達しさえすれば誰でも容易に目にし，楽しむことができるものであるが，季節や場所が限定される。近くまで接近しなければ観察できないものは，利用者の数や行動によって大きなダメージを受けるものがある（例：ウミガメ，ホタル）。

　ほぼ通年このような条件のほとんどから解放されている場所の一つがガラパゴス諸島であり，生態系としてのサンゴ礁である。日本

の場合，知床，小笠原諸島，西表島などが該当する地域として挙げられよう。屋久島も資源としてはヤクスギに絞られるが，この範疇に含めてよいかもしれない。

なお，そのような場所には，相当多数の人が訪れることになるであろうから，ビューポイントやトレイルはその行動や環境を攪乱しないように一定の距離をとって，それ以外の場所へ無秩序に踏み込むことのないように設けられる必要がある。

②中級者向けサイト

初心者クラスから一歩進んで，スキューバダイビングやスキンダイビングなどの，やや経験や技術の要るアクティビティを必要とするもの，見通しの利かない森林や広大な地域に分散しているため，やや長距離の移動を必要とするものとしては次のようなものが考えられる：

イルカ，クジラ類，オニイトマキエイ（マンタ），サンゴ礁／サバンナの野生動物（いわゆるサファリの対象）／森林性大型野生動物観察のためのエレファント・ライド。

これらは，野生動物の生息領域に直接踏み込むことになるため，生息環境や行動を攪乱しないよう入込数や行動の制限が必要であるが，サファリではその懸念が現実になっている（Banerjee[2004]）。最後の，インドゾウの背中に乗って道路のない地域を移動するエレファント・ライドは，このアクティビティそのものが大きなアトラクションとなる。

また，上述のアトラクションでも，特に希少（絶滅のおそれのあるもの）な野生生物や原始的自然となると，アクセスが困難で，一般的な意味でのアコモデーションやアメニティが低いという条件を克服しなければ体験できないものがあるが，逆にこのことに価値を見出すような冒険的，挑戦的ツーリストは，中級，さらには上級エコ

IV　エコツーリズムにおける資源とその保全

ツーリストといえるだろう。

　一方，アクティビティを「眺める」から「観察する（一時的な採集を含む）」「観賞する」というレベルに移すと，上記とは対照的な存在——小型，地味，普通種——のほとんどがアトラクションとなる。このようなアトラクションを高く評価するエコツーリストも別の意味で中級レベルといえるだろう。そのような例として次のようなものが挙げられる：

　　バードウォッチング／アニマルトラッキング（足跡や糞塊等による追跡）／セミ，トンボ等昆虫類の羽化／ホタル，ウミホタル等の発光現象／カエル，魚類，甲殻類の集団・一斉産卵行動／鳥のさえずり，カエル，セミ，直翅類の発声・発音行動／植物の芽吹き，開花，紅葉現象／干潟・磯の生物／田んぼの生物。

　なお，最初に挙げたバードウォッチングは，あらゆる場所で時期を問わず実施可能で，この分野単独でエコツーリズムそのものを形成しうるものである。

③上級者向けサイト

　バードウォッチングを含めここで挙げた対象は，ある程度自然が存在する地域では，日常的に身近に存在するもので，歳時記的事象，あるいはフェノロジー（生物季節）的事象という捉え方もできる。自然との距離が遠くなってしまった現代では，それらに対する関心や知識がないために見過ごされている存在が多い。こうした存在に気づかせ，時と場所が限定されるその事象に確実に出会わせるには，的確な知識と解説技術を持ったインタープリターやガイドが必要になる。野生生物を中心とする自然に対し，深い関心・興味と知識や経験を持ち，独自にそれらを楽しむことができる人は上級エコツーリストといえるだろう。

　一方，アトラクションへ至るアクセスが極めて困難な，いわば冒

3 エコツーリズムの保全目標

険的,探検的ツアーへの参加者も,そのアクティビティがエコツアーの要件を満たす限りにおいて,上級エコツーリストといえるだろう。

(3) 魅力度と対価——ガイドの重要性

生物多様性の構成要素が持つ魅力の大小は,受け止める側の感受性に左右される。海洋を遊泳するクジラ,アフリカのサバンナに展開する大型野生動物群,ゾウガメをはじめとするガラパゴスの特異な動物群,広大な熱帯雨林,壮大な自然のモニュメントに接すれば,自然に対して特段の関心も知識も持たない人であっても,驚嘆させられ,感銘を与えられるものであり,相当の時間的,経済的対価を払っても,それを見たり体験したりしようとする意欲を起こさせるに違いない。

そのような人は,身のまわりの小型で目立ちにくい生き物の存在にはほとんど気づくこともなく,ましてやそれになんらかの対価を払うなどとは夢想だにしないだろう。他方,自然や野生生物に深い興味と知識を持つ者にとっては,ありふれた生き物や自然であっても好奇心を充足させ,大きな感銘を与えてくれる存在となりうるし,場合によってはそれらと接触するためにある程度の対価の支払いを容認するかもしれない。要するに生物多様性に関しては,人の感受性や好奇心を高めることによって,アトラクションはあらゆるところに見出しうるといえる。

しかしながら,そのアトラクションをベースにエコツーリズムを展開しようとする場合には,学校教育,社会教育あるいは環境教育の一環として行われる自然観察活動とは一線を画さなければならない。いやしくもそれはツーリズムという産業であり,地域への経済効果——少なくとも1人の人間が生業として暮らしていけるだけの収入——をもたらすものでなければならない。発展途上地域である

IV エコツーリズムにおける資源とその保全

ならば、貨幣水準のはるかに高い国からの訪問客が現地の人々の様々な労力に支払う対価は、少数であっても地元にとっては極めて大きな経済効果を持つが、いかに格差が広がりつつあるとはいえ、日本国内ではそのような状況は成立しない。わが国における主な収入源としては、入場料（土地所有者が徴収）、ガイド料、そして宿泊料が主なものであろう。このうち、宿泊料は、キャンプなどツアーと不可分なアクティビティとみなされる場合を除き、エコツアーとは独立した要素であるので、ここから除くのが妥当であろう。

訪問者がエコツアーの費用として喜んで支払う額は、そのツアーによって生物資源から得られる満足度の総和（単位時間当たりの満足度×所要時間）に見合うものであり、それはツアーサイトの持つアトラクション（素材の価値）とそれとの接触を助けるガイドあるいは自然解説技術料との和と考えることができる。もしアトラクションが極めて顕著なもので、ガイドの導きや解説を一切必要としないならば、ガイド料は限りなくゼロに近くなるし、逆になんの変哲もない土地で、練達したガイドによってのみその魅力を味わうことができるような場合は、入場料に対してガイド料の比重が著しく大きくなるだろう。

ただし、ガイドの助けを必要としない顕著な魅力を持つ生物資源であっても、そこから得られる感動や感銘は平板であり、より深い、あるいは多次元的な魅力を引き出すことができればガイド料の比重を大きくすることが可能である。

さらにわが国の場合、顕著な魅力を持つ野生生物資源の存在する場所は、大抵の場合、国立公園等の保護地域に指定されており、囲い込まれた比較的広大な私有地がエコツアーに供される例は少ない。保護地域以外でエコツアーが展開される場合、そのほとんどは国公有地であり、ここでは一般人の入込はもとより山菜等の採取さえ許されている。私有地で行う場合であっても一般の人が通過すること

を許される道路沿線が大部分であるから、エコツアーがもたらす収入はほぼガイド料に限定されると考えるのが現実的であろう。

エコツアーが自然解説活動を超えて産業として成り立つためには、ガイド料によってその地域で一つ以上の家計が持続的に維持できることが要件である（宿泊事業との抱き合わせ運営も含めうるかもしれない、というよりは、この形態が最も現実的かもしれない）。

具体的な数字を挙げるのは差し控えるが、そのためには一定水準以上のガイド料と稼働日数が必要であり、これを得るためには、利用客に満足してもらうだけの高いガイド技術を身に付け、その地域の生物多様性に関する豊富な情報と知識を駆使して、長期間実施できるツアープログラムを作成する能力も必要である。

日本のように、エコツアー実施地域とツアー客の居住地域の間の経済的格差が小さいところでは、ありふれた自然地域はもとより、傑出したアトラクションを包蔵するところであっても、高い対価を得られるようなガイドシステム（人材とプログラム）の存在こそがエコツアーサイトの必須条件の一つといえる。また、稼働期間を長くするために多様なプログラムが組めるよう、豊かな素材の存在、すなわち生物多様性の高い地域であることも必要である。

しかしながら、高いガイド料を得られるエコツアーが年間を通じて実施可能なところ、すなわち域内完結型のエコツアーサイト（拠点型エコツーリズム）は、知床、小笠原諸島、西表島などに限られてしまうのが現実である。ガイド事業をエコツーリズムの中心に据えるなら、居住地周辺のホームグラウンドとともにいくつかの補完的なサイトを持つ半拠点型あるいはサテライト型、さらには全くホームグラウンドを持たず、国内はおろか世界中でエコツアーを実施する無拠点型のガイド事業があってもよいであろう。　　　　（幸丸政明）

Ⅳ　エコツーリズムにおける資源とその保全

§3　エコツーリズムのガイドラインと保全ルール

(1) ガイドラインと保全ルール

　エコツーリズムの定義は数多くあるが（第Ⅰ部第2章参照），そのほとんどに，①自然環境や地域文化への配慮（悪影響の回避），②環境教育の機会の提供，③地域共同体や保護地域への利益，の三つの条件があげられている。もし，エコツーリズムの名前を使って，自然環境や地域文化に悪影響を与えるようなツアーが行われれば，自然や文化の破壊がひきおこされるだけでなく，エコツーリズムに対する社会の信頼を失うことになりかねない。そのため，さまざまな観光や環境に関係した団体から，エコツーリズムのガイドラインが発表されてきた（日本自然保護協会［1994］）。

　エコツーリズムのガイドラインには，IUCN（国際自然保護連合）などが世界の保護地域関係者に向けたガイドライン（McNeely et al. ［1992］），オーストラリアエコツーリズム協会によるツアーガイドのガイドライン，宿泊施設に向けたガイドライン（エコロッジガイドライン），英国の田園地域委員会などによるツーリストへのガイドライン（カントリーコード）など，さまざまな種類のガイドラインがある（表Ⅳ-3-1）。

　このようなガイドラインを基礎として，エコツアーが行われている特定の地域において，自然環境や地域文化への悪影響を回避するために，行政によってつくられた規制（レギュレーション）や，関係者の合意によってつくられた自主ルールなどを総称して「保全ルール」と呼ぶことができる。ここでは，豊かな自然環境が残されている保護地域に重点をおいて，エコツーリズムのガイドラインおよび保全ルールについて検討したい。

3 エコツーリズムの保全目標

表Ⅳ-3-1 エコツーリズムのガイドライン

ガイドラインの種類	ガイドラインの事例	ガイドライン作成者
保護地域ガイドライン	保護地域における観光ガイドライン NACS-J エコツーリズムガイドライン	IUCN（1992，1999） NACS-J（1994）
宿泊施設ガイドライン	エコロッジガイドライン	エコロッジ協会（2006）
旅行事業者・ツアーガイドのガイドライン	エコガイドガイドライン	オーストラリアエコツーリズム協会
ツーリストガイドライン （ツーリストコード）	カントリーコード ローインパクトコード 環境に責任を持った倫理規定 地球にやさしい旅人宣言	英国田園地域委員会 米国シェラクラブ 米国オーデュボン協会 日本旅行業協会

注：NACS-J エコツーリズムガイドライン（NACS-J＝日本自然保護協会［1994］）は，保護地域，宿泊施設，旅行事業者・ツアーガイド，旅行者のそれぞれに対するガイドラインを示したものである。

(2) 保護地域のカテゴリーとゾーニング

国立公園，自然環境保全地域，鳥獣保護区など，世界にはさまざまな自然保護地域が存在するが，IUCN はこれらを総称して保護地域（Protected Area）と呼んでいる。保護地域にはそれぞれ設置目的があり，それに応じた管理目標が定められているが，IUCN は世界の保護地域を六つのカテゴリーに分類している（表Ⅳ-3-2）。

Ⅰa（厳正保護地域）は学術研究を目的としているためエコツーリズムには適さないが，Ⅰb（原生地域）では厳しいルールの下でエコツーリズムが許可されるケースもある。Ⅱ（国立公園），Ⅲ（天然記念物），Ⅴ（景観保護地域）は，それぞれ生態系の保護，ユニークな自然現象の保護，景観の保護という目的とともにレクリエーション利用が認められている（とはいっても，脆弱な自然地域や絶滅危惧種の生息生育地では，人の立ち入りを制限するようなゾーニングがなされている場合が多い）。Ⅳ（種と生息地管理地域），Ⅵ（資源管理地域）は，それぞれ野生生物の保護，自然資源の持続的管理を主目的としているが，一定のルールの

Ⅳ　エコツーリズムにおける資源とその保全

表Ⅳ-3-2　IUCNの保護カテゴリー

カテゴリー		管理目標
Ⅰ	厳正保護地域(Ia)／原生地域(Ib)	学術研究(Ia)や原生自然の保護(Ib)のために管理する保護地域
Ⅱ	国立公園	生態系の保護とレクリエーションのために管理する地域
Ⅲ	天然記念物	ユニークな自然現象の保護のために管理する地域
Ⅳ	種と生息地管理地域	野生生物種の生息地管理のために管理する地域
Ⅴ	景観保護地域	景観の保護とレクリエーションのために管理する地域
Ⅵ	資源管理地域	自然資源の持続的利用のために管理する地域

下にバードウォッチングや狩猟などのレクリエーションも認められる。

　IUCN保護地域カテゴリーは，あくまでも個々の保護地域を設置目的や管理目標によって分類したものだが，保護地域の内部にさまざまな管理目標を持ったゾーニングがなされている保護地域もある。

　オーストラリアのグレートバリアリーフは，日本列島に匹敵する面積を持つ世界最大のサンゴ礁であり，1981年に世界遺産に登録された。オーストラリアでは海岸線から潮間帯までは州政府，それより沖は連邦政府の管轄であり，グレートバリアリーフ海中公園内には，国立公園もあれば，漁業などに使われている地域もある。そのため連邦政府は，グレートバリアリーフ海中公園法（1975年）により，海中公園機構（GBRMPA）を設置し，グレートバリアリーフ全域を一元的に管理する体制を整えた。

　GBRMPAは，グレートバリアリーフを八つのゾーンに分けて，重要な地域への悪影響を防ぐとともに，持続的な漁業・観光利用との共存を図っている。2004年に改訂された最新のゾーニング（表Ⅳ-3-3）によれば，IUCNのカテゴリーでは，Ⅱ（国立公園）に該当する海中国立公園ゾーンが33パーセントに拡大された。一例を挙げるとケアンズ近海にあるグリーンアイランドは日本人観光客にも人気のスポットだが，観光客に開放されているのは島の南東3分の1の海岸線のみであり，残りの3分の2の海岸線は科学研究ゾーンとして

表Ⅳ-3-3 グレートバリアリーフ海中公園のゾーニング

ゾーン	利用規制	海中公園に占める比率
保存ゾーン	研究目的以外は立ち入り禁止	1%以下
海中国立公園ゾーン	水泳，潜水等のレクリエーションは可能，動植物の採取は不可	約33%
科学研究ゾーン	研究活動を推進するゾーン，規制は海中国立公園と同様	1%以下
バッファーゾーン	比較的影響の弱い活動は許可される（底引きは禁止，流し釣りは可）	約2.9%
保全利用ゾーン	流し釣りの他，釣り竿による釣り，水中銃による漁，カニ籠などが許可される	約1.5%
生息域保護ゾーン	トロール漁業以外の活動が許可される	約28%
一般利用ゾーン	トロール漁業も許可される	約34%
連邦政府の島々	海中公園内にある連邦政府所有の島々であり，影響の少ない活動には許可なく上陸が許される	1%以下

海草藻場の保全調査などが行われている。

　グレートバリアリーフのゾーニングは，事前にGBRMPAのホームページから知ることもでき，また街の観光案内所などにもわかりやすい地図がおかれている。これに対して日本の国立公園のゾーニング（地種区分）は，主に国有林との調整によって伐採率などを定めたものであり，地図も一般には入手しにくいため，利用者にはわかりにくい。今後，日本の保護地域においても，利用者にわかりやすいゾーニングを示す必要があるだろう。

(3) 保護地域における保全ルール

　保護地域のゾーニングとともに，自然資源の保護にとって重要なのが，事業者・ガイド・旅行者などが守るべき保全ルールである。保全ルールには，日本の国立公園のように自然公園法によって全国一律に定められているもの，グレートバリアリーフのようにゾーニングごとに定められているものなどがあるが，最近では野生生物の

Ⅳ　エコツーリズムにおける資源とその保全

表Ⅳ-3-4　地域や対象を限定した保全ルール

ルールの名称	ルールの概要	ルール作成者
小笠原ホエールウォッチング自主ルール	クジラから300m以内は減速する クジラから100m以内は侵入禁止	小笠原ホエールウォッチング協会
小笠原南島適正利用ルール	1グループ15人以内，上陸2時間以内 1日最大100人以内，利用ルート限定，年3カ月の入島禁止期間	東京都と小笠原村
小笠原母島石門一帯適正利用ルール	1グループ5人以内，1日最大50人以内，鍾乳洞は立ち入り禁止	東京都と小笠原村
座間味ホエールウォッチング自主ルール	クジラから300m以内は減速する クジラから50m以内は侵入禁止 1頭または1群に3艘まで2時間以内	座間味村ホエールウォッチング協会
山梨県青木ヶ原樹海溶岩洞窟ルール	ルールで決められた洞窟のみに限定	山梨県

保護などの視点から，特定の場所や生物種を対象として，きめ細かく決められる例も増えている。全国一律のルールは一般的で最低限のものになりやすいため，地域や対象を限定した，きめ細かいルールを決めることが望ましい。地域や対象を限定した保全ルールの例としては，小笠原や座間味におけるホエールウォッチング自主ルール，小笠原南島および母島石門一帯の適正利用ルールなどがある（表Ⅳ-3-4）。

七つの保全ルール

　ゾーニングと一体となって機能する保全ルールとして，以下の七つが挙げられる。これらのルールを導入することによって，短期的には利用者が減少したとしても，長期的には自然資源の持続的な利用につながり，持続的な観光（サステイナブル・ツーリズム）が実現されるのだということを，行政・地元関係者が理解を共有する必要がある。

3 エコツーリズムの保全目標

①範囲(ルート)の限定

 利用者が立ち入ることができる範囲(ルート)を限定すること。脆弱な自然地域では，1日に数人の利用者が歩いただけでも道ができ，それ以上の利用者が歩けば土壌が流出してしまう場合がある。このような場合，道がこれ以上広がらないように，ルートを限定するか，木道を設置してそこから踏み出さないようにするなどの限定が必要である。小笠原南島では，トレイルを鮫池から扇池の1ルートのみに限定し，利用者がそれ以上踏み跡をつけることを防いでいる。

②期間の限定

 利用者が立ち入ることのできる期間や時間帯を限定すること。たとえば野生生物の繁殖期など人の影響を受けやすい時期を立ち入り禁止にすること。尾瀬の至仏山は，蛇紋岩地に生育するオゼソウなどの高山植物で知られるが，残雪期はルートが雪で隠れてしまい，植生を踏みつけることになるため，尾瀬ヶ原からの登山ルートは閉鎖されている。また残雪期が終わりルートが開かれた後も，自然保護と安全上の理由(午後になると落雷が多い)から，午前10時以後の登山は自粛することになっている。

③人数の制限

 1度に入れる人数，1日あるいは一定期間の最大人数を制限すること。人数の制限というと，年間の総量規制を思い浮かべるが，実際にはゴールデンウィーク，夏休みなどのハイシーズンに利用者が集中し，その時期にトレイルの拡大等の問題が生じていることが多い。地元関係者にとっては稼ぎどきと思えるハイシーズンも，静けさを求めて訪れた観光客には失望の原因ともなる。ニュージーランドのミルフォードトラックは，世界中からトレッカーが訪れる憧れの場所だが，1日の最大人数を200人までと限定している。小笠原

Ⅳ　エコツーリズムにおける資源とその保全

南島では 1 日の最大人数を 100 人まで，母島石門では 1 日の最大人数を 50 人までと限定することによって，自然への悪影響を低減するとともに，訪れた利用者が質の高い経験ができるようにしている。

④認定ガイドの同行

　研修を受けた質の高いガイドの同行を義務づけその指示に従わせること。スキューバダイビングなどのように，その地域の地形や生物を知っているガイドの案内が期待される分野では，認定されたインストラクターの同行は常識となっているが，登山をはじめとする陸上のアクティビティでは，ガイドの同行が期待されるのは，非常に限られた地域のみである。世界遺産に登録された，屋久島，白神山地，知床などにおいては，ガイドが同行するツアーに参加する人が増えているが，それ以外の地域ではまだ一般的とはいえない。

　ガイドには，地域の自然や文化の知識はもちろん，旅行者に対して自然に悪影響を与えるような行為をさせないというモラルの高さが求められる。エクアドルのガラパゴス国立公園は，ガイドの質の高いことで知られているが，これはダーウィン研究所などの機関がしっかりとした基礎をつくっているためである。ガイド制度の確立には，利用者の要望とともに，ガイドを養成するしっかりした研修機関の確立が求められる。

⑤野生生物への配慮

　野生生物を驚かせ，その行動を妨げるような行為をしないこと。たとえば，船舶・車両による野生動物への接近，執拗な写真撮影，大きな音や光，直接的接触・餌付けなどを禁止することが必要である。これらの野生生物を脅かす行為（ハラスメント）は，米国やオーストラリアなどの国立公園では禁止されているが，残念ながら日本の自然公園法には，野生生物へのハラスメントや餌付け等を禁止す

る明確な規定がない。むしろ野生生物と愛玩動物を区別できない観光客が，野生生物に餌をやる行為をしばしば見かける。日光国立公園においては，いろは坂などにおけるニホンザルへの餌付け行為によって，サルによる被害が急増したため，日光市がサルへの餌付け禁止条例をつくらざるをえない状態となっている。

野生生物ウォッチングがエコツーリズムの主体となっている地域では，地域関係者によって自主ルールがつくられてきた。国内では，小笠原，座間味，大方町などのホエールウォッチング協会による，ホエールウォッチングの自主ルールなどがこれにあたる。クジラから300メートル以内は減速，100メートル以内は接近禁止とする基準は，ハワイ，オーストラリア，ニュージーランドなどでも採用されているものである。

⑥生態系への配慮

上記の野生生物への配慮のほか，生態系全体への配慮として，動植物の採集禁止，外来種の持ち込み禁止などのルールを徹底させる必要がある。日本の自然公園法においては，特別保護地区では，動植物の採集も放逐も禁止されており，それ以外の特別地区でも政令によって指定された動植物の採取が禁止されるとともに，外来種の持ち込みも制限されている。しかし，普通地域ではほとんど規制がない。

エコツーリズムの対象となる地域は，必ずしも特別保護地区のように厳正な保護が求められている地域ではなく，それ以外の特別地域や普通地域であることもあるが，ガイドは旅行者に対して，動植物の採取，外来種の持ち込みなどを慎むよう厳重に指導すべきだろう。

Ⅳ　エコツーリズムにおける資源とその保全

⑦旅行者へのガイダンス

　これらの保全ルールを遵守してもらうには，旅行者に対して保全ルールを伝えるガイダンスが必要だ。ガイドから直接説明するのが最も効果的だが，一般の旅行者に対してはパンフレットや解説板などの手段も考慮する必要がある。

保全ルールのモニタリングと順応的管理

　保全ルールは，きちんと守られなければ意味がないだけでなく，エコツーリズムの資源である野生生物や自然環境を脅かし，ひいてはツーリズムの対象としての資源性を失わせてしまうという側面を持っている。したがって，ルールがきちんと守られているか，その効果として，野生生物や自然環境への影響は最小限抑えられているかという点を，エコツーリズムの前後で比較できるようなモニタリング調査を行い，その後のエコツーリズム計画に反映させる順応的管理をすることが望ましい。

　保全ルールが行政によって決められた場合，モニタリング調査を専門家に依頼することも可能だが，地域合意による保全ルールでは，外部に調査を依頼することが難しい場合もある。そのような場合，旅行事業者やガイドが，自主的に記録用紙に記入し，それをまとめるという方法もある。ある程度，客観性を持たせるため，集計や分析などを近くの大学に依頼するなど，共同研究を推進する方法もありうる。

　　　　　　　　　　　　　　　　　　　　　　　　　　（吉田正人）

§4　エコツアーを通じた生物多様性の保全

（1）　わが国における生物多様性保全制度の概要

　エコツーリズムを，自然すなわち生物多様性を損ねずに国，地方政府，地域社会に大きな経済的効果をもたらす産業とするならば，

3 エコツーリズムの保全目標

エコツアーを通じた生物多様性の保全という論題は，発展途上地域においては同義反復に近いので割愛し，ここでの議論は日本国内の場合に限定することとする。

わが国において，エコツアーはツアーサイトの生物多様性保全にどのように寄与できるのか，ということを議論する前に，生物多様性保全の手法について現行の制度に基づいて概観しておきたい。

(2) 生物多様性の保全を直接の目的とする制度

生物種もしくはその生息・生育地を保全する法律は，「自然環境保全法」「自然公園法」「鳥獣保護及び狩猟の適正化に関する法律（鳥獣保護法）」「絶滅のおそれのある野生動植物の種の保存に関する法律（種の保存法）」「文化財保護法」があり，これらはいずれもそれぞれが保護対象とする生物種指定と生息・生育地の保護地域への指定とを二本柱としている。指定された種の保護対策としては捕獲採取規制が一般的で，他に絶滅のおそれのあるものに対しては人工的な増殖や給餌などの対策（種の保存法），有害性のある種の個体数調節（鳥獣保護法）などがある。保護地域に指定された場合は，生息地・生育地として必要な環境を保全するため，破壊・改変要因に対する規制措置が講じられる仕組みとなっている。なお，最近制定された「特定外来生物による生態系等に係る被害の防止に関する法律（特定外来生物法）」は，本来の生物相や生態系に悪影響を及ぼす生物種の輸入，飼育・栽培，国内移動等を禁止し，すでに定着しているものに対しては防除を促進することを定めており，従来比較的無防備であった「生物汚染」への対抗措置を可能にしたという点で評価できるものである。

「種指定方式」の主要な保全手段である捕獲採取の規制は，生息・生育環境の破壊悪化よりも捕獲採取圧が当該種の存続にとって主要な圧力となっている場合には有効な保全手段であるが，対象種が合

IV エコツーリズムにおける資源とその保全

理的に選定され，捕獲採取物の取引を含めた取り締まり体制が確立されないと，効果的に機能しないばかりか，制度への不信や反発を買うことになる。

捕獲採取の対象とならない，捕獲採取圧はあっても環境の破壊，悪化のほうがはるかに影響が大きい種が保護対象として指定される場合，当該種の生息・生育する場所が保護地域として指定されるか少なくとも環境保全が図られる，あるいは積極的な保護増殖対策が取られるのでなければ意味を持たない。この場合にも，種の選定が，対策の必要性の高い順から合理的に行われないと，対策を実施する根拠すら失われかねない。

以上のとおり，「種指定方式」の効果が上がるかどうかは，種の選定がいかに合理的に行われるかにかかっている。保護対象種の選定に合理的根拠を与えるものとしての役割を期待されるのが，レッドデータブックである。レッドデータブックでは，生物多様性保全の観点からは，絶滅のおそれの程度，その状態をもたらした原因，必要な対策が明示されるべきである。保全制度とのリンクを想定せずに漠然とした危機感を煽るだけのレッドデータブックでは，早晩存在意義を失うことになりかねない。

「地域指定方式」すなわち保護地域の設定が生物多様性の保全にとって有効であるかどうかは，それらが全体としてどのような場所を，どのくらいの規模でカバーし，その場所の生息・生育環境保全にどの程度効果的な規制力を持っているか等によって定まる。

残念ながら，多様な制度は存在するものの，そして自然公園や鳥獣保護区は大面積をカバーするものの（それぞれ国土の約14パーセント，10パーセント），それぞれの保護地域の配置も含めた選定基準や目標は明確でなく，ましてや制度間の連携も十分でない。現時点では，こうした保護地域がどれだけあれば，どのように配置されていれば十分なのか，さらにはどのように管理すればよいのかについては，

明確な解答は得られていない。生物多様性保全に関しての「地域指定方式」の課題は、必要な場所に適正な保護地域を設定することであろう。

(3) その他の保全制度

生物多様性の保全を直接の目的とするわけではないが、間接的に大きく寄与しうる可能性のある法制度として、「環境影響評価法」と「自然再生推進法」がある。前者は開発事業を計画地の自然環境とより調和的にするための手続法で、環境影響評価の実施により計画地の自然の属性が明らかになり、絶滅危惧種や希少種が存在すれば、その生息地・生育地の保護が図られ、そのような種が存在しなくとも生態系の機能保全に配慮が払われ、当該地域の生物多様性保全に、緩やかではあるが保全措置が講じられることになる。ただし、こうした保全措置は法的に担保されるわけではないので、不安定なものであることは否めない。

自然再生事業は、人為的に改変された自然を本来の姿に近い状態に復元しようという試みであり、実現すれば生物多様性の保全に寄与する可能性は高い。

(4) 生物多様性保全制度に対するエコツーリズムの寄与

種指定方式への寄与

生物多様性保全制度の種指定方式における主たる課題は、対象種の合理的選定であるが、それを困難にしている原因の一つは、生物に関する基本的な情報、特に分布情報が乏しいことである。バードウォッチングだけでなく他のワイルドライフウォッチングツアーの観察記録が生物多様性センターなど分布調査を行っている機関へ提供されれば、分布図や目録作成に貢献することになり、ひいてはレッドデータブックの改訂作業にも寄与しうる。

IV　エコツーリズムにおける資源とその保全

　保護対象とされた種で、特に絶滅のおそれが高く、その原因が採餌環境や繁殖環境の悪化である場合には、野外において給餌や巣箱架設等の繁殖環境の整備が行われることがある。こうした保護増殖活動にはボランティアの参加を受け入れているところもあり、それをエコツアーのアクティビティとして取り入れることができるなら、生物多様性保全への直接的寄与と位置づけることができるだろう。最近各地で行われている外来生物の駆除活動への参加も同様な位置づけが与えられるだろう。

　絶滅危惧種の保護増殖活動であっても、当該種の本来の生活史や生態に干渉する行為であることには変わりはない。そうした干渉が性決定メカニズムや生活史に大きな影響を及ぼすことが懸念されている事例もある。外来種といえどもすでに安定的な種間関係が成立している場合には、その除去は生態系に別の影響を及ぼす可能性もないわけではない。したがって、エコツアーとして参加する活動は、生態学的に十分吟味されたものであることが望ましく、主催者がその活動の意味をきちんと説明でき、参加者がそれを受け止め、体得することで、生物多様性保全に対する理解者の裾野を広げることが可能となる。

地域指定方式への寄与

　「地域指定方式」における課題は、保護地域の設定が必要な場所に適切な種類の保護地域を指定することが困難であることと、既設の保護地域であっても必要な規制がかけられないことである。

　保護地域の設定、あるいは既設保護地域内の規制内容の変更が必要と認識されるところは、行政や研究機関あるいはNGOなどによる調査の結果、種の保存上、あるいは生態学上の重要性が明らかになったり、開発計画が浮上するなどして当該地域の重要性が相対的に高まったりしたところであることが多い。エコツアーサイトとし

てすでに評価が定まっているところが含まれていれば、そのことが当該地域の評価にプラスされるであろう。開発か保護かという論議が戦わされている状況であれば、そこがエコツアーサイトの適地であることを示すことができれば、開発に対するオルターナティブの一つを提示できることになる。

エコツーリズムは、ある地域の生物多様性保全上の必要性を持続的利用という視点から主張することができ、より広い層から共感・理解・支持を得ることが可能である。

わが国における保護地域の管理手法は、地域を自然の質に応じて区分し、その質を悪化・変質させないように必要な規制をかける「ゾーニングシステム」が一般的であり、その典型が国立公園、国定公園等の自然公園である。しかしながら、このゾーニングシステムは必ずしも生態学的基盤に立脚したものではなく、生物多様性の保全という点から十分なものとはいえない。

環境影響評価とエコツーリズム

環境影響評価法に基づき環境アセスメントを実施する場合、その評価項目に「生態系」とともに「自然とのふれあい」が挙げられている。対象地域においてエコツアーが実施されているならば、当然この項目の評価は高くなり、生物多様性保全への配慮は厚くなることが期待される。エコツアーの実施を通して、生物を中心とした情報が蓄積されていれば、アセスメントに際して、より適切な情報を提供することができる。また、縦覧期間においてエコツアーに参加した人々が意見を述べることにより、この制度の趣旨をより適正に実施できることになる。

自然再生とエコツーリズム

自然再生事業には、次に述べるような反復的人為攪乱を導入する

可能性もあり、そのような行為をエコツアーのアクティビティとしてプログラムに取り込むことも可能である。また、エコツアーの実施を通して、自然再生の必要性が認識され、事業の端緒となる可能性もある。

自然（保護）地域の管理とエコツーリズム

　ある地域における生物多様性の保全は、当該地域を含む景観の攪乱レジーム（攪乱の種類、規模、出現頻度）を維持することであるといわれる。攪乱レジームはその景観の自然性の程度、逆にいえば人の干渉の程度によって異なる。原生的な自然の攪乱レジームには人為的攪乱は含まれていないので、生物多様性保全の観点から排除されなければならないが、半自然の場合のように、攪乱レジームの中に比較的軽度な反復的人為攪乱が組み入れられている場合——たとえば焼畑、稲作、草地の火入れ、雑木林の管理など——はそれらが景観あるいは生態系の維持にとって重要な要件となる。

　前者の場合、エコツアーによる人為的攪乱は極力小さくしなければならないが、後者の場合、レジーム内の攪乱と同種で強度もそれ以下である場合は許容されうるし、たとえば草地の火入れのような攪乱がレジーム内から欠落しつつあるような場合は、それをエコツアーのアクティビティやアトラクションとすることで、生物多様性の維持あるいは増大に直接的な寄与とすることができる。このような場合を除けば、エコツアーのアクティビティそのものは、生物多様性保全の観点からはその収容力の範囲内に抑制すべきものであり、生物多様性保全に対する貢献は別の面、すなわち、生物多様性を損なわせるような開発や過剰・違法利用のオルターナティブに求めなければならない。

　エコツアーの生物多様性保全への貢献度については、一部の例外を除きエコツアーのアクティビティがもたらす景観あるいは生態系

に対するインパクト(一般にマイナスの影響をもたらすが上述のとおりプラスの影響をもたらす場合もある)と,地域社会への経済効果や精神的効果,より間接的にはツーリストやツーリズム関係者に対する啓発効果とがトレードオフの関係にある。 (幸丸政明)

参考文献

日本自然保護協会 [1994] NACS-J エコツーリズムガイドライン。

ネス,A. & セッションズ,G. [2001]「ディープ・エコロジー運動のプラットフォーム原則」アラン・ドレングソン,井上有一共編『ディープ・エコロジー——生き方から考える環境の思想』昭和堂, pp. 75-82。

吉田正人 [1999]「エコツーリズムは自然保護の手段となりうるか」 *Wildlife Conservation Japan* 4(1):1-15。

Banerjee, T. [2004] "Ecotourism", Shepard Krech III et al. eds., *Encyclopedia of world environmental history*, Vol.1. Routledge. pp. 413-416.

Dickman, S. [1989] *Tourism: an introductory text*. Edward Arnold, Melbourne.

Eagles, P. F. J., M. E. Bowman and C.-H. Tao [2001] *Guidelines for Tourism in Parks and Protected Areas of East Asia*. Gland: IUCN.

Eagles, P. F. J., S. F. McCool and C. D. Haynes [2002] *Sustainable Tourism in Protected Areas: Guidelines for Planning and Management*. Gland: IUCN.

Gaston, K. J. & Spicer, J. I. [1998] *Biodiversity: an introduction*, Blackwell Science Ltd. Oxford.

Heywood, V. H. & Baste, I. [1995] "Introduction", Heywood, V.H., ed., *Global Biodiversity Assessment*. Cambridge: Cambridge University Press.

McNeely, J. A., J. W. Thorsell and H. Ceballos-Lascuráin [1992] *Guidelines: Development of National Parks and Protected Areas for Tourism*. Madrid: WTO/UNEP.

Swingland, I. R. [2001] "Definition of Biodiversity", Levin, S.A., ed., *Encyclopedia of Biodiversity*, Volume 1. Academic Press. pp. 377-391.

Yoshida, M. [1996] "Perspective of Ecotourism in Japan and East Asia," *Japan InfoMAB* 21: 1-12.

Ⅳ　エコツーリズムにおける資源とその保全

推奨・認定など格づけ機関やアワード

　エコツーリズムの目標である環境保全や地域振興は，抽象的な概念であり，数値的な物差しは適用しづらいものである。エコツーリズムの達成度として論文などで取り上げられる指標の多くは関わる人材の多様化や機関の数の増加，住民の意識変化，地域住民の努力の過程や社会的な影響の大きさなどである。一見，苦し紛れのようにも見えるが，考えうるエコツーリズムの評価の測定方法はその程度のものというのが実情かもしれない。

　エコツーリズムに深く関与する宿泊施設やガイド，ツアープログラム，場の管理などに対象を絞って考えるとすれば，評価の方法はいくらか考えやすい。専門機関が評価の指標や基準を設定し，その基準に照らして評価を行い，適合していればお墨付きとして認定証を与えたり，公表して推奨したりするものである。その目的は，一義的にはエコツーリズムに関わる様々な主体のレベルの向上や質の維持を通じた業界の成長であるが，他者との差別化を図ったり，消費者に認知しやすいラベルを与えることも大きな目的となっている。

　エコツーリズムに関わるラベルとしてもっともよく知られているのは，オーストラリアエコツーリズム協会が制度化している「エコツーリズム認定制度（旧NEAP, 現Ecotourism Certification Program）」であろう。宿泊施設，エコツアープログラム，エコツーリズムサイト（場），ガイドなどを評価対象とし，セルフチェックと抜き打ち調査で評価を行い，結果によって合否を決め，合格者もさらに3段階に分けてラベルが与えられる。NEAPは1996年から制度化されており，10年以上の歴史をもっている。認定を取得した商品は認定ラベルを媒体に使用することができ，またインターネットや印刷物を通じて公表され，推奨されている。

　日本では，先述したNPO法人日本エコツーリズム協会がエコツアー商品を対象とした認定制度「グッドエコツアー制度」（第Ⅰ部第3章）がある。

（海津ゆりえ）

表　世界のエコツーリズムに関わる認定制度例

名称	対象地域・国	対象分野(施設)	(サービス・経営)	(場)	開始年
Audubon Cooperative Signature Program	国際	●	●	●	1991
Austrian Ecolabel for Tourism	オーストリア	●			1997
David Bellamy Award	英国	●			1996
Distintivo Ecotouristico	スペイン・アルカディア	●			1994
Ecofriendly Hotels Worldwide	国際	●			1994
Ecotel	国際	●			1994
Ecotur	スペイン・バレアリ諸島	●		●	未定
Environmental Squirrel	ドイツ	●			1993
European Blue Flag	欧州	●		●海浜	1985
European Charter for Sustainalble Tourism in Protected Areas	欧州			●保護地域	1997
Gites Panda	フランス	●			1993
Green Globe 21*	国際	●	●	●	1994
Green Key	デンマーク	●			1994
Green Leaf	タイ	●			1997
Green Suitcase	ドイツ	●	●	●	未定
Green Tourism Business Scheme	英国・スコットランド	●			1998
Kleinwalser Valley Environmental Award	ドイツ・オーストリア	●			1988
NASC	アイルランド			●	1995
Ecotourism Certification (旧NEAP)	オーストラリア	●	●	●	1996
ÖKÖ Grischun	スイス・グラブンデン	●	●		1995
ÖKÖ Tourismuspreis	オーストリア	●			1991
Seaside Award	英国			●海浜	1992
The Eco Tourism Award	ニュージーランド	●	●	●	1990
Tyrolean Environmental Seal of Quality	オーストリア・イタリア	●			1994
We are an Environmentally-friendly Operation	ドイツ	●			1993

注：＊はGreen GlobeとPATA Green Leafが合体したもの。
　　UNEP-IE, *Ecolabels in the Tourism Industry* (1998) を参考にした。
出所：日本エコツーリズム協会会報

4 エコツーリズムと地域空間の保全

農村地域におけるエコツーリズム

 本章では，主に，二次的な自然を舞台とした地域での，観光活動と地域空間保全の関係について考えてみたいと思う。なぜなら，人の手が入らなければ，二次的な自然は，容易にその価値を失うため（たとえば，雑草に覆われた水田を想像していただきたい），地域空間保全の重要性がよくわかる地域だからである。また，同時に，こうした地域での観光活動では，住民が，観光や地域空間保全に深く関わっている場合が多く，「住民とこれらとの関係のあり方」を考えるのに適した地域だからである。

 エコツーリズムというと，かつては，ガラパゴス諸島や屋久島におけるそれのような，原生自然の中での観光というイメージがあった。これは，元来，ネイチャーツーリズム（自然観光）から派生し，環境や地域住民との共生といった理念が組み込まれてきたという出自による。こうした過程で，環境や地域住民との共生という理念がわかりやすく実現されているものとして，農業や林業がつくってきた二次的な自然を対象とした観光（グリーンツーリズム，農村観光ともいう），その中でも特に，地域の住民が主体となって進めている事例が注目されるようになってきた。

 したがって，近年では，エコツーリズムの中に，こうした農村地域での観光を含めて考えるようになってきた。あえて違いをいえば，エコツーリズムでは，エコツアーのような教育的要素が，グリーンツーリズムでは，歴史的にヨーロッパのリゾートやバカンスの延長

線上にあるため、ゆったりとした滞在が、その特徴として挙げられる。わが国では、エコツーリズムは環境省が、グリーンツーリズムは農林水産省が所管していることもあり、現時点では、それぞれに関連する人や法律、研究はバラバラな動きをしているものの、お互いを尊重しながら手を携えていく必要がある。

観光と地域空間保全

ツーリストが訪れて、見たり、触れたり、体験したりするもの、それは動物であったり、植物であったり、お寺や古い建物であったりする。これらは、観光の対象という意味で、観光資源と呼ぶことができる。これらは同時に、地域空間の一部であり、その地域空間にあって、環境的にも視覚的にもその価値を認識できるものである。さらにいえば、観光資源は、地域空間の他の部分と関係を持つことで成立する。たとえば農村地域に棲む猛禽類は、縄張りとなる農地、林地があり、そこに棲む小動物との関係によって生きており、古い神社は、周囲の森林と調和しつつ、地域社会の信仰活動によって成立する。また、特に、こうした地域では、農地、林地、屋敷地などが調和した農村景観が、重要な観光資源と考えられている。すなわち、観光資源を、その魅力を損なうことなく持続させるためには、地域空間全体を保全していく必要があるのである。

ここで、地域空間の成立を考えてみると、農地、林地、河川など、地域住民が営む農業や林業、生活によってその空間が維持されている。しかし、多くの地域で、生活の変化が起きており、農業や林業が衰退している。日本の農村地域では電気やガスが普及し、化学肥料を使うようになったため、薪を集めたり、草を大量に刈り取ったりする必要がなくなり、農地、林地、農道、水路、川などの管理（作業）が以前に比べると疎かになってきた。

さらに、近年では農業の担い手の高齢化や後継者不足等により、

Ⅳ　エコツーリズムにおける資源とその保全

管理の放棄された農地が目立つようになってきている。特に，山間部では，高齢化と若年層の流出による過疎化が進み，空間全般の管理が行われなくなり，その消滅が懸念される集落も見られる。すなわち，地域空間が成立していくには，人がそこに住み，農林業を営み，生活していくことが必要なのである。いい換えるならば，観光資源が持続していくには，人々の日々の営みの継続が必要なのである。

また逆に，地域空間の側からいえば，観光活動を行うことによって，存続が危ぶまれる地域空間を再び見直し，新しい保全の形を模索する契機となることが期待される。具体的には，観光活動によって地域外から労働力やお金を得て，地域空間の保全に充てようということである。

一方，住民による，自主的で暮らしの向上を目的とした，継続的な活動を，地域づくり（まちづくり，むらづくり）という。地域空間の保全の見直しや，観光も，こうした活動の一環であることが望まれる。つまり，「地域住民が主体となった」，あるいは「地域コミュニティと良好な関係を持つ」エコツーリズムが成立するには，「観光活動が地域づくりの一環である」という条件が必要である。つまり，活動の目的である「住民による自分たちの暮らしの向上」を逸脱してはならないのである。でなければ，経済的利益を優先し過ぎて，環境を過度に破壊したり，あるいは住民の参加が長続きしなかったりといったことが起こりがちである。

以下では，地域空間の保全と結びついた観光活動を展開する際に必要な作業として，①保全するべき地域の姿を設定すること，②保全に関わる具体的な管理活動や担い手の現状を見ること，これらを踏まえ，③保全に役に立つ，観光活動に関連した「仕掛け」づくりを挙げている。

(1) 地域空間の保全するべき姿

　まず，地域空間の保全するべき姿を考えるためには，観光活動と地域空間の関係をどう考えたらよいのだろうか。保全とその逆を考えてみたい。観光活動で新しくつくったもの，施設や道路が，地域空間を破壊していないだろうか。たとえば日本の農村に，ドイツ風の三角屋根のゲストハウスは，山や川など曲線の多い地域の風景に溶け込まないばかりか，美しい景観を破壊しているかもしれない。地域固有の建物が元々どのような材料やデザインでできているのかを調べ，お手本とするべき目標像を定めることが必要である。新しく建てる建物は，そうした目標像に近いものなのかをよく考える必要がある。地域固有の建物を真似てしまうことも一つの考え方である。

　また，地域空間の構造をよく理解することが大事である。たとえば，日本の山間部における典型的な集落では，屋敷がある居住域，水田等の生産域，森林域が，同心円状に拡がるモデルで表すことができる。そこで，新しい施設を建てるときには，居住域に，小規模で家並みと調和した建物を建てることが適切である。想像していただきたい。もし，生産域や森林域に，10階建てのホテルが建ってしまったら，その集落の景観や空間の構造は壊れてしまい，その魅力は半減してしまう。

　こうした地域空間の構造は，現在の土地利用を見るだけでは不十分である。地域の歴史，自然，文化をよく理解し，隠れた秩序やルールを見つけることが大事である。信仰や過去の災害，利水をはじめとする農業の利便性などが，隠れた秩序やルールを形づくっているのである。たとえば，谷底低地の集落の多くでは，山の端に家並みが形成される。これは，川が流れる谷の中心に近ければ洪水で流されてしまい，かといって，山中では農地との行き来が不便であり，山の端には水が湧くので利水にも便利だという理由によるもの

だ。すなわち、地域の生活史、生業史から、地域の、いわば文脈、ストーリーを多面的に読み取り、保全するべき地域空間の構造を明らかにするのである。

したがって、観光活動を新しく展開するときには、住民から、こうした各空間の持つ意味や各々の関係を聞き取り、地域空間の保全するべき姿を設定する必要がある。また、こうした作業は、地域の文脈を発掘し、これを観光に活かす（観光資源の発掘やプログラムの開発等）準備段階にもなるのである。

(2) 管理作業と担い手

地域空間を保全するべき姿を設定したとしても、これを支える管理作業の担い手がいなければ、絵に描いた餅である。地域空間を日々支えている管理作業、担い手の現状と、その将来の見通しを調べてみたい。

まず、各空間の管理者を調べてみる。個人で管理する空間（耕作地、あぜ道、屋敷等）、集落内の組織（自治会、婦人会等）が管理する空間（共有林、農道、水路等）、公共が管理する空間（市町村道、河川等）が重なりあっていることがわかる。また、空間の種類ごとに、どのような管理作業が、誰によって行われているかを調べ、整理してみる（表Ⅳ-4-1）。

次に、各世帯に対して、所有する農林地の面積や家族構成、管理作業の分担、後継者の有無、管理に関わる家庭事情も聞いてみる。さらに個人が、リストアップした管理作業を、それぞれ1年間に何時間（あるいは何回）行っているかを訊く。これらを整理することで、地域空間の管理は、どの部分を、どんな世帯のどんな人が、どのくらい担っているのかを知ることができる。つまり地域空間全体で、世帯ごと、空間ごとに、あるいは管理者の年齢、後継者の有無によって、将来、不足する管理作業の種類と量がわかるのだ。これを

表Ⅳ-4-1　集落域で実施されている管理作業の例

空間類型		私有空間・共同空間	管理作業種類	管理作業分類	管理主体
宅地	トタン屋根 瓦屋根 茅葺き屋根 池	私有空間	ペンキ塗り 草引き 葺き替え 泥さらえ	その他管理 その他管理 その他管理 その他管理	業者，個人 業者，個人 業者 個人
	高木		剪定 消毒 施肥 枝下ろし	植栽管理 植栽管理 植栽管理 植栽管理	業者，個人 個人 個人 個人
	低木		剪定 消毒 施肥	植栽管理 植栽管理 植栽管理	個人 個人 個人
	直植え草花		施肥 水やり 間引き 後始末	植栽管理 植栽管理 植栽管理 植栽管理	個人 個人 個人 個人
	鉢植え		水やり 消毒 施肥 剪定 後始末	植栽管理 植栽管理 植栽管理 植栽管理 植栽管理	個人 個人 個人 個人 個人
	盆栽		水やり 消毒 施肥 剪定	植栽管理 植栽管理 植栽管理 植栽管理	個人 個人 個人 個人
	庭地面		庭掃き 草刈り 除草剤散布	その他の管理 雑草刈り管理 雑草刈り管理	個人 個人 個人

元に，各空間に投入されている労働力の現状を示し，将来的な放棄の予測と支援の必要性を考えるハザードマップをつくるのである（図Ⅳ-4-1）。

(3) 地域空間保全のための「仕掛け」づくり

観光活動が，地域空間の保全に役立つ「仕掛け」について考えてみたい。ただ「仕掛け」といっても，観光活動の種類，地域の特性，

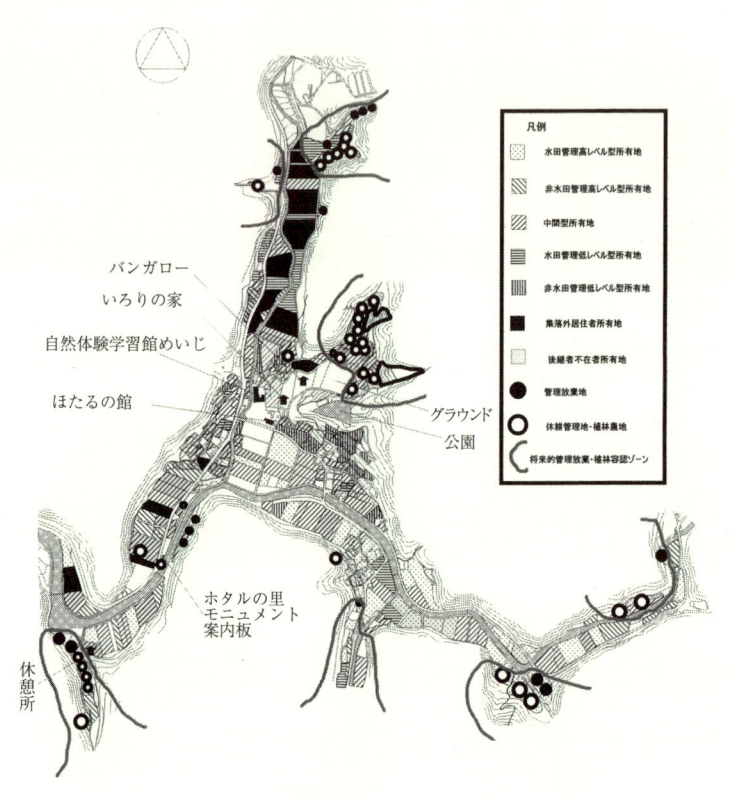

Ⅳ　エコツーリズムにおける資源とその保全

図Ⅳ-4-1　管理作業頻度の傾向からみた所有農地の分布

凡例
- 水田管理高レベル型所有地
- 非水田管理高レベル型所有地
- 中間型所有地
- 水田管理低レベル型所有地
- 非水田管理低レベル型所有地
- 集落外居住者所有地
- 後継者不在者所有地
- 管理放棄地
- 体験管理地・植林農地
- 将来的管理放棄・植林容認ゾーン

図中の注記：バンガロー／いろりの家、自然体験学習館めいじ、ほたるの館、グラウンド公園、ホタルの里モニュメント案内板、休憩所

住民の意向によって，ずいぶんいろいろなものが考えられる。ここでは，どのようなものがあるかを，兵庫県養父市奥米地集落「ホタルの里」（図Ⅳ-4-2），長野県浪合村荒谷集落「とんきら農園」の事例で見ていく。

①観光活動に関わる雇用が農林業で生活する世帯の家計を助け，結果として農林業，農林地の持続に役立つ

「観光施設では，常勤2人，非常勤5人程度の雇用がある（奥米地集

4 エコツーリズムと地域空間の保全

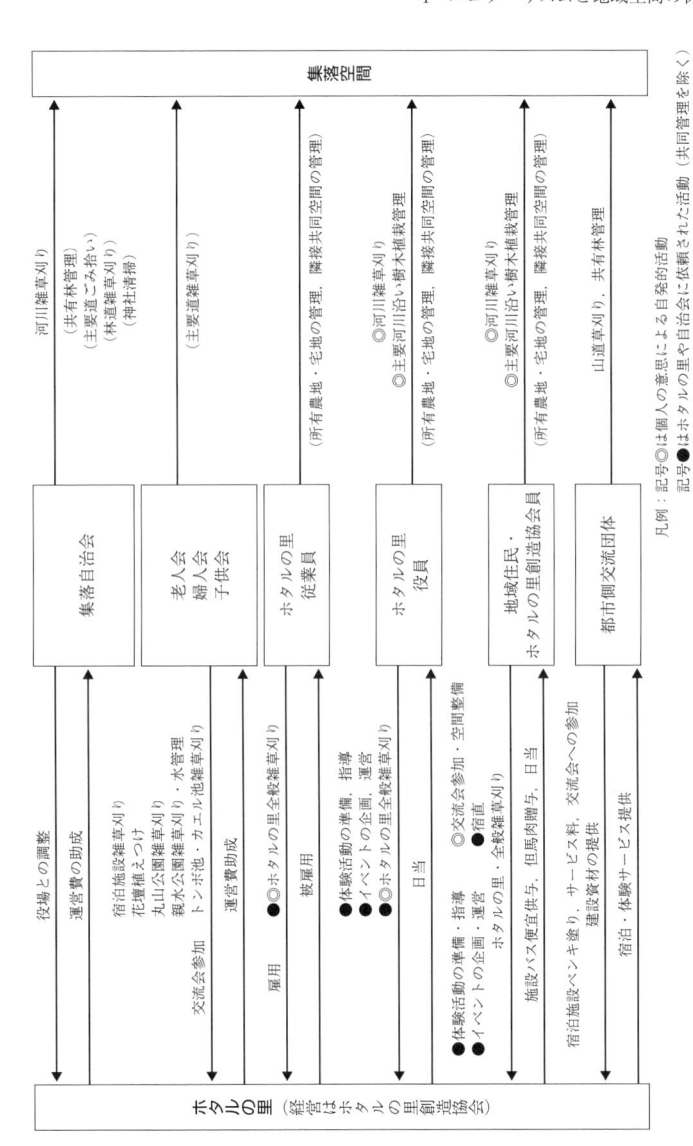

図IV-4-2 奥米地集落における集落内組織と観光施設との関係

Ⅳ　エコツーリズムにおける資源とその保全

落)」
　②観光活動で得られた利益を，地域住民，自治組織へと様々な形態で還元することで，観光活動や地域空間保全への参画に協力を得る

「観光施設が，但馬牛1キログラムを正月に各世帯に配布する。自治会，老人会へ活動資金を寄付する。下水道事業の個人負担へ助成する。一部の共同空間の管理作業に対して日当を払う（奥米地集落)」

　③生産物の消費と観光活動を結びつけることで農林地の維持に寄与する

「施設内農地で採れた，あるいは地元農家がつくった農産物を観光施設で直売している（荒谷集落)」

　④観光施設が農林地を専有することで，地域空間保全の一定量を担う

「集落内農地の約2割に相当する約1ヘクタールを観光施設の農場として管理している（荒谷集落)」

　⑤観光活動の中で，農作業体験等，地域空間保全の活動を導入する

「観光施設の農場では日常的な管理を従業員が行っているが，年間延べ70時間程度，観光客の収穫作業が行われている（荒谷集落)」

　⑥地域づくりと観光活動がリンクすることにより，観光活動を契機とした様々な形態の共同作業，個人による作業が発生，あるいは活性化する

「観光活動を契機として，都市住民が山道の草刈りや施設のペンキ塗りを定期的に行う。地域住民が個人的にあるいは共同作業として，川の草刈り等を行う。また，『観光客が来るようになってから農地の草刈りの回数が増えた』と答える地域住民も見られる（奥米地集落)」

　ただ，現実に，地域空間保全と観光活動がうまくリンクしている

事例は，あまり多くはない。とはいえ，今後，こうしたリンクをつくることが，地域空間，観光活動の持続にとって必要だと考える。

さらに，こうした「仕掛け」が実際に機能するためには，住民の自主的な意思と行動が必要である。したがって，まず，前提として，住民の地域づくりへの主体的な参加があり，その一環としての「仕掛け」づくりでなくてはならない。前に挙げた事例においても，住民の主体的で息の長い，環境改善運動（奥米地集落），生活改善運動（荒谷集落）が，観光活動の前史としてあったのである。

以上にもとづき，①住民と専門家が協働で，保全するべき地域空間像を設定し，地域文脈の発掘を行い，②前述の労働力ハザードマップをつくり，現状を理解して情報を共有し，地域空間保全の意識を高め，③これを契機に，例示したような，柔軟で相互扶助的な地域空間保全の仕組みをつくることが提案できる。また，その際，様々な活動を通じて，住民がいかに楽しめるかということが，継続の鍵となるのである。

（齋藤雪彦）

参考文献

齋藤雪彦・中村攻・木下勇［1998］「グリーンツーリズムの趨勢に関する研究」『ランドスケープ研究』61（5）：759-762。

——————［2000］「中山間地域における集落域の空間管理に関する基礎的研究」『農村計画学会誌』18（4）：275-286。

齋藤雪彦・中村攻・木下勇・筒井義富・椎野亜紀夫［2000］「中山間農村における生産，居住空間の空間管理作業に関する研究」『日本建築学会計画系論文集』527：155-162。

齋藤雪彦・中村攻・木下勇・筒井義富［2001］「中山間地域の水田作集落における生産，居住空間の空間管理作業に関する研究」『日本建築学会計画系論文集』539：163-170。

齋藤雪彦［2004］「集落空間管理とグリーンツーリズム」西山徳明編『文化遺産マネジメントとツーリズムの現状と課題』（国立民族学博物館調査報告51）pp. 247-279。

Ⅳ　エコツーリズムにおける資源とその保全

―――［2007］「グリーンツーリズムで川や畑を守る」『まちづくり』16：40-43。

スミス，バレーン・L編，三村浩史監訳［1991］『観光・リゾート開発の人類学』勁草書房。

日本建築学会編［1989］『図説集落』都市文化社。

V 日本型エコツーリズムの手法の拡がり

1 日本型エコツーリズムの展開と新たな担い手

「持続的な資源の保全と利用の促進」をうたうエコツーリズムの概念は，第Ⅰ部第1章に示したように一つであり，世界・日本を問わず共通である。だが，その解釈は地域それぞれの課題やニーズに即して自在な変化を遂げてきた。むしろそのとらえ方の自由度ゆえに，エコツーリズムは，日本でも世界でも，観光と環境，地域の関わりの新しい未来像を描く可能性を提案してきたのである。

エコツーリズムが発生した背景には，観光という産業・人間活動と地域経済の活性化，自然や文化資源の継承を相互連関させる理念を求める時代の要請があった。未来に向けたエコツーリズムの役割は，これら3要素の統合を土台とし，その先にある新しい運動を生み出していくことにある。エコツーリズムというコンセプトを得て，観光も，地域づくりも，保全も，互いの関わりの中でありようを変えていく。いうなれば「緑の革命」である。

挑戦なくして革命は成就しない。その例として次の4点が挙げられる。

第一は，「悪貨が良貨を駆逐する」状況の改善とそのための環境づくり，とくに「担い手の育成」である。

環境保全型ツアーの商品化と実施にあたっては，その目的ゆえに従来の観光とは違った費用と時間がかかる。ガイドや地元住民などが参画することが必須であるためツアーの実行経費がかかることや，大量送客型パックツアーで適用されているディスカウントを行いにくいことなどが要因である。やや割高となるエコツアーに対し，ツアーのメニューや形態のみを模倣し，価格をダンピングして観光客に提供して実施するという問題が，エコツーリズムを進める各地で起こり始めている。

またエコツーリズムによって多くの観光客が訪れるようになった地域を狙って，地域外資本が参入してくるということが起こり始めている。

外部資本が，その地域を"エコツーリズムが成立するような，売れる自然がある地域"として，経済価値尺度でしかみていなかった場合，地道にエコツーリズムを進めようとしていた無防備な地域では，無用な諍いや地域内分裂等の悲劇を引き起こしてしまう。沖縄県西表島で東京資本のディベロッパーが手がけたリゾート開発はまさにこの典型例であった。このような課題の解決に応えていくためには地域の担い手の育成・確保が重要となる。

第二は，「日本型エコツーリズム」の展開と仕組みづくりである。

日本に上陸した後のエコツーリズムは，自然豊かな地域のみならず，従来の観光では対象とされてこなかった地域固有の資源がツアー商品の主力となることを示した。自然と人々の生活が重層し，生活文化と生産の知恵が匠の技として蓄積されている里地里山里海で，自治体や小集落を中心に，地域おこしの運動と結びついたエコツーリズムへの取り組みが始まっている。

このような役割は大陸で生まれたエコツーリズムにはなかったもので，日本型エコツーリズムと呼ぶことができる。旅行業界においても，現地発の情報を受けながらツアー商品を組み立てる「着地型観光」へのシフトという新たな動きをみせ始めている。エコツーリズムの資源が自然のみでなく生活，文化，歴史，文化遺産とその対象を広げてきていることも新たな展開の一つと言える。グリーンツーリズムやブルーツーリズム，ヘリテージツーリズムなど，ともすると資源の縦割りで語られがちであった観光のカテゴリーも，徐々にその境界自体に意味がなくなってきている。観光立国推進基本法（2006）やエコツーリズム推進法（2007），21世紀環境立国宣言（2008）など，政策においてもこのような地域主導の勢いを後押ししている。2008年10月に設立された観光庁は，これらの流れをインバウンドの推進に結びつけることを機関の命題の一つに掲げている。発地から着地へと観光の重心を移動させ，地域活性化と直接的に結びつけることの効果は，単に観光だけにとどまるものではない。農業や漁業などの一次産業の再活性化や，住民の生き甲斐創造など福祉的効果，ガイドなどの雇用効果，自然や文化などの地域資源の見直しが生む教育効果や次世代への継承など，地域づくりと一体化させればさせるほど，関わる主体は多くなっていくのである。このような動きを地域

運営のしくみとして具体化していくモデルが求められている。このようなエコツーリズムの展開に伴い、各地で新たな担い手が生まれている。

第三は、エコツーリズムの普及を促す情報発信ツールの多様化である。

地域からのアップ・トゥ・デイトな旬の情報を必要とするエコツーリズムの世界では、地域情報の発信手段が多様化しインターネットを活用したものへとシフトしていく傾向が強まって、多様な拠点からの情報発信という新たな戦略展開が始まっている点が特色である。しかし、エコツアー情報の不足やわかりにくさ、参加のための足がかりの不足については依然として課題がある。環境省のエコツアー総覧や各種メディアでの発信だけでなく、地域での地元エコツアーへの誘導など、必要な整備事項は多い。

第四は、国際協力を通じた貧困問題解決と平和構築への貢献の試みである。

国際協力において、エコツーリズムは地域支援の外せないメニューに数えられつつある。一つは途上国のコミュニティベースドツーリズムとしてエコツーリズムを推進し「貧困の救済と持続的な発展」につなげていこうとする動きである。もう一つは国際平和実現への貢献の試みである。国際紛争によって自力更生を余儀なくされている地域で、あるいは民族間対立等が起こって開発の容易でない地域で、相互の異文化を理解し、自慢できる宝を出し合ってエコツーリズムによる事業を興し、経済振興を図って帰還難民問題を解決し「平和の実現」に寄与していこうとする動きである。

（海津ゆりえ）

§1 日本型エコツーリズムの担い手

日本に上陸したエコツーリズムは、地域住民が、自らの住むまち・村・コミュニティが持っている「光り輝く宝」に気づき、それを誇るところに人々が訪れるという仕組みを提示した。大衆観光（マスツーリズム）の時代を基準にすれば、これは観光の新しい姿であるが、観光の意味

を考えれば、むしろ本来あるべき姿を再提示したといえよう。大衆観光時代には、観光者が訪れる"観光地"と訪れない"非観光地"の間に様々な差違があると思われていたが、エコツーリズムの時代のいま、人々が住む普通のまちは観光者を"迎えるまち"となりうることに、地域も観光者も気づき始めたのである。観光地の設えを拵えて受け身的に来訪者を待つのではなく、宝を磨いて迎え入れる地域づくりをし、発信していけばよいのである。日本型エコツーリズムの第一の担い手は地域住民である。

　自治体や旅行業者の役割も変化が求められている。

　コミュニティビジネスというエコツーリズムの機能の一側面から、コミュニティベースドツーリズム（CBT）と呼ぶこともあるように、エコツーリズムは地域づくりとの親和性が高い。魅力的なエコツーリズム・サイトづくりは、住民が地域という小宇宙が持つポテンシャルをいかに発見し、磨くことができるかにかかっている。そして、より多くの住民が参画して宝を発見・共有し、未来への継承のために協働することが必要である。自治体には、そのような活動を支える環境づくりや住民の育成という大きな役割がある。すでに多くの自治体で、宝探しや人材育成、ルールづくり、仕組みづくり等、それぞれの状況に応じた取り組みが推進されている。以下ではそのような自治体の取り組みを紹介している。環境省のエコツーリズム推進事業やエコツーリズム推進法（Ⅳ部第3章参照）などは、このような動きを受けて、地域がエコツーリズムをより推進しやすくなるよう、バックアップする仕組みである。

　旅行商品は、「訪れたい旅」を発地で企画するのではなく、「提供したい体験」を地域がきめ細かく提示するものへと変化しつつある。観光立国推進基本計画（2008年）や観光庁は、エコツーリズムを「ニューツーリズム」の一環としてとらえ、観光の主導者の役割が、発地にあるのではなく着地にあることを明確に宣言した。これに伴

い21世紀の日本の旅行業も転換期を迎えている。かつてエコツーリズム黎明期にはビジネス性が薄いことを指摘してビジネス化に躊躇した旅行業界も、地域を重視するようになった。交流文化産業と旅行業を改名し、発地型から着地型観光への転換をと謳うJTBの取り組みを§2で紹介する。

ガイドの役割

　ガイドはしばしばインタープリターとも呼ばれる。直訳すれば「通訳」である。異なる言語の間を結ぶ者というわけだが、自然や文化が持つ意味や見えないサインを観光者にわかる言葉で伝える役割、という意味で使われている。このガイド（インタープリター）はエコツアーの実践において不可欠な担い手である。

　エコツアーの成否はガイドにかかっている。観光者に自然や文化の価値や、目に見えない生き物たちの生態、人々と自然との関わりなどを伝え、その土地の物語へと誘う案内人、そして自然を守るルールや地域社会に対する作法を教える教師役。ガイドは旅人と住民をつなぐ結び目となるからである。

　いよいよ観光者が地域を訪れる段階では、観光者を誘導するガイドと資源の力・プログラムに全てが委ねられる。観光者はガイドが誘ってくれる地域の人との出会い、自然や文化とのふれあいによって旅の楽しみを得、地域に対する愛着を醸成する。ガイドの育成はエコツーリズムの仕組みづくりにおける最重要課題といってよいだろう。

　要約すると、エコツアーガイドには次のような役割が期待され、またそれを果たしている（表V-1-1, 2）。

（1）　ガイド育成の重要性——自治体の役割

　エコツアーガイドに求められる能力や技術は、表V-1-2のように整理されている。

1　日本型エコツーリズムの展開と新たな担い手

表V-1-1　エコツアーガイドの役割

①	案内・誘導	観光者に対するガイド機能
②	環境教育	観光者・地域住民に対する地域の自然や文化の教育
③	行動規範	観光者に対し，自然や文化への配慮を踏まえた行動マナーの提示
④	普及啓発	地域住民に対し，地域の宝や守り方を普及
⑤	交流促進	地域住民間や地域内外（海外含む）との交流の接点
⑥	資源管理	ガイド活動を通じた資源のモニタリングや保全管理
⑦	調査研究	研究者への協力による調査研究の促進
⑧	情報発信	地域の資源や文化，プログラムを地域外へ発信

出所：海津［2011］

表V-1-2　エコツアーガイドに求められる能力

	技　術	知　識	意　識
基礎的な力（プロのガイドとして最低限備えておくべき力）	安全管理力。基礎的なコミュニケーション力	解説素材に対する基礎知識。資源保全のためのルールの理解	参加者の満足度に気を配る基礎的なホスピタリティ
高度な力（プロのガイドとして商品力の向上につながる力）	参加者の気づきや発見，深い興味を引き出す力	解説素材に対する専門的な深い知識。対象地域の社会文化や自然に関する深い知識	思慮深さや哲学（オリジナリティ）

出所：エコツーリズム推進会議資料

資格制度の設立の試み

　ガイドに関する国家資格には通訳案内業があるが，インタープリターに関する資格はない。過去に検討されたことはあるが，次に挙げるいくつかの理由で試みは断念されてきた。

　まず「国が認定を出してよいのか」という点である。環境省と観光庁等が共管することが必要だが，全国一律条件を定める必要があるほどガイド事業者数は多くなく，また民間事業に国が規定を与えることへの抵抗感があった。

　もう一つの理由は，「エコツアーガイドは地域認定であるべき」という考え方があるためである。地域によって自然も歴史文化も産

業も大きく異なる。ガイドの基本的なスキルは全国共通であったとしても，求められる知識や技能は地域によって様々であり，それがエコツーリズムの真髄でもある。しかもエコツアーのような小さなマーケットは他地域がライバルとなり，同じ内容で認定されたとしても，実際に現場で求められるのは現場力とオリジナリティであるため，結局は地域で育成・認定するべきだということになる。

地域主導型人材育成事業（東京都，北海道，福島県，富山県，丹沢）

上記のような経緯と地域独自のニーズの中で，これまでエコツアーガイドの育成・認定は自治体主導で行われることが多かった。代表例として沖縄県，北海道，福島県，神奈川県などが挙げられる。

沖縄県は「環境保全型自然体験活動指導者」という名称で，1999年度から育成事業を開始した。内容は，ツアーガイドというよりも自然体験でのインタープリター育成に比重が置かれている。事業は3カ年で終了したが，修了認定を受けた者から沖縄生まれのツアーガイドが誕生し，今も活躍している。

北海道は，北海道条例に基づいて「アウトドアガイド資格制度」を2002年に始動させた。道内でガイド同行ツアーでの事故が相次いだことを重くとらえた道が，一定の知識や技術を持つ者を育てようと始めたものだ。登山，カヌー，自然，ホースバックライディング，ラフティングの5種類が対象事業として選ばれ，育成講座と認定試験を設けた。認定を受けなくてもガイドができることや，上記の種目の選定に偏りがある等の批判もあるが，事業開始から8年が経過した。北海道ではホームページ等で認定ガイドの紹介をし，インセンティブを高めているが，制度以前から活動しているガイドから批判を受けるなど事業自体は試行錯誤の過程にある。

福島県は，2002年に県内の有償ガイド団体やボランティアガイド団体に呼びかけて「福島県ツーリズムガイド連絡協議会」を結成

し，2004年秋から認定試験をスタートさせた。試験は自然系とまちなか系に分けて行い，県内各地域で「地域学」を，福島県が実施する研修で「福島学」を修了した上で，1年間いずれかの団体で研修を積むことで受験資格が得られる。面接と論文による試験を通過してはじめて「福島県ツーリズムガイド（FTG）」の資格が得られる。地域学は先に紹介した裏磐梯エコツーリズムカレッジが先進例となっている。連盟の取り組みに呼応して県内のガイド団体には，スタッフにFTG資格取得を義務づけているところも現れた。

神奈川県は県西に広がる丹沢地域において，目下の自然保護上の問題となっているブナ林へのシカの食害やオーバーユース等の現状を観光客にも知ってもらい，丹沢の自然や文化を深く伝える役割の必要性を感じ，2006年度から，エコツアーガイドを養成している。第1期生は面接で選抜した24名を神奈川県自然環境保全センターが日本エコツーリズム協会の協力を得て2年間にわたる講座でみっちりと鍛え，3年目に当たる2008年度からは「丹沢自然学校」と名付けたガイド団体を組織し，ガイド活動を開始した。

東京都は，「東京都の島嶼地域における自然の保護と適正な利用に関する要綱」に基づき，小笠原諸島の南島と母島石門エリア，御蔵島の登山道以外のエリアをエコツーリズム重点地域として，立ち入りに一定の制限をかけている。これらの場所では1日の立ち入り人数や時間，時期，同時立ち入り可能人数などが規制されており，さらに東京都認定ガイドが同行しなければならない。東京都は2003年から認定ガイドを育成するための講座を開講し，修了試験を通過した者を認定ガイドとしている。認定ガイドには制限地域に入れるという権利が発生する仕組みとなっている。他地域に比べると，資格取得メリットが明らかな例だ。

自治体の育成制度は，各地域における現実的なニーズを背景として事業化されているものが多く，あるシステムがそのまま他県に適

用しうるとは限らない。また，このような育成制度や認定制度は，初年度は現役ガイドが受講・受験することが多く，数年を経ると自身の教養や趣味のために受講・受験する者が増えるという共通した傾向がある。自治体によるガイド育成の効果を測るには，認定を更新する者がどの程度いるか，あるいはその後就業・起業した者がどの程度いるか，などが指標になるだろう。

(2) 民間機関による人材育成

自然とのふれあいに関する指導者を育成している民間機関も多い。

山梨県清里町にある財団法人キープ協会は，日本の環境教育の実践の場として草分け的な存在である。インタープリターズキャンプや指導者養成キャンプなどの形での人材育成事業も27年の歴史を持つ。財団法人日本自然保護協会は「自然観察指導者養成講座」を1978年から国内各地で開催し，既に2万5,000人を超える受講生を送り出している。NPO法人日本エコツーリズム協会は，2006年度よりエコツアーガイド養成講習会やエコツーリズムプロデューサー養成講習会を開催している。各地の要請に応じて地域のガイドやプロデューサーの人材開発やスキルアップに貢献してきた。

2000年に設立された「自然体験活動推進協議会（CONE）」は，日本各地にある人材育成機関における指導内容を評価してレベル調整を行い，どの機関で育成されても共通して取得することができる認定ラベル（「CONEリーダー」）を考案した。全国一律認定制度の先駆けともいえるが，同じ級数の認定でも育成内容には機関間の差異があるなど，課題も指摘されている。

(3) 今後の方向性——ガイドの業態化の必要

現在の日本に何人のガイドがいるのか正確には把握されていないが，様々なデータから少なくとも2万人（専業・兼業を問わず）はいる

と推計される。専業・兼業様々だが，自らの意志でガイド法を身につけて実践の現場に立っている。現在の日本にはガイド業者を定義する法律が存在していない（通訳ガイド業を除く）。旅行業法においてもガイド業は定義されていない。このことは，極端にいえば明日からでも誰もがガイドを名乗ることができる反面，誰もガイド業者の権利を守ってくれないことを意味している。ガイドの立場はエコツーリズムが日本に普及し始めた90年代初頭から少しも強化されておらず，社会的地位は低く弱いままだ。事業体か組合にでも所属しない限り，個人ガイドは一匹狼である。ガイド業者には組織に与することを嫌う傾向が強いともいわれるが，観光客の生命を預かることも多い業態が社会的に認知されない存在のままでいてよいはずがない。ガイド事業者の法的位置づけを確保することが求められている。

　ガイドに求められる技術や能力は地域に委ねてもよいが，ガイド業者としてクリアすべき条件の検討と設定は全国共通のものが必要であろう。エコツーリズムにおいて要の存在であるガイドの立場が保証されず，若者が目指す職業になれずにいる状況は，早急に解決される必要がある。　　　　　　　　　　　　　　　　　（海津ゆりえ）

参考文献
海津ゆりえ［2011］「第11章　自然環境と観光その2――エコツーリズムの実践と課題」『観光の新しい潮流と地域』（放送大学教育振興会3725），NHK出版，pp.190-191。

Ⅴ　日本型エコツーリズムの手法の拡がり

　四季を通じてエコツアーの集客ができる地域はまだ少なく，エコツアーガイドの専業者は決して多くない。だが兼業にせよ専業にせよ，ガイドたちの情熱は全国共通だ。だからまた訪れたくなる。彼らはどんな思いで日々ガイドをしているのだろうか。

> **白神山地マタギ小屋泊トレッキングツアーで伝えたいもの**
> ──白神マタギ舎（青森県）
> http://homepage2.nifty.com/matagisha/Index.html
>
> 　　　　　　　　　　　　　　　　　　　　　　　　　　牧田　肇

　エコツアーは，物見遊山の観光ではなく，ツーリストが何かを学ぶことを目的とする観光だといわれる。その通りだが，これはお客さまから見ての話である。観光の提供者，つまりツアーの企画者や，とりわけガイドが，自分たちを一方的にお客さまに何かを教える立場にあるのだと考えるのは，はなはだしい間違いである。

　エコツアーのガイドは，単なる道案内ではなく，むしろインストラクターなのだから，話の内容が正確かつ広範であるべきことは当然だが，その話はお客さまに「教える」のではなく，あくまで「聞いていただき，知的喜びを感じていただく」のを目的とする。終わったあと，「勉強になりました」といわれるより，「楽しかったぁ！」といわれるガイドを心がけなければいけない。

　さらにいうなら，エコツアーはお客さまとガイドが共同で作り上げるコミュニケーションの場でなければならない。とりあえずコミュニケーションはお客さまの質問から始まる。さらに，その場についての情報の量は，当然ガイドからお客さまに提供するものが圧倒的に多いけれど，

1　日本型エコツーリズムの展開と新たな担い手

特定の知識についてはお客さまの方がよく知っておられることはしばしばある。ガイドの説明とお客さまの知識のあいだで話が盛り上がるのが理想だろう。

このようなコミュニケーションを通して，ガイドはつねにお客さまから学んでいかなければならない。お客さまの質問，ことにとっさに答えられない質問によって啓発されることは多いし，さらに「ガイドさん，それは間違っているんじゃない？」といっていただければ大もうけである。

そこまでいかなくても，自分の説明に対するお客さまの反応（頷いてくれるか，笑ってくれるか，つまらなそうな顔をされるかというような）からも，つねに学ぶことができる。でも，これはお客さまの顔を見てはじめて可能なこと。

最近，ガイドがワイヤレスマイクをシャツの襟につけて歩きながらしゃべり，お客さまは，イヤホンで話を聞きながらついていくというツアーがあるそうである。かつて筆者も，先頭にいる説明者が植物の葉の上に名前を書いた紙を置いていき，大勢の参加者がその紙を見て植物の名前を知り，最後の者が紙を回収するという観察会を見たことがある。

これでは，ガイドはお客さまから何も学ぶことはできない。そもそも，エコツアーではこのような知識の垂れ流しは許されない。説明は立ち止まってお客さまの方を向いて行う。ガイドは常にお客さまの顔を見て問いかけ，反応を見ながら対話する。あたかも茶の湯のお茶席のように，お客さまとガイドが同時に主体となり客体となって知的興味の系を作り出すことなしにはエコツアーは成立しない。

エコツアーでは，お客さまに自然を体感していただくのが望ましい。触り，握り，匂いを嗅ぎ，味わうというようなことである。観光客の数がきわめて多いコースではこれはできない。みんながやると自然がすり切れてしまう。したがって，エコツアーのコースはこのような場所を避

けて設定する。その上で、自然の体感を積極的に勧めるべきである。

白神マタギ舎の「マタギ小屋泊トレッキングツアー」は、白神山地の自然と、そこに生きてきたマタギたちの自然とのつきあい方を体感し、楽しんでいただくツアーである。

マタギをはじめ、白神山地に暮らしてきた人々は、自然資源を最大限に利用しながら、資源枯渇が起こらないような技術と規範をもって生活してきた。そのような事実について知ることは、現在の都市生活者にとっても十分興味深いと思われるが、それを実際自らの手でやってみる、そしてその収穫物を味わってみるのは大変印象深いことだろう。

このツアーでは、日中は山登りや沢歩きをしながら、お客さまに山菜やきのこを伝統的な方法にのっとって採っていただく。夜はマタギ小屋で場合によっては調理も手伝っていただいて、ともに焚火を囲んで食事をし語らう。ときには雨に降られたり、虫に刺されたりということもあるだろうが、それをふくめて白神の自然をゆっくり味わい、そこに続いてきた自然資源利用の文化の伝統を体験し、楽しんでいただくことが目的である。そこから、現在地球と人類が置かれたさまざまな問題に想いをいたしていただくことがあれば、それは望外の幸せといえよう。

ガイドの登録制度──屋久島野外活動総合センター（鹿児島県）
http://www.ynac.com/

松本　毅

屋久島の現状

1993年に屋久島が世界自然遺産に登録されて以来、屋久島への入り込み客数は増加し続けてきた。平成5年（1993）度は約20万人であった

が，平成19（2007）年度では40万人（観光客数はこの58パーセントと推測）を超える勢いである。世界遺産のブームに乗り，輸送機関が拡大していったのも増加に拍車をかけた。しかし，世界遺産ブームを持続させる要因として欠かせないのはガイドの存在である。かつては種子島と屋久島をセットにした2泊3日（屋久島では1泊）の団体パック旅行が主流であったが，現在では約7割が個人企画の観光客である。宿泊日数も平均で2.8泊（平成13〔2001〕年度調査）になっている。また，来島の目的も縄文杉登山をはじめとする登山目的が43パーセントで，「エコツアー」を来島の目的とした観光客が19パーセントであった（平成13年度調査）。

このようなガイドの需要の伸びに対してガイドの数も急増していった。屋久島野外活動総合センター（YNAC）を設立した平成5年ではガイドは20名程度であったが，現在「屋久島ガイド」の登録ガイドが112名，未登録のガイドも含めると150名とも200名ともいわれている。屋久島の人口が約1万4,000人であるので，島民の約1パーセントがガイドであることになる。

観光業の粗生産額は50億円，そのうちガイドの粗生産額は2億円といわれている。最近では，団体旅行でもエコツアーガイドを使うようになり，その生産額はさらに伸びてきており，屋久島の観光業の重要な役割を担うようになってきた（「平成15年度霧島屋久国立公園（屋久島地域）エコツーリズム推進事業報告書」〔2004年〕より）。

V 日本型エコツーリズムの手法の拡がり

ガイド増加による問題

　かつてガイドが20名ほどであった頃は，ガイド同士がお互い認知しあっていたが，現在，新しくガイド業に参入するガイドは後を絶たず，経歴や経験などがわからない，いわゆる顔が見えないガイドが急増してきたのである。そこで島民のあいだからは，「1,2回山に登るともうガイドになっている」というような批判が聞かれるようになってきた。また，様々なスタイルのガイドがいるため，「ガイドがつかなくても行けるところだった」「ガイドは何も説明をしてくれなかった」など，観光客のニーズに合わないガイドとのミスマッチが生まれ，観光客からのクレームが相次ぐことになった。このようなことから，ガイドの質が低下したといわれるようになってきた。さらに，当然需要と供給が伸びれば，縄文杉登山・白谷雲水峡など人気のポイントにガイド・観光客が集中することになり，自然へのインパクト，混雑感がいわれるようになってくるという問題が起こってきた。

登録・認定制度

　顔の見えないガイドやガイドの質の低下というようなことを改善するため，屋久島地区エコツーリズム推進協議会では，ガイドの登録・認定制に取り組んだ。三十数回に及ぶ会議を経て，平成16（2004）年9月に「屋久島ガイド」の登録制度を立ち上げた。
登録基準は，
　①上屋久町または屋久町に，2年以上居住
　②保険の完備
　③救急法の受講
　④世界自然遺産地域や自然公園法等，各種法令に関する講習の受講
　⑤基本的な屋久島の知識に関する講習の受講

⑥ツアー内容やガイド活動に関する情報の公開
⑦ガイド活動における屋久島ガイド共通ルールの遵守

「屋久島ガイド」として登録するためにガイドとしての最低限の基準をクリアすることでガイドの質の底上げを図った。さらに今現在，ガイドの質の向上を図るために認定制度の議論に入っているが，ガイドにはさまざまなフィールド，ポリシーがあるために，認定基準を定めることの難しさの壁に行き当たっている。認定制度の立ち上げとさらにオーバーユースの問題の解決にはまだまだ時間がかかりそうである。

今後の展望

入島制限・入山制限をすべきとか，これ以上ガイドを増やすべきではないとの声も聞かれるようになってきた。しかし，単純に増えすぎたから減らせばいいというものではなく，屋久島の観光産業としてどれくらいの観光客数が適度なのか，キャリングキャパシティーはどれくらいなのか，それを受け入れる体制は整っているのか，ガイドの質や量をどのようにコントロールしていくのか，などの議論がされなければならない。事後処理に追われるのではなくて，10年後50年後の屋久島をどうするのかを打ち出し，それにむけて先手を打っていかなければならない。

ガイドの登録・認定制の議論は，あるべきガイド像の議論であるような気がするのである。このような議論を通して，屋久島にしっかりとしたガイド像ができ上がり，ガイド業が重要な産業として成り立つことで，屋久島の子供たちにとって憧れの職業となっていくのではないだろうか。エコツアーガイドが代々受け継がれていくことでエコツーリズムが成り立つのではないだろうか。

V 日本型エコツーリズムの手法の拡がり

鳥羽をエコツアーで"感幸"のまちに！
── 海島遊民くらぶ（三重県）http://oz-group.jp/

江崎貴久

　伊勢志摩は古くから、「常世の波の打ち寄せる美し国」（日本書紀）（「引いては寄せる波のように物質的にも精神的にも「幸」が永遠に訪れるこの世の極楽のようなところ」という意味）といわれてきた。特にその中の鳥羽市は海からの恵みに感謝し、海の恵みで町の営みが行われてきたのだ。この2000年の歴史のうちに、今の観光地、伊勢志摩へと発展してきたのである。だが、残念なことに、鳥羽の町中では、この海によって生かされているという意識が生活の中からだんだん薄れてしまっているのも現実である。そこで、私たち海島遊民くらぶは、その「幸」を感じることを思い出し、住んでいる人たちにも訪れたお客様たちにも「幸せ」を感じられる本当に豊かな町にしたいと望み、「感幸」をミッションとして、鳥羽の島々をフィールドにエコツアーを展開している。メンバーは、20代・30代を中心に10代から70代までの12名、私は旅館の女将を兼ねつつガイドを行い、その他には子育てから手の離れつつある主婦や現役高校生もいる。

　鳥羽市には有人離島が四つ（神島・菅島・答志島・坂手島）と10以上の無人島が、駅を降りるとすぐに目の前に見える鳥羽湾に点在している。島では、豊かな自然だけでなく、島の人々の暮らしや島ならではの時の流れが、キラキラしながら私たちをいつも待ち受けてくれている。現在、私たちは「つりざお片手に路地裏お散歩ツアー」「砂浜ランチツアー」「無人島たんけんツアー」「島の裏側たんけんツアー」「海藻の森たんけんと洞窟ランチツアー」「海ほたると4億年のタイムスリップ!!」など、離島

を中心に素朴な漁村と自然を舞台にさまざまなツアーを行っている。

　このツアーは実施していく上でさまざまな資源が大切になる。

　まずフィールドとなる自然。伊勢湾の湾口に位置する鳥羽湾は，山々から流れ込んでくる川の栄養分と潮流が，豊富な魚介類をはじめとする生き物を育んでいる。ツアーでは手がつけられていない自然の中に入り込み，その素晴らしさを五感で体感できる。

　次に島民や地域住民について。島民の生活は，昔からほぼ変わりなく自然にむきあい，自然と形になってきたものである。それに感動するためには，地元で暮らす人々とのふれあいが必要不可欠となる。まず，私たちは島民との関わりを通して地域への還元を目的の一つにしているので，島民に少しずつでも利益が出るようにも心がけている。例えば，ツアーで島へ渡る際に必要不可欠となるのが船。有人島を結ぶ移動については鳥羽市営定期船を利用しているが，無人島に渡る際や定期船の航路以外の場所へ移動する際には，地元の渡船業を利用している。またツアー途中に道端で見かける干物は，島の母さんたちが，遠く都会に住む子どもたちや親戚に食べさせようと，朝早く揚がった新鮮な魚をさばいてお昼までに作り上げる心のこもった産品だ。本当は販売していないものだが，ツアー中に声をかけると快く分けてくれる。島の特産品をお土産にしたいというお客様も多いので，島で揚がったものを生産者から直接購入できる機会にしている。店頭で買うのとは違い，売り買いする中に，お金では買えない心のやり取りが嬉しいものだ。その他，島民に，普段通りの生活風景を見学させてもらったり，話を伺ったりしてツアー中にありのままの姿で登場してもらう，直接的な還元を伴わない協力もある。参加の仕方は異なるが，ガイドでは伝えきれない，その地域の本物を持っているのが島民のみなさんである。参加者と島民とのふれあいが一番の感動の場面となっている。

V　日本型エコツーリズムの手法の拡がり

　ここ数十年の観光と大きく違う点は，サービスと対価という観光業としてでき上がった関係の中での観光ではなく，本来，他人が入らないことで守られてきた手つかずの自然やプライベートな暮らしの中に人が足を踏み入れるということだ。いわば，入り込むその瞬間からお客様と受け入れ側の関係ができるため，感動とデリケートさが両面になっている。そのため，海島遊民くらぶでは，自然の保全だけでなく，住む人たちへの配慮もルール化している。そして，このルールの下，お客様に心地よく鳥羽を楽しんでいただくためには，ガイドが必要なのである。

　ツアーを安全かつ満足度の高い内容にしていく役割を担っている私たちガイドに，最も大切なことは，ガイド自身が心豊かに過ごすことである。そのため，許容量を超えたガイドをしないような計画も必要である。ガイドは自然資源・地元住民・お客様・ガイドこの4者をつなぎコーディネートする役割でもある。自然の声に耳を傾けるとともに，人と人との良い関係を瞬間瞬間で大切にするため，コミュニケーション能力を重視している。

　ツアーの舞台となっている鳥羽湾の環境保全にも積極的に取り組んでいる。私たちは漁民にとっても大切な漁場を使用している。そのため負荷の少ないフィールドの使い方と還元を行うことが必要である。現在，海島遊民くらぶでは，鳥羽磯部漁協に対してフィールド使用の際のルール詳細を提示するとともに環境保全と環境教育のために，収益の一部を資金として寄付している。また漂着ゴミの収集などをプログラムに組み込むことも行っている。2008年からは，ツアーによるフィールドへの影響調査や全国的にも問題となっている遊び目的や一般人による魚介の密漁のパトロールも兼ねたガイドを開始した。

　今後の観光には「自然」「住民」「ガイドや観光就業者」「参加者（お客様）」の4者のバランス関係が重要であり，どこかにマイナス（犠牲）を

作ってしまっては持続可能な観光や町の営みは成り立たない。地域の人たちが，地域を大切にする方法を具体的にし，それを暮らしの中に馴染ませていくことが第一歩だ。そして，海島遊民くらぶのガイドたちは，ガイディングに留まらず，地域経営を広く見つめる視点を持ち，その役割を果たすことを必須としている。関わるすべての人々が，幸せを少しずつ膨らませ，"観光"ではなく"感幸"になることを目指している。

世界自然遺産を目指す小笠原でのガイドにおいて
——マルベリー（東京都）http://www.h2.dion.ne.jp/~mulberry/
吉井信秋

　小笠原では，数年後の世界自然遺産登録を目指しています。その点をふまえて小笠原のガイドとしてのあり方を考えますと，世界自然遺産という最高級の価値のある場所に恥じないようなガイドの行動・考え方が要求されると思います。つまりそこでガイドする人も最高級のガイドであるべきだということです。

　料理の世界でたとえるとわかりやすいかもしれません。ミシュランの三ツ星レストランには，最高級の素材にプラスして，最高級の職人技があるはずです。実際にはもっといろいろ評価項目があるのでしょうから，3拍子も4拍子も揃った上で，三ツ星と評価されるのだと思います。そうなっていれば，提供する料理は，お客様に高価格を提示でき，かつ満足いただけるのです。これはエコツアーガイドでも同様に考えられます。

　世界自然遺産という最高級の素材があれば，確かに，ガイドの質やストーリーが普通でも，それほどでなくても，それなりの評価はいただけるでしょう。でも，高価格を提示しつつも参加者に満足していただくた

V 日本型エコツーリズムの手法の拡がり

めには、ガイドの質を相当に高めていくことが重要です。小笠原のエコツアーというのは、小さな島の限りのある最高級の素材を活用していくのですから、提供できる量はおのずと限られます。したがって、エコツアー事業者が、少ない参加者で事業として成り立つためにも、高価格で提供していく必要があります。

では、ガイドの質とは何でしょう。ここではダイビング業界をたとえに出したいと思います。私自身は、ダイビング業界でダイビングインストラクターになることからガイドの仕事を始めました。インストラクターは講習だけでなく、ツアーガイドも重要な業務の一つです。インストラクター試験では、ダイビング関連知識はもちろんのこと、参加者の安全管理・コントロール能力、緊急時の対応能力、技術のデモンストレーション能力（やり方のお手本を示す能力）、プレゼンテーション能力（説明内容、話し方や態度など）などの総合力が必要とされます。

これらはエコツアーガイドでも必要とされる基本的な能力です。ガイドは総合技能です。エコツアーガイドも、これくらいの総合的な基本能力が必要です。エコツアーガイドとして、前述のような基本的なことが押さえられていれば、参加者から少なくとも及第点はいただけるでしょう。何でもそうですが、ツボを押さえていれば、それなりの効果（参加者の満足度）はあるものです。

ただしこれらだけでは、まだ最高級の素材を扱うには物足りません。さらには、経験、地域性、ツアーの組み立て能力、エンターテイメント性、インタープリテーション能力、おもてなしの心、ガイドの人柄などがさらに重要です。こういった部分はガイドの個性と応用技術ということになってくるのでしょう。エコツアーというのは参加者にとってあくまでも楽しみですから、この部分が参加者の満足度にとっては一番大きな要素であることは間違いありません。

個性や応用技術の部分で強いて2点挙げるとすれば，ツアーの組み立て能力と地域性です。ツアーの組み立てとは，一言で言うとストーリーを作るということです。つまりどういう風にツアーを始めて，どういう流れにして，どこで休憩して，どういう風にツアーを終わらせるかということです。一つあるいは関連する一連のプログラムの中で，うまくストーリーを完結させることがとても大事です。きちんとした流れができて，ストーリーが完結していれば，参加者が十分な満足を得られます。良い映画というのは，俳優の演技だけでなく，ストーリーが素晴らしいはずです。さらにそのストーリーの中で，適所適所でエンタテイメントやインタープリテーションの要素を混ぜ込めば，もう最高に近い評価になるでしょう。

もう一つは地域性です。地域のことをどれだけ知っているかで，エコツアーでの解説での深みや幅広さがずいぶんと変わってきます。参加者は旅行でその地域に来ているので，地域のことをいろいろ知りたいはずです。例えば，植物の解説一つでも，地域での呼び名や地域での用途などがあると，さらに楽しくなりますし，地域への印象が強くなるはずです。さらに，参加者との対話では，自然の話ばかりではありません。休憩中などは雑談も多いことでしょう。旅行者である参加者は，その地域のことをいろいろとガイドに質問してきます。そこで地域のあらゆることにきちんと答えられることも，さらなる満足度につながっていきます。

ここまでガイドの基本的な部分と個性・応用技術のことを述べてきましたが，実は，今現在，小笠原のガイドが最高級のガイドになることができているとは，自分自身も含めて思っていません。これからみなで切磋琢磨して最高級のガイドを目指していきたいと思います。世界自然遺産の名に恥じないように。

V　日本型エコツーリズムの手法の拡がり

ごくふつうの自然を忘れられない体験の場に
── ピッキオ（長野県）http://picchio.co.jp/sp/

楠部真也

　ピッキオのフィールドは主として軽井沢です。軽井沢は、一大観光地として全国的に有名なところです。東京から新幹線で1時間強、乗用車でも2時間ちょっとで簡単に来ることができ、夏は避暑の方で賑わい、ゴールデンウィークも大勢のお客様で街はあふれかえります。そのような環境下でピッキオのエコツアーは行われてきました。お客様が大勢いるという状況はとても有利な一方で、軽井沢には北海道や小笠原のような雄大な自然はありません。いらっしゃるお客様も千差万別です。自然に関する深い知識を持っていらっしゃる方から、ウェディングパーティーのついでによられる方もいらっしゃいます。どちらかというとライトな感覚でツアーに参加される方が多いようです。そういう点では、エコツアーの入門ステージが軽井沢といえるのかもしれません。

　あまり多くない資源の中では、いかにお客様のデマンドに応えていけるかがガイドの役割になり、お客様のニーズにあったガイディングをし、お客様の知的好奇心に応えていけるかどうかが、良い印象を持っていただけるか否かの分かれ目になります。

　繰り返しになってしまいますが、私たちの自然資源はそれほど豊かではありません。その一方で動物や鳥などを見たいというお客様は多くいらっしゃいます。そうした要求にどう対応していくかが、私たちの最大の課題です。何もしないで、いろいろな面白い動物や鳥を見せることができればベストなのですが、なかなかそうもいきません。したがって、

工夫が必要になります。幸いなことにピッキオには動植物に詳しいスタッフが多くおります。またスタッフ数もある程度いますので，組織力でいろいろな仕掛けを作ってなるべく多くの生き物をお見せすることができるようにしています。また，何の変哲もない虫などもいろいろと解説を加え他の生物との連鎖をお伝えすることで，お客様の知的好奇心を湧かせることも可能です。そういった細かい工夫をこらすことで，少しでも軽井沢の自然を面白く伝えるようにしています。

　一方で，専門性だけでは，すべてのお客様に満足していただけるわけではありません。やはり，せっかくの旅行ですから，楽しむという要素も必要です。楽しんでいただくためのエンターテイメント性が私たちのツアーには必要不可欠と考えています。そのエンターテイメント性はガイドによって発揮されるのですが，お客様によって，楽しいと思うポイントはそれぞれ少しずつ違ってきます。そこをいち早く察することを心がけるようにしているのですが，これがなかなか難しいのです。過去自分がやってしまった失敗もあります。そのテーマに全く興味のないお客様に（むしろお嫌いだった……）延々と解説をしてしまい，あげくにその生き物（ヤマアカガエル）を見せてしまいました。お客様が「ドン引き」となってしまったことはいうまでもありません。

　こういった失敗を極力少なくするポイントとなるのは，お客様とのコミュニケーションであろうと考えています。つまり，軽井沢のガイドは自然好きというだけでなく，人好きでなくては務まらないのです。ガイドから情報発信するだけの一方通行のガイドではなく，お客様との双方向のコミュニケーションがあれば，そのツアーはより面白いものになるでしょう。ただ，私たちのツアーは10人以上となることがひんぱんにありますので，特定のお客様だけとのコミュニケーションではうまくいき

ません。なるべく幅広くコミュニケーションがとれるように工夫をしています。夏の繁忙期などで、ガイドが大勢出るときには、ガイドの輪郭をお伝えすることで、お客様に自分たちの好みに合うガイドを選んでいただくという手法もとったりしています。

私たちは今も試行錯誤しながら、ツアーを行っています。その時々でガイド方法などは多少変化しておりますが、根っこにあるものは変わっていないと思います。その根っこにあるものとは、来ていただいたお客様に少しでも自然のことが好きになってもらえたらいいな、という思いです。エコツアーの入門地域として、少しでも多くのお客様に自然とふれあう楽しさを伝えていきたいと考えています。

自然ガイド同士のコミュニケーション
—— ㈱知床ネイチャーオフィス　http://www.sno.co.jp

松田光輝

自然ガイドとして生計を立てることは、まだまだ厳しい状況にある。同じフィールドを共有、もしくは同じ地域で活動する上で、経営的には、とかくライバルになりがちである。また、自然ガイドとしてのスタイルもさまざまで、相手を認めにくいのもこの業界の特徴かもしれない。

しかし、経営的に考えて本当にライバルなのだろうか。各自然ガイド団体が独自にビジターを呼べるほどの力を持っているのだろうか。たぶんほとんどの地域では、その地域にある自然資源などが、呼び水になっているはずである。私が活動する知床も同じである。知床は国内有数の野生動物の生息地であるとともに、起伏に富んだダイナミックな地形による景勝地でもある。しかし、野生動物とのふれあいを求めるなら、知

床より魅力的なフィールドは海外にはたくさんある。景勝地としても海外にもすばらしい場所はたくさん存在している。仮に東京に住んでいる人が，知床を訪れるのと海外に出かけるのとで費用にあまり差がない現状では，目的によっては知床を選んではくれない。地域としての魅力，ブランド力がなければ人は訪れない。これが現実である。本当のライバルは，他の地域であることを意識しなければならない。

地域の魅力やブランド力を高めるために，自然ガイドとして何をすべきなのかを考え行動しなければならない。その一つとして自然ガイド同士のコミュニケーションが重要である。

私の会社は，オホーツク海に面した元喫茶店を借りて，そこを拠点に活動している。海に面した広い窓のむこうには夏は青い海，冬は白い流氷原が続き，夕方になれば海に沈む夕陽が望める。ロケーションが良いだけではなく，季節によりヒグマ，エゾシカ，カマイルカ，ゴマフアザラシ，オジロワシ，オオワシなどの野生動物を見ることもできる。ここを拠点に決めたのは，お客様のためだけではない。自然ガイド同士や地元の人々とのコミュニケーションを図るのも狙いの一つである。

他の自然ガイド団体のガイドが立ち寄ってくれることで，自分たちだけでは集めることのできないフィールド情報やガイド中の出来事など，ガイドをする上で必要な情報を幅広く入手することができる。また，地域の魅力を発信するためには，お互いに協力しあわなければならない。そして，ブランド力を高めるためには意識の共有を図らなければならない。コミュニケーションは，地域力を高める最初の一歩であると思う。

Ⅴ 日本型エコツーリズムの手法の拡がり

§2 旅行業界の新たな取り組み

　近年，地球温暖化が進み，世界各地において異常気象が発生するなど，今までにはない気候変動により多くの災害が発生している。地球温暖化は単に地球の平均気温を上げるだけではなく，地球環境および人類存亡にとって深刻な問題であることの認識が広まり，人間生活を送る上でも環境を配慮した取り組みとして"エコ活動"は必要不可欠となっている。

　旅行業界としても，温暖化による海水面上昇をはじめとする環境悪化が観光地（観光資源）へ与える影響を懸念しており，地球環境の保全に向けエコツーリズムを今後さらに推進していかなければならないと考えている。そのためには，観光地と一体となり地球に配慮した魅力ある商品づくりと，"地球に優しい旅"への旅行者の理解促進に寄与していくことが，旅行業界にとっての最も重要な命題の一つである。

（1） エコツーリズムに対するJTBのこれまでの取り組み

　1980〜90年代，まだ日本でのエコツーリズムが一般的ではなかった時代，旅行業界にとってエコツアーは，ある一部の旅行者にしか好まれない「ニッチ商品」と位置づけられていた。それは，エコツアー自体が少人数催行や一流ガイドの確保が必要となる等により割高感が出てしまうことに加えて，旅行者にとっては"山歩きなど徒歩を中心とした僻地への厳しい旅"というイメージが定着していたためである。こうした背景から，旅行業界はエコツアーの商品開発に積極的ではなく，エコツアー的な要素を含む商品にも，あえて「エコ」という言葉を使わないという状況にあった。

　そのような状況のなか，JTBでは1985年より観光地クリーンアッ

プキャンペーンを開始し，参加者と共に，観光地の美化および観光資源を保全する活動に取り組んできた。さらに，2002年からは環境問題に関心が高く自然とのふれあいを重視する旅行者をターゲットとした"こだわりある本格的なエコ商品"として，「ファーブル」を発売し，募集人員を限定するなど通常商品とは明確に線を引いた商品として，地球環境保全をテーマとした展開を行っている。

また最近の事例としては，JTB西日本において2008年4月より「LOVEARTH（ラバース）eco旅　ええ旅　～できることからはじめよう～」をグループ・団体向けの商品として発売している。この商品は，地球環境に対する意識を高める「エコ体験プログラム」等を設定した商品として支持され，2009年度には約2,500名の団体・グループに利用されている。今後は，本格的な要素にさらにこだわりつつも，「ファーブル」等で培ったノウハウを活かし，一般旅行においても手軽に体験可能な短期間商品や体験メニューを提案していきたいと考えている。

(2) 地域資源の発掘・育成に向けた取り組み

時代背景に目を移せば，21世紀に入り地球環境問題がクローズアップされ"エコ"に対する消費者の関心が高まる中，2008年4月にエコツーリズム推進法が施行された。エコツーリズム推進法では，基本理念として，「自然環境への配慮」「観光振興への寄与」「地域振興への寄与」「環境教育への活用」を規定している。その具体的な方策として，「政府による基本方針の策定」「地域の関係者による推進協議会の設置」「地域のエコツーリズム推進構想の策定」「地域の自然観光資源の保全」を謳っており，これら項目の中に「地域」という言葉が多数使われている。つまり，エコツーリズム推進法は，旅行業界と自然環境を有する地域が協働で推進する必要性を裏づけるものといえる。

Ⅴ　日本型エコツーリズムの手法の拡がり

　時を同じくして，JTB では，少子高齢化などの社会構造の変化や消費者ニーズ・価値観の多様化に対応するために，事業ドメインを"総合旅行業"から"交流文化産業"へと進化させ，それに伴い経営体制を移行し，地域別・専門別分野への分社化を行った。これにより，これまでの発地中心の旅行のあり方から，着地である各地域の魅力をクローズアップした旅行のあり方に着目し，各地域の魅力の掘り起こし・育成を通じた着地型商品の開発に業界に先駆け参画している。ここでいう着地型商品とは，各地域ならではの自然や歴史・文化とのふれあいに他ならず，エコツーリズムの概念と一致している。これはまさに時代の要請であると認識し，今後，ますますエコツーリズムの活動の裾野を広げていくことが重要な使命であろう。

　では，各地域独自の新たな魅力とはどのようなものであろうか。それは，これまで多数の観光客を迎え入れてきた観光名所，観光施設の魅力だけではない。むしろ地元の方々にしてみればごく当たり前の，自然環境や日常風景，食べ物なども，訪れる旅行者にとっては新鮮で感動を与える要素を多く含んでいるのである。大切なことは，地域の住民それぞれが，地域ならではの資源の価値を見出し，それらを大切にした観光まちづくりを旅行者の視点に立って進めることである。その具体的な方策として，次のような地域におけるスキームづくりが不可欠となっている。

〈観光まちづくりのスキーム〉
　①地域住民を巻き込んだ組織づくり
　地域資源の掘り起こし・商品開発においては，観光産業以外の地元住民や農業・商業・漁業・ものづくり産業・地元企業などの多様なプレイヤーが一体となった組織が中心となり，地域の資源は何か

を徹底的に検証し，どうすれば一番価値が出るか「知恵」を絞ることが重要である（Area Tourism Agency の発想）。

②新しい観光資源の創出

地域一体型のスキームから生まれた地元の「知恵」は，地域以外の関係者（よそ者）の外部評価を受けることが非常に重要である。つまり市場性があるかどうかのチェックから「知恵」の具現化へとつなげ，そこにしかない「オンリーワン」を提案するマーケティング活動が求められる。

③人材の育成

各地域のこうした取り組みにおいては，「やる気」のあるリーダーの育成が重要である。地域のサポートでリーダーに「勇気」を持たせることにより，地域に「元気」が醸成され「人」が集まる。それら「人」と「気」の交わりが「人気」ある地域を形成する。

④オンリーワンの観光資源の充実

こうした一連のスキームは，地域オンリーワンの観光資源を数多く生み出し，そのほかの有形無形の地域資源とを有機的につなぐ「物語」の形成により，さらに高い魅力を持たせることができる。また，周辺地域とのネットワークと連動すれば，より壮大な物語へと昇華し，従来の金銭消費型ツーリズムから移行し，「自然や地域の人とのふれあい」醸成により現代人が求める新たな時間消費型ツーリズムを確立することができる。

⑤生産性の向上

以上のスキームで確立した地域ならではの魅力的な観光資源は，個性的であるがゆえに「多品種・小ロット・高付加価値」であるた

め，従来の販売スキームでは流通促進が難しいという側面を併せ持つ。地域資源の開発と同時に，ITなどの導入により生産性の向上を図り，市場への流通を意識した販売スキームの確保が重要となる。

JTBでは，これら一連のスキームにより，地域ならではの資源を生かした，自然体験，農林水産体験，エコ体験などの地域コンテンツの充実を通じ，エコツーリズムの推進に寄与できるものと確信している。そのために，JTBの各地域会社が各地域とのパートナーシップを築くことにより，日本全国において魅力的な地域を創造していきたい。

(3) 新たなるチャレンジ

JTBでは，これまでの取り組みに加え，今後も地球環境保全とビジネスの両立を実現するべく，環境に配慮した新たな商品・サービス開発を推進していきたいと考えている。そのためにも，一般商品にエコの視点を取り入れていくことが重要であると考え，その第一弾として「CO_2ゼロ旅行」のシステムを構築している。

CO_2ゼロ旅行は，旅行の移動時に排出したCO_2を自然エネルギー購入で相殺するカーボンオフセットの仕組みである。旅行者は旅行代金とは別に自然エネルギー購入代金を支払い，それはJTBを通じて，風力・太陽光発電などの自然エネルギー事業に利用されている。2007年11月の発売開始から，2010年6月までで約18万人の旅行者に利用されるなど，大きな反響を呼んでいる。また，このシステムをドライブ旅行者の活用へと幅を広げ，駐車料金の一部をカーボンオフセットする仕組みを開発し，これまでに約5万5,000台に利用されている。

また，JTB首都圏は，環境に配慮した観光推進の目的から，電動アシスト付自転車をリースする「旅チャリ」を全国展開している。

1　日本型エコツーリズムの展開と新たな担い手

写真V-1-1　CO_2ゼロ旅行シンボルマーク

写真V-1-2　グリーン電力証書

写真V-1-3　JTB関東主催のCO_2ゼロ旅行
発行されたグリーン電力証書を中心に撮影

これにより旅行者の観光地内の移動に高い利便性を提供できるだけでなく，観光地の渋滞を緩和できるなど，持続的な観光を推進する新たなコンテンツとして注目を集めてきている。

JTBでは今後さらに，エコの視点を取り入れた新たな商品や気軽に楽しめるエコツアーの提案に取り組むことで，"エコツーリズム"

を旅行者に広く浸透させ、ツーリズムの新しい価値創造に挑戦していきたいと考えている。そのためには、環境保全の時代に旅行業がどのように貢献できるのかという視点に立ち、環境先進国との連携や先進企業とのアライアンスを築くことが重要である。JTBは、そうした様々な連携によりエコツーリズムの推進に取り組み、地球環境保全に積極的に貢献する企業を目指していきたいと考えている。

(加藤　誠)

§3　環境教育におけるエコツアーへのニーズ

エコツアーと環境教育

エコツアーの環境教育的要素を考えると、まず自然度の高い自然の体験、ガイドによる自然の解説や自然をより深く味わうためのプログラムの体験、地域の人との交流や地域文化の体験など、随所にその機会が見られる。ツアー参加者の目的もこうした自然の体験や地域とのふれあいがあり、知的好奇心の充足に大きなウエイトが置かれていることからも、ツアーでの体験そのものが質的にも高い教育的効果があるといえよう。

エコツアーのアクティビティは、多くの場合、教育を第一の目的に位置づけているわけではないのだが、受け入れる側の意図と手法によって、エコツアー自体が環境教育の絶好の機会になっていることも事実である。

(1) 日本の環境教育の流れとエコツーリズム

日本では、教育を受ける機会を年少期から社会に出るまでの時期だけに当てはめる傾向が強い。環境に限らず「教育」と名がつくと、学校教育の学習的イメージが重なり、先生の立場の人から何かを教えてもらい、知識や技能を習得するというニュアンスを帯びる。

環境教育は，現状では学校教育の中でさかんに取り組まれるようになり，近年では総合学習等で環境を扱うケースも着実に増えている。そこでは自然とふれあいそのしくみを学ぶことや，環境問題の原因や影響，自分たちとのつながりについて学習する「学校での環境教育」が取り組まれている。修学旅行や林間学校の機会を使っての自然体験学習も，その一つの機会といえる。

しかしながら，日本の環境教育は小中学校での授業のほか，民間の事業者や行政，NPOなどの市民団体が担い，充実させてきたところが大きい。早いものでは1980年代から，自然体験を通した環境教育プログラムを専門に行う「自然学校」と呼ばれる民間の事業者が各地に誕生し，より深い体感と理解を得るためのプログラム化と，それを伝えるインタープリテーションの技術が広がっていった。

これら自然学校の参加者は，学校団体や企業などの研修，夏休みや休日での家族利用や子どもの団体が主となり，日帰りから数日間にわたるキャンプスタイルが中心となっている。その後，自然学校は，社会的にも環境への意識が高まり始めた1990年代半ば以降より事業者数も増え，携わるスタッフ数も増大していっている。

日本でエコツーリズムの概念が紹介され各地で取り組みが始まるのも，ちょうど1990年代半ば以降である。現在，自然学校とエコツアー事業者とは特に区別なく混在している。実際に自然学校として設立され，エコツアーを事業として展開している例は各地にあり，各地域のエコツアーサイトで中核的な役割を担う自然学校も多い。実施されるプログラムにも，教育的要素の強い弱いがあるものの明確なガイドラインはなく，エコツアーへの参加は総じて環境教育の範囲と位置づける見方がなされている。

今後エコツアーが社会でより一般化し，自然を楽しむ要素へのニーズが高まっていくと，レジャーと教育的要素の案分についての議論がなされることにはなるだろう。今後，教育についての見方が

より広義に捉えられ,知的好奇心をより刺激していくものに広げられていくことで,両者の融合とさらなる発展がなされることに期待をしたい。

(2) キープ協会とピッキオに見る環境教育プログラム

山梨県清里で1984年にスタートした「キープ・フォレスターズ・スクール」は,清泉寮で知られる財団法人キープ協会の行う事業の一つである。さまざまなスタイルの自然体験型の環境教育プログラムを開発,展開しており,現在では山梨県の指定管理者として「八ヶ岳自然ふれあいセンター」の運営のほか「キープ自然学校」という宿泊施設を開設し,主に学校団体の林間学校などの利用や企業研修,指導者養成研修のほか,一般に向けて,日帰りの数時間のプログラムから数日間にわたるキャンプまで,バラエティー豊かなプログラムが年間を通じ実施されている。

また,軽井沢で1992年にスタートした「ピッキオ」では,老舗ホテルを経営する星野リゾートが母体となり,野生動物の観察やそのガイドを軸としたプログラムを展開している。ピッキオでは野生動物の調査もスタッフがしっかりと行うことで,専門的な研究データをもとにしたプログラムが実現できており,参加者もホテルの宿泊者だけでなく,軽井沢へ来た観光客や別荘利用者まで受け入れている。それらの実績から,環境省の第1回エコツーリズム大賞(2005年度)で大賞を受賞した。

いずれも,清里と軽井沢という日本を代表する観光地にあって,地域の自然を保全しながら資源としている点で注目される。これらの自然学校は組織化という点でも優れている。経営の基盤がしっかりできていることに加え,国内でも有数のスタッフを抱え,人材の育成にも力を入れている。

何よりの強みとしているのが,環境教育で重視される体験学習法

の概念や，プログラムデザインのノウハウを基本に置いていることで，自然保護教育のため教育活動や愛好者主体の自然観察とは一線を画している。キープ協会の場合，20年以上にわたるノウハウの蓄積が大きいが，ここでのインタープリターの行うガイドウォークやアクティビティは，エンターテイメント性も意識されかつ教育的な深度があり，参加者の充実度も高い。

(3) エコツアーに見るインタープリテーションスキルの重要性

　エコツアー事業者として，安全管理やフィールドのガイドはもちろんのこと，参加者へ自然の魅力をより深く提供するインタープリテーションやプログラムのデザインノウハウは，今後ますます重要になってくるだろう。自然学校で培われてきたこれらのノウハウ，教育的スキルの生かし方によって，よりレベルの高い自然体験を提供することにつながるものと思われる。

　自然体験をベースにした環境教育プログラムは，学習者（体験者）を主体に置き，彼らが興味を持ち，主体的に（楽しみながら）主題である体験をし，それをふりかえることで個人としての学びを認識するという学びの流れを重視している。

　理論的には，これをプログラムとして展開するのに，「導入」→「展開（体験）」→「まとめ（ふりかえり）」の段階を踏まえてデザインするというものだ。

　「導入」は，あくまでも学習者を主題である体験により主体的に踏み込ませるための，いわば準備運動であり，ここで自然への感受性の高め，または普段していない視点の切り替え，グループであれば打ち解け（アイスブレイク）とグループ内での関係づくりを重視する。こうした段階を踏まえることで，感性を開きより深い体験をスムーズな流れの中で提供することを目的としている。

　また，「まとめ」に当たる体験をふりかえる機会は学習者の教育

的効果を高めるものにもなり，環境教育ではこれを重視している。具体例でいえば，フィールドでの活動後に参加者間で交流することや，プログラム後に画像を活用し当日の活動をふりかえることなどもその一つだ。やり方次第では，レジャーとしての楽しみを半減させることにもなりかねないが，体験の価値化を促す機会として位置づけることができる。

実際のエコツアーの現場では，参加者の状況（人数や構成，目当てとするニーズなど），フィールドのコンディションなどさまざまな要素から，理論通りに進められるものではないが，これらのデザインモデルには参考となる点が見られるだろう。

いきなり主題を掲げるのでもなく，一方向的に情報を提供するのでもない，参加者の心理的動きにきめ細かく対応する配慮は，環境教育プログラムに限らず応用できる。教育活動以上にサービス業として意識されるエコツアーでは，参加者のホスピタリティの向上とともに，より現場でも研究され取り入れるべき部分である。

(4) これからの環境教育とエコツアー

現在，環境教育は，世界的な潮流として「持続可能な開発のための教育 ESD（Education for Sustainable Development）」へとシフトしている。2002年のヨハネスブルク・環境サミットで，日本はESDの世界的な進展を提唱し，2005年からの10年間を国連の進める「持続可能な開発のための教育の10年」と位置づけることとなった。現在，世界各国でESDにむけた取り組みが活発化している。

環境を取り巻く問題意識は，地球温暖化の問題，南北格差を含めた経済問題，食や水，エネルギーなどのライフラインの問題，廃棄物とリサイクルの問題などより社会的な分野へと広がり，さらには別個の分野で進められてきた開発教育や人権教育，平和教育などとの連携や融合が見られるようになった。

中でも，自分たちの社会と生活の基盤となる自然環境を学ぶ機会は，ことに重要であると認識されている。自然にふれることや生き物について知ることにとどまらず，社会や生活と自然環境とのつながりや関係性の理解が求められている。

エコツアーで得られるさまざまな体験——景観や自然現象を見ること，自らの体で感じる野性的な感覚，その地域の環境に培われてきた文化や習慣の経験，自然のしくみや生き物についての認識などは，まさに環境教育が目指す「持続可能な社会づくりにむけての自然からの学び」のシーズである。

何より地域の持つ自然や文化の体験をダイレクトに得られる機会であることから，エコツアーはこれらのシーズを提供する場として，より高い存在意義を社会で示し，利用の機会の拡充を果たせるものと期待している。そのためには，エコツアー事業者の環境教育への理解とノウハウの修得もさることながら，社会での理解の広がりとニーズの醸成を促したい。

(5) エコツアーの社会化へむけて

環境教育からの視点で済むものではないが，こうした社会化にむけては，エコツアーが事業として裏づけられ，しっかりとした基盤の上に展開される産業化が重要となる。

現時点ではエコツアーガイド（インタープリター）個人の力量に頼る傾向がまだ見受けられるが，これには限界があり，社会的信用度の高い組織化，そして社会的な広がりを示すネットワークによる業態化が必要となるだろう。

持続可能な社会づくりのための教育機会として，エコツアーの環境教育的観点からも，社会的な価値づけがなされることに期待している。

（森　高一）

2 エコツーリズムと情報戦略

　観光は体験してみて初めてその内容の良し悪しがわかる主観的な消費活動である。と同時に，生産と消費が同時進行する無形の体験活動である。そのため，観光の効能なり体験価値を未体験者に伝えることは難しい。だが，その主観的かつ無形の体験活動を未体験者にもイメージできるように文字や写真などを使って有形化すれば，その魅力を客観的に伝えることができる。それが観光の情報化だ。

　数百万人から時には数千万人という膨大な数の消費者に同一情報を同時に届けることができるマスコミから，ごく限定された読者層に絞って限定された情報を届けるミニコミまで，情報の伝達手段（メディア）は，多種多様である。目的や対象によってどのような情報をどのような手段（メディア）を使って発信するかは，情報の内容や費用によって大きく異なってくることは当然だが，豊富な選択肢を有効に使いこなすためにはそれなりの工夫，つまり情報戦略が必要となる。

　そのうえ，一般観光と違い観光対象そのものの情報ばかりでなくその背後にある自然環境や文化に関する解説やデータなど，対象物に関するバックグラウンド情報の深度が要求されるエコツーリズムでは，ターゲット別に伝達すべき情報の種類や特性を体系的に選び，それに即応した有効なメディアを使い分けることが，一段と重要になってくる。

　しかも多くの場合，大量集客を目的としたマスツーリズムと違い，単にイメージや価格のメリットだけを強調した広告宣伝型の情報発信は有効ではない，というより，費用対効果のうえでもまず不可能である。そのため，メディア側の企画や要求にあわせ，あまりコストをかけず上手に情報を読者に届ける，いわばパブリシティ型の情報提供が主眼となる。その意味で，エコツーリズム型の情報提供は，どこにどのような動植物や観察・体験スポットが存在するかというより，その背後にある自然・

文化情報をストーリーの面白さも含めていかに巧みに提供できるかということが，情報計画の基本となる。メディア選びやその活用方法は，その結果であり延長線に過ぎない。

ここではエコツーリズムの情報特性とは何かを念頭に置きながら，情報構築の基本とその発信方法としてのメディアの活用，そしてエコツーリズム型観光では不可欠となりつつあるITメディアの活用について，その概要を俯瞰してみたい。　　　　　　　　　　　　　　　（高梨洋一郎）

§1　情報計画の重要性

（1）エコツーリズムにおける情報価値とは何か

オーストラリアの北部にあるカカドゥ国立公園の観光を楽しんだ時の体験だった。

カカドゥ国立公園は，900カ所を超える世界遺産の中でも数少ない自然と文化の複合型遺産の一つで，太古の大地がいまなお残る自然の宝庫であると共に，先住民族アボリジニの居住地としても有名なところだ。

赤茶けた大地に鬱蒼とした灌木型のジャングルが地平線まで広がる。大自然の豊かさはわかるが，正直言って，風物や文化の多様さを求めて世界の観光地を飛び回る平均的日本人観光客にとっては，刺激に乏しい退屈な世界だ。その時もそんな気持ちを引きずりながらレンジャーたちに促されて，ジャングルの旅に出かけていった。

案の定，車での移動は赤い大地に緑が連なるだけの変化に乏しい単調な世界で始まった。しかし，四輪駆動車やカヌーで半日旅をしているうちに，モノトーンのジャングルがカラーに染まり，緑の木々の間からさまざまな動物たちのざわめきが賑やかに交錯する生命溢れる多様性に満ちた世界に変わりだしていたのには我ながら驚いた。そこにはある仕掛けがあった。ジャングルを舞台にした，動

V 日本型エコツーリズムの手法の拡がり

物や植物たち、そして時には2万年も前の太古から当地に住み続けているアボリジニたちのドラマだ。

ガイドがあらかじめ用意してくれたカード型の豆図鑑を参照しながら、周囲に現れる動物たちの鳴き声が交錯する不思議な世界に耳を傾ける。また時には電動式の小船を止めてしばし鳥たちのお喋りに聞き入る。そして林立する巨大な蟻塚を前に、本当はゴキブリの仲間だという白アリの知られざる世界に驚嘆する。にっくき白アリも、ここでは枯れ木を土に戻す自然の掃除人だ。小さな図鑑とガイドの説明が、次々と、単調な緑の世界を命溢れる極彩色の世界に一変させてくれた。

一般の観て歩き観光では経験できない、自然の不思議を観察し学ぶことができる感動の世界だ。解説がなければ単調な緑一色の退屈なジャングルが、生命に溢れる世界に一変する。「情報」の大切さを教えられた初めてのエコツアー体験だった。しかし、当時、エコツアーという言葉はまだほとんど聞くことはなかった。

熊本・阿蘇山麓でのエコツアー体験も、エコツーリズムにおける情報価値を体験させてくれた象徴的なケースであった。

林業出身で阿蘇の植生に詳しいガイドは、手作りの紙芝居型の図鑑で樹木の世界を楽しくわかりやすく解説してくれたが、圧巻は「この木は茶道に使う〇〇の木です」と言って、樹木の話が茶道の話になり、そして平安・室町時代の文化に及んだことだった。路傍の1本の木から手繰り寄せるように話が次々と展開する。そして話がうまい。気がついたら、わずか100メートルを進むのに25分を要していた。単なる樹木の説明ではなく、ストーリーがある。だからエコツアーは楽しい。

これら二つのケースは、エコツーリズムにおける情報価値と、それをどのように活用するかという情報計画の大切さを教えてくれている。

(2) エコツーリズムの情報戦略三つのポイント

　エコツーリズムを情報戦略という視点から考えると，大きく分けて次の三つのポイントに集約できる。

　一つは，エコツーリズムそのものを成立させる「エコツーリズム資源」を，どう発掘し整理し体系化して，資源情報として保全（データベース化）するかということだ。

　エコツーリズム資源については，第Ⅳ部の「エコツーリズムにおける資源とその保全」などでも触れているので，ここでは触れない。要は，エコツーリズム資源は単に体系化し整理しておけばよいというものではなく，それが活用されて初めて資源価値を生むということだ。情報化された資源が，文字や画像，地図，動画など情報の種別によって分類されているだけでは，なかなか効果的な活用はできない。それらが有機的立体的に組み合わされて，目的に応じ適切に活用されるようになっていて，初めて情報価値は高まる。

　記録装置がほぼ紙だけに限られていた時代と違い，現在は文字から音声，画像，動画までほぼすべてが電子情報媒体に収録できる。しかも，メディアを通じての告知や配布の面でも，デジタル化が一段と加速しているから，電子情報としての資源管理は必須である，というより，もはや主力になったと考えるべきだろう。情報管理の世界では，アナログ情報の補助手段であったデジタル情報が主客逆転し，いまやデジタル化が主体となり始めている。エコツーリズムの世界でも例外ではない。

　二つ目は，資源情報の活用戦略である。

　その中心は人による活用，つまりガイドやインタープリターを通じてサイトの観光資源なり地域の宝を，どれだけ的確に魅力的にかつ楽しく伝えられるかということである。手作りの図鑑や紙芝居を用意するのもいいかもしれない。ある時はサンプル提示が有効だ。人数も目的もそれぞれ異なる参加者に対し，どのような素材を活用

Ⅴ　日本型エコツーリズムの手法の拡がり

してツアーの魅力を高めてもらうかは、担当者の力量に負うところが大きい。しかしサイトの水準を維持し質の向上を図るのは、サイト全体の情報戦略である。

　資源の魅力を面白く理解してもらえるストーリーの開発をはじめ、動植物図鑑や資源マップのような補助ツール、ルートの主要ポイントに設置した解説ボードなど、事情が許せば参加者がガイドなしでもある程度のエコツアーを楽しむことができる情報支援装置を配置することも有効だ。携帯電話を使って二次元データを読み取ることができる QR コードの活用が急速に広がっているが、こういった新たな情報機器の活用も念頭に置きながら、情報の有効活用を図ることが大切だ。スマートフォン型の新たな携帯端末も新たな道をひらきつつある。

　そして三つ目は、消費者をサイトに誘引するプロモーション活動としての情報戦略だ。

　いかに優れたエコツーリズム・サイトを構築しても、その情報が消費者に伝わらなければ観光客を呼び込むことができない。ここでは多様なメディアをどう活用するかがポイントだ。

(3)　メディアの特性に応じた情報発信を基本に

　エコツーリズムに限らずメディア活用の前提条件は、まず情報を伝える相手つまりターゲットの設定と、メディアの特性を生かした活用の仕方を念頭に置くことである。すでにエコツーリズムの世界を知っていたり、エコツアーに参加したことがある、いわばリピーターと、エコツーリズムの何たるかをほとんど知らない一般観光客では、自ずと伝えるべき情報は違う。未経験者だがそれなりに環境問題に関心をもっていたり、ハイキング愛好家など自然指向派の旅を探している消費者には、また別のアプローチが必要かもしれない。パブリシティの成果があがるならどんな媒体でも OK だという積極

的な対応策もあるが、そのためには、広報担当者を配置するなど、それなりの体力、つまり費用も必要だ。

プロモーション活動の基本はまず何と言っても口コミだ。エコツーリズムに関するあらゆる調査結果に共通していることは、未経験者に比べ経験者のエコツアー指向が格段に高いことだ。体験前はほとんどわからなかったエコツアーの魅力が、1度体験すると一般観光では得られないほど、何倍にも一挙に増幅する。だから体験者の言葉を借りて家族や友人・知人など周辺へ情報を効率よく伝播させていくことが最も効果がある。会報や新商品のお知らせなどを届けてリピーターや見込み客に対し継続的に情報をたたみかけるように発信する。最近はホームページやメールの活用が簡単にできるからありがたい。

次はターゲット・メディアである雑誌の活用である。新聞同様幅広い読者を対象とするマスメディアの一つである一般雑誌を除き、販売部数が数万部からせいぜい10万部くらいまでの雑誌は、その大半が、編集内容を特定のテーマに絞り込んだり、対象層を性別年齢別に絞り込んだりしたターゲット・メディアである。自然・アウトドア系の雑誌はもとより、これら特定の読者層に的を絞った雑誌の多くは常に読者の目をひく新たな企画や話題を追い求めており、これはと思った雑誌には継続的に話のネタを提供し続けていくことが効果的である。さらに狭く対象を絞り込んだタウン誌やミニコミ誌も同じだ。

観光や環境に関連する各種イベントや催し物も、興味のある消費者だけを惹きつけるターゲット・メディアの類に入ると言えるかもしれない。

(4) 受け身ではなく攻めの情報戦略がポイント

しかし情報の流通と言えば、何と言っても影響力が大きく効果の

V 日本型エコツーリズムの手法の拡がり

大きいのはマスメディアであることに変わりはない。ただ，特定の目的地に多くの観光客を集中的に集客することを狙いとするマスツーリズムと，地域的・時間的にいかに分散化・平準化して環境へのインパクトを少なくするかが命のエコツーリズムでは，マスメディアの活用方法は自ずと違ってくる。

まず，マスツーリズムが多用する旅行商品の宣伝媒体としての活用は無理だ。小資本地域密着型がほとんど大部分と言ってよいエコツーリズム事業者にとって，マス媒体を使っての広告はまず費用や経営効率の面からみて割が合わない。

ただし，コスト負担を伴わないパブリシティ（PR）としての活用なら，マスツーリズムに関する話題よりエコツーリズムの方が新聞やテレビに編集記事として取り上げてもらいやすい。環境の時代の有利な点だ。環境と観光の共生や地域興しの新たな手段としての持続型観光が脚光を浴び始めており，こういった観点からマスコミのエコツーリズムに関する関心は，急速に高まっている。

メディアの有効活用がマーケティング活動の基本として徹底している米国などでは，こういった時代の流れを読み，マスコミに対していかに上手にパブリシティ効果を高めるかが，業種・官民を問わず最大のメディア戦略となっている。そのために必要なのは，製品や商品・サービスの説明のみならず，企業活動の背景まで含めたプレスキット（広報用資料）の整備と活用だ。

筆者（高梨）はこれまでトラベルライターとして各国の取材を経験してきたが，取材の窓口で最初に手渡されるのは，過剰とも言える分厚い資料だ。それに最近は CD-ROM による写真の提供など，電子メディアの活用も目立って増えてきた。日本でも近年こういったプレス対応が結構目立つようになってきたとは言うものの，まだまだ彼我の差は埋めるべくもない。

メディアからの取材やリクエストを待つのではなく，活用できる

情報を整備し，担当記者を体験ツアーに招くなど，エコツーリズム・サイトから積極的にアプローチして，総合的なパブリシティ戦略を展開していく——できたらそこまで見据えた情報戦略を考えていくべきであろう。

§2 エコツーリズムと IT

　新聞にしろテレビにしろ，エコツーリズムのマーケティング戦略を考えるうえで，マスメディアの活用は不可欠だ。特に日本の場合，エコツーリズムは，ゴミ拾いや植樹に代表される社会貢献型旅行であるとか，環境保全を目的にした何となく窮屈な旅行といったイメージがまだまだ根強いだけに，「楽しみながら自然環境や文化の保全ができる新しい旅のあり方」といったポジティブなイメージを社会的に定着させるためにも，マスコミを通じエコツーリズムに関する理論や実例を数多く積極的に取り上げてもらうことが，まだまだ有効，というより必須だからだ。

　そのうえでのメディア戦略としてIT（情報技術）の活用を考えてみたい。

　本来メディアにはそれぞれの特性があり一長一短がある。マスメディアか IT メディアかという択一論で捉えることは，マスツーリズムかエコツーリズムかという表面的な対立概念で捉えることと同じくらい，意味がない。ただ，エコツーリズムにとって最も相性の良いメディアは何かと問われれば，それは間違いなくパーソナル・メディアとしての IT である。その有効活用こそエコツーリズムの世界をさらに広げる戦略的な情報ツールといって間違いないからだ。

　少し乱暴な言い方をすれば，1度にいかに多くの消費者にその購入価値を知らしめ，大量に集客するかというマスツーリズムの手法と違い，エコツーリズムは，どうしても多種少量の催行（運用）が基

本であり，それに沿った情報提供が生命線である。マスツーリズムのように莫大な宣伝広告費を投じることはまず不可能である。しかも一般観光と違い，参加者とサービス提供者との間での細かな事前情報のやり取りがより重要となるエコツーリズムでは，双方向メディアの代表であるITメディアこそ格好のコミュニケーション・ツールなのである。

（1） 瞬時に世界の情報が手に入るITメディア

ITによるネットワーク・メディア＝インターネットの特徴は，ワンツーワンのパーソナル・メディアであると同時に，1対Nの情報発信が可能なマスメディアとしての二面性を備えていることである。言い換えれば，電話と同じく1対1の情報交換が可能な通信メディアであると同時に，不特定多数の相手に対し情報を発信する放送メディアとしての機能を備えていることであり，かつその切り替えがキーボードの操作一つでしかも瞬時にできることだ。

このところ通信と放送の融合が何かと話題になっているが，動画の受送信が手軽にできるようにようになったブロードバンド（広域帯通信）時代を迎え，すでにネットの世界では通信と放送の融合はとっくに実現している。特にインターネット・ユーザーの比率が高いと思われるエコツーリズムの世界では，世界的な規模でITメディアの活用が加速度的に高まっている。

ライブカメラを使えば，地球の反対側でも，南極でも，あるいはアマゾンの奥地でもリアルタイムの映像をほぼ無料で手に入れることができるようになっている。あとはそれが茶の間にも登場して，放送も通信もリモコン一つで自在に楽しむことができるようになるのを待つだけだ。そしてそれがやがて携帯端末の画面でいつでもどこでも見られるようになれば，アフリカや南米パンタナールの奥地でも，エコツアーを楽しみながら電子百科事典にアクセスして，必

要な情報を瞬時に手に入れることができるようになるかもしれない。少なくとも技術的にはすでに可能だ。

こういったインターネットの特性を考えると、ITメディアは優れてエコツーリズム向きの革新的なメディアであることがわかる。

(2) 個人レベルで地球通信が可能に

巨額の宣伝費を投じ不特定の消費者に対しメッセージを送ることができるマスツーリズム型の商品と違い、エコツーリズム事業者は地域に根ざした小資本型の経営が多く、1コース1本あたりの集客数にも最大収容人員（キャリング・キャパシティ）を設けて環境へのダメージを最小限にするなど、コストの高いマスメディアを宣伝ツールとして使うことは本質的に不可能な世界だ。

そのため前項でみたように、必要なスペースを金で買う広告宣伝型の情報発信と違って、エコツーリズムの情報発信はどうしても編集記事提供型のパブリシティを主体にせざるを得ない。それはそれで結構なのだが、この方法だとどうしても媒体側の興味や都合に合わせざるを得ず、送り込むことのできる情報量も自ずと限定されたものにならざるを得ない。それが課題と言えば課題だ。

その問題を一挙に解決してくれたのが、インターネットによるITメディアの登場とその後の急速な技術の進歩である。

インターネットが登場して丸15年、いまではその気になればインターネット上に誰でも手軽にホームページを開設することができるようになった。小資本型のエコツーリズム事業者にとって、フラッシュ（アニメ）技法を活用した凝ったデザインでも使わない限り、インターネット上に自らのメッセージを載せ世界に向かって発信することは、それほど多額の費用をかけなくてもできるようになった。しかも、高速ADSLや光通信の普及により、最近は動画配信までが手軽にできるようになりつつある。光通信のネットワークが基本的

なインフラとして普及し整備されれば、テレビ並みの動画が簡単にやり取りできるようになる。

さらに、このところ爆発的な増加をみせているブログ (Blog) をはじめ、SNS、Twitter などの急速な普及で、インターネット上における情報発信は、組織レベルから個人レベルへ完全にシフトし始めている。理屈のうえでは日本のみならず全世界に向かっての通信や放送が個人レベルで可能になったということだ。全世界に向かって個人としての放送局を、いつでも思い通りに開局できるということである。

しかも、文字や画像ばかりでなく音声から動画まですべての形の情報をネット上で送ることができるようになったということは、テレビや新聞といったマスメディアの代表選手を一挙に追い抜いたことになる。これまでどんな世界の巨大メディアも成し遂げられなかった通信と放送の融合を、個人レベルで行うことができるようになったことは、メディア史上画期的なことなのである。

(3) エコツーリズムは旅行商品のロングテール

とはいっても、インターネットはあくまで消費者が目的のサイトを探して情報を得るプル型のメディアであることに変わりはない。テレビのようにスイッチをひねれば、労せずして情報が飛び出してくるメディアではない。言い換えれば、スイッチさえ押してもらえば送り手側の情報を消費者に瞬時に届けることができるプッシュ型メディアではないから、インターネット上に無数にあるサイトの中から利用者に選択してもらわなければならない。

そのために、仮にアクセス数をマスメディア並みに増やそうとすれば、SEO や SEM といった新たな手法を駆使してグーグルなどの検索エンジンにうまくフックをかけたり広告宣伝を併用するなどでアクセスを高める、新たなマーケティング手法が必要になる。当然

2　エコツーリズムと情報戦略

ながらそこにはまた多額のコストがかかる。

しかし，何度も繰り返すように，しょせんエコツアーは大量集客型の旅行商品と違い少量多種型の商品である。薄く広いマーケットから小グループの消費者を集めることが，マーケティングの基本である。エコツアーの参加者特性をみてみると，一般の観光旅行に比べ目的意識が高いだけに，参加者の地域的特性がより広範囲であり，年齢層や職業も広がりのあることが想定できる。

遠隔地になれば一段とその傾向は高くなる。特定の地域だけで西表島のシーカヤックツアー参加者や石垣島の蝶観察ツアー客を集めるのは大変だが，全国規模で少人数の参加者を集めるのは，何倍も確率が高い。それを可能にしてくれるのがインターネットだ。

インターネットを活用した通信販売で，現在最も成功している業種の一つが書籍販売だ。新刊本が次々と生まれてくる出版の世界では，どうしても書店での販売は売れ筋商品に限定されざるを得ない。限られた売り場面積を有効に活用するには，毎日のように着実に売れる書籍や宣伝の行き届いた出版物が主要な位置を占め，売れ足の遅い専門書の類はどうしても棚の隅に追いやられてしまうか，すぐに在庫切れとなってしまう。

そこに登場したのが，インターネットを使った通信販売だ。再販物だからどこで買っても定価は同じ。しかもいちいち書店に出向かなくても画面で注文すれば，宅急便で届けてくれる。そして最も威力を発揮するのが，希少本や販売数の少ない専門書の類が手軽に見つかることだ。

1カ月に1冊，1年に1冊しか売れない本をリアル書店で探すのはほぼ不可能だ。時間軸を横に売れ部数を縦軸にしたグラフを描くと，インターネットの書籍販売は発刊直後に大きな山を形成するが一方では低く長い曲線を描いていることがわかる。動物の尻尾のように長い曲線を描いていることから，これをロングテールと称している

が，驚くことにこのロングテール部分の占める面積が極めて大きい。つまり，リアル書店販売方式ではまず売れない本が，細く長く売れるのがインターネット書籍販売の大きな特徴となっているのである。横軸に参加者の居住地をとれば，ロングテールはそのままエコツーリズムのマーケティング特性を表すことになるはずだ。

エコツアーの場合，一つ一つのツアーは目的指向性が強いだけにどうしても市場規模は自ずと限定されてくる。しかも環境へのダメージを最小限に抑えるために，最大収容人数を設定せざるを得ないのも基本だ。そのため1本1本のツアーは小粒にならざるを得ないし，集客効率を最大の特徴とするマスツーリズムのマーケティングと対極をなす世界である。

売れ筋の大量出版を狙うベストセラー手法がマスツーリズムとすれば，エコツーリズムは旅行商品におけるロングテールである。

(4) 双方向性で威力増す電子口コミ情報

それともう一つ，エコツーリズムとITの相性の良さは，インターネットがもつインタラクティブ（双方向）機能である。

海外国内旅行を問わず，エコツアーへの参加者はまだまだ少ない。しかし，1度その魅力を体験するとリピーターになる比率が格段に高いのもまたエコツアーの特徴である。こういったマーケットの中で最も力を発揮するのは，やはり経験者が広める口コミの世界だ。

メールにしろWebにしろ発信者が自らの経験や知見を特定の個人やグループに伝えることにより，やがて1対NになりN対Nとなって，インターネット上に無数の情報が蓄積される。その無数の情報の中からまた特定の相手を選び双方向の情報交換，つまり会話を繰り返しているうちに信頼関係が生まれ，公的私的なビジネスが成立していく。テレビや新聞のように生産者から消費者に一定方向に情報が流れるのではなく，双方向の通信によって情報が確かめら

れ深まりながらコミュニケーションが成立していく。

　少人数制のエコツアーではサービスの提供者と消費者の間のコミュニケーション密度が濃いだけに，1度体験すると再参加率は一挙に高まると言われるが，それを一挙に促進してくれるのがインターネット・メディアだ。そしてその体験を，ネットを通じ情報を必要とする仲間や組織にほぼリアルタイムで伝え，地球規模の口コミ・ネットワークを形成していく。

　データベースの蓄積から活用そして情報の発信からマーケティングにいたるまで，小資本型の多いエコツーリズム事業者にとって，twitter や facebook といったソーシャル・メディアも含めた IT メディアの有効な活用は必須の要件である。　　　　　　（高梨洋一郎）

3 エコツーリズムと国際協力

　自然豊かな地域と里山や里海での実践の並存という「日本型エコツーリズム」とも呼ぶべき固有の進化を遂げた日本のエコツーリズムの実践経験は，諸外国の地域に対する国際協力の場面でも応用されるようになった。例えば，王制という伝統的社会システムや文化を継承してゆく手段として（カメルーン），最貧困層の村の資源を活用したコミュニティ・ベースド・ビジネスとして（フィジー），あるいは戦争終結後の人びとの心のつながりを取り戻し，経済復興へと歩みだすための手段として（ボスニア・ヘルツェゴビナ）。

　ここでは，これらの地域の事例を通して，グローバリゼーションの中で日本のエコツーリズムが果たす役割と可能性を検証する。

（海津ゆりえ）

§1　アフリカ・カメルーン共和国　ティカール王制社会

　本節の目的は，エコツーリズムが国際協力の分野において，どのような貢献ができるかを，筆者（下休場）がこれまで20年近くにわたり現地調査を継続してきた，中央アフリカ，カメルーン共和国の一農耕民であるティカール（Tikar）と呼ばれている人々の王制社会を事例として明らかにすることにある。

　異文化理解の側面からエコツーリズムの意義について考察する重要性を認識するために「国際連合教育科学文化機関（ユネスコ）憲章」の前文で述べられている言葉を紹介したい。そこには，「戦争

は人の心の中で生れるものであるから，人の心の中に平和のとりでを築かなければならない。／相互の風習と生活を知らないことは，人類の歴史を通じて世界の諸人民の間に疑惑と不信をおこした共通の原因であり，この疑惑と不信のために，諸人民の不一致があまりにもしばしば戦争となった。／（中略）文化の広い普及と正義・自由・平和のための人類の教育とは，人間の尊厳に欠くことのできないものであり，且つすべての国民が相互の援助及び相互の関心の精神をもって果さなければならない神聖な義務である。（後略）」(「日本ユネスコ国内委員会」ホームページ http://www.mext.go.jp/unesco/009/001.htm より）と記されている。

　エコツーリズムが国際協力の分野で貢献できる内容のひとつは，この「ユネスコ憲章」において述べられているように，異文化理解を通して世界の平和に寄与する基盤を形成することにあるといえる。

　地球上における民族文化の多様性と共通性を理解するためには，現地に足を運ぶことによって，地域の生活文化，宗教，民族芸術という人間の芸術行動に関する理解を深め，さらに，それらの芸術行動を人間の自然環境に対する文化的適応であるとみる必要がある。筆者は，1986年以来アフリカ，カメルーン共和国北西州で行ってきた現地調査において，ティカール王制社会の人々が継承してきた王宮を中心とする民族文化やアニミズム的な土着宗教に，彼らの自然観やエコロジー思想の存在を確認することができた。この地域は旅行者が学ぶべき文化遺産としての民族文化や豊かな自然が存在するため，エコツーリズムが発展する可能性の高いところである。

　東西・南北約8,000キロメートル，人口約10億人，53の国々があるアフリカ大陸の中央部に，カメルーン共和国は位置する。カメルーン共和国は，全国が10州に分かれ，それぞれの州都が国内の主要都市群を形成している。それらの中でも政治の中心地は首都のヤ

V　日本型エコツーリズムの手法の拡がり

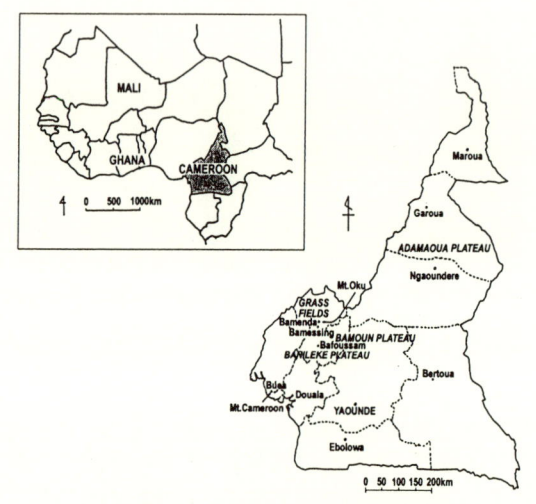

図V-3-1　カメルーン共和国の位置図

ウンデで，経済の中心地は南西部の大西洋・ギニア湾に面した国際港都市のドゥアラである（図V-3-1）。これらの都市域以外には自給自足に近い生活が営まれる農村地帯が広がり，豊かな自然と伝統文化を保持する農業国である。アフリカ大陸の自然環境は砂漠，サバンナ，熱帯雨林など変化に富んでおり，社会情勢や文化も地域により千差万別である。面積約48万平方キロメートル（日本の約1.3倍）のカメルーン共和国は，赤道が通る国土の南部が熱帯雨林で覆われ，北部に行くにつれて乾燥し，チャド湖周辺ではついにサハラ砂漠の周縁部に達する。また，人口は約1,900万人（日本の約7分の1）で，民族集団数は南部のエウォンド（Ewondo），ファン（Fang）などのバントゥー（Bantu）語族，北西部のティカール，バミレケ（Bamileke），バムン（Bamoun）などのセミ・バントゥー語族，北部のフルベ（Fulbe），ハウサ（Hausa）やブーム（Mboum）などのスーダン（Sudan）語族など200以上といわれ，農業・牧畜が盛んな国である。

3　エコツーリズムと国際協力

写真V-3-1　バフツ王宮の建築群

　これほど気候，植生，民族が多様な国はアフリカの中でも珍しく，カメルーンは「アフリカの縮図」であるといわれている。カメルーン政府観光省が作成した観光パンフレットによると，その理由は，南部の熱帯多雨林からサバンナ草原，さらには北部のサヘール地帯（サハラ砂漠の南縁部）まで，多様性に富んだ自然環境があることである。また，それらの自然環境の違いにより，狩猟採集民，農耕民，牧畜民などのさまざまな生業を持つ多様な民族集団が存在することである。"アフリカ大陸の多様な自然と民族文化に触れることができる国"というのが，カメルーン観光省のキャッチフレーズである。そこでは，7カ所の国立公園や11カ所の野生動物保護区における野生動物サファリや保養，大西洋岸における海浜リゾート，標高4,070メートルの活火山・カメルーン山をはじめとして国内を南北に貫いている火山地帯の景観とそこでのトレッキング，各民族集団の民族工芸と伝統文化などの観光資源が紹介されている。

　カメルーン共和国北西州には40以上の王国が現存しており，それらの王宮は重要な文化遺産として価値づけることが可能である。王宮の建築様式は伝統的な住居形態を基本型として形成されてきた。

267

V　日本型エコツーリズムの手法の拡がり

写真V-3-2　アビンフォ祭りで踊るバフツ王

　ティカールの住居様式は間取り，構造，意匠のいずれにおいても歴史的変遷を遂げつつあり，さまざまな様式のものがみられる。王宮建築に関しても例外ではなく，諸王国の王宮内の建築物は現在ではほとんどが日干し煉瓦壁とトタン屋根である。

　筆者が調査した北西州の州都・バメンダ（Bamenda）から北へ約20キロメートル離れたバフツ（Bafut）王国の王宮建築は，王の祖霊殿を除いて20世紀はじめにドイツ人建築家の指導により再建されたものである（写真V-3-1）。バフツから南へ約70キロメートルのところに位置するバンジュン（Bandjoun）にある王宮は伝統的様式をかなりとどめているが，王自身の居住する家屋は鉄筋コンクリート造りである。また，バフツから東南へ約60キロメートルのバムンの王都・フンバン（Foumban）にある王宮の主要建築物もドイツ人が建築したものである。

　一方，現在も神聖王を中心とする伝統的な王制社会が存続しているため，調査した王宮空間の構成と機能の面に関して，ほぼ共通する伝統的な空間構造を読み取ることが可能である。ティカールの伝統的な民家様式がこの王宮建築の基本型となり，政治，行政，儀礼

を行う公共空間が付け加わることにより、一般民家よりはいっそう複雑化・大規模化した現在の王宮の様式が形成されたと推測できる。

したがって、王宮建築の様式と王制社会組織は表裏一体の関係にあり、王宮建築の空間的意味を知ることはその社会的・文化的背景としての伝統的王制社会を理解するひとつの方途ともなる。また、世襲の王を持つティカールにおいて、移住や王の世代交代によって王宮の場所が移動することは稀ではない。

王宮の最も奥まった空間には、王制社会の中心的組織である秘密結社クゥイフォ（Quifor）の有力メンバーが会合をしたり、王国の重要な決定事項について王と話しあう建物が煉瓦塀で囲われた中庭に面していくつも建っている。王宮の背後は、秘密結社のメンバーが薬草を採ることもある鬱蒼とした森によって覆われている。王宮の中心部には一段と背の高い草葺き屋根の祖霊殿があり、その周囲の空間は建物と煉瓦塀によりいくつもの中庭に区分され、それらの建物と中庭は王が主催するさまざまな儀礼に利用される。王は王国で最も重要なこの祖霊殿を守護する立場にあり、この付近のいずれかの建物で生活するといわれている。

王宮の入口から一番近い空間は、住民と王が王国内で起こったさまざまな問題について話しあいをする行政的利用が中心の場所である。さらに、王宮の周囲には王妃と王家の子どもたちの生活空間がその人数の多さに比例して広がっている。王制社会組織におけるさまざまな地位によって、これら王宮内のそれぞれの空間へ立ち入れるかどうかといった規準が、厳格に定められているのである。

表面的には対立的であると考えがちな王と秘密結社の関係であるが、実は、ティカールの人々が「王は秘密結社の息子である」と考えるように、王宮の空間構造を分析することにより、王制社会組織の真の姿を理解することができる。ティカールの人々は、自分たちが信じるコスモロジーを再確認するために、王宮内において王を中

心とするさまざまな祭祀や儀礼を行う。王と王宮は、家族を基本とする社会の秩序と人々の幸福を願う心の象徴なのである。

王宮を舞台とする最大の年中行事はアビンフォ (Abin-nfor) 祭りである (写真V-3-2)。アビンフォとは「王の舞踏祭」を意味し、この祭りの中で王が人々とともに踊ることは、王国にとって現王の生命力の復活・再生を象徴すると同時に、1年の締めくくりと新年を迎える区切りを意味する。この祭りが開催される12月の冬至の頃は、バフツ王国が位置する標高約1,000メートルの高原地帯では乾季から雨季に移る季節である。農耕民・ティカールにとり、この祭りは農作物の収穫と祖先の庇護に感謝し、新年の豊作と人々の幸せを祈る意味を持つ。

アビンフォ祭りにおける彼らの信仰にもとづく多様な儀礼を観察してわかったことは、普段は王と50人ほどの家族が静かに生活する場所にすぎない王宮が、まさしく王国で第一の聖地であるということである。王宮内には神聖王の住居空間を中心にして、聖なる森、秘密結社の儀礼空間、祖霊・穀霊・精霊の祭祀空間、祭礼に使う民族芸術品の収蔵空間などがあり、王国社会の土着宗教にもとづく信仰の拠点となっているのである。そのため、ティカールの王宮は、最も重要な文化遺産であるといえる。ちなみに、2006年、カメルーン政府はバフツ王宮をユネスコ世界文化遺産の国内暫定リストに登録した。

ティカールの王国文化における人々の伝統的な自然観を再評価し、この地域のエコツーリズム計画を実施する際には、地域の人々が継承してきた民族文化、とくに、地域住民の自然観、エコロジー思想を把握することから始めなければならないと筆者は考えるのである。

神聖王を戴くティカールの人々が継承してきた王国の聖地や王宮の空間構造には、彼らのコスモロジーが反映されている。自然環境や超自然的な不可視の存在に対する人間行動のあり方や秩序を、王

国の社会組織と王宮の空間構造から読み取ることが可能である。さらに民族のコスモロジーが率直に表現されているティカールの聖地，王宮，伝統的住居からは，近代的な建築や生活空間が保持し得ない自然の風景に溶けこんだ人間性豊かな場所の意味を発見することができる。

　エコツーリズムを考える上での文化遺産とは「持続可能な生活文化」そのものを意味するのではないだろうか。アフリカの民族文化は，無文字社会の歴史，口頭伝承文化，神話・民話・祭祀などの精神文化の豊かさといった特徴を持つ。バフツ王宮の事例を通して，ティカールの人々が自分たちの王国文化のひとつとして伝承してきたアニミズム的，汎神論的な自然観から，我々は多くのことを学ぶことができるのである。

　自然と民族文化を体験する観光の一形態であるエコツーリズムは，自然遺産のみを対象とする観光ではなく，自然に適応してきた人間の生き方を学ぶ観光でもある。そのため，広義の文化遺産としての「地域の民族文化」を学ぶ観光であることを忘れてはならないと考える。さらに，そこでは観光客がもたらす「外部からのまなざし」が，現地の自然破壊を抑止し，ティカールの人々が伝承してきた自然観や伝統文化の価値を再評価する契機となる可能性を指摘できる。このように，エコツーリズムは地域の環境保全と異文化理解を通して，世界の平和に寄与する基盤を提供することができるのである。

（下休場千秋）

§2　フィジー・アンバザ村におけるコミュニティ・エコツーリズム

(1) 「南太平洋の島」幻想と現実
　フィジーは，300以上も島がある島嶼国である。タヒチと並んで

V 日本型エコツーリズムの手法の拡がり

表V-3-1　フィジー国の歴史

年　月	略　史
1643 年	蘭人探検家タスマン，フィジー諸島の北部発見
1874 年	英国の植民地となる
1970 年 10 月 10 日	英国より独立（立憲君主制／国名：フィジー）
1987 年 5 月，9 月	ランブカ中佐による無血クーデター
1987 年 10 月	英連邦から離脱し，共和制へ移行（国名：フィジー共和国）
1990 年 7 月	フィジー系を優遇する改正憲法発布
1997 年 9 月	英連邦再加盟
1998 年 7 月 27 日	民族融和を目ざす新憲法発効（国名：フィジー諸島共和国）
1999 年 5 月	労働党党首のチョードリーが初のインド系首相に就任
2000 年 5 月	武装グループによる国会占拠事件が発生
2000 年 7 月	ガラセを首班とする暫定文民政府が発足
2001 年 9 月	総選挙を経てガラセが首相に就任
2006 年 5 月	ガラセ首相が再任
2006 年 12 月	バイニマラマ国軍司令官による無血クーデター，セニランガカリを暫定首相に任命
2007 年 1 月	セニランガカリ暫定首相辞任，バイニマラマ司令官が暫定首相に就任，暫定内閣が発足

　南太平洋の楽園の島というイメージを最も想像しやすい国だろう。ヤシの木，サンゴ礁，白い砂，強い日差し，はじけるようなポリネシアンの笑顔……。ステレオタイプな南の島にぴったりの島は確かに存在する。だがその歴史や現実は，イメージほどには甘くない。

　フィジーは 19 世紀後半からほぼ 1 世紀にわたって英国の支配を受けてきた植民地である（表V-3-1）。ポリネシアの島々の間をカヌーで渡り，交易や闘い，婚姻を繰り返してきた島に，西洋からキリスト教国家の理念と社会システムが持ち込まれた。首狩りと食人の習慣は途絶え，英国での労働者階級であったインド系住民が移り住んだ。1970 年に英国の植民地から独立してフィジーという国名を得，1987 年にはいったん英連邦から離脱し共和制に移行したにもかかわらず，その後英国連邦に再加盟し，首相はインド系とフィジー系とで常に争われ，クーデターが絶えず起こる。

　土地所有という発想もなかったこの島で，英国は平地のほとんどをサトウキビのプランテーションとして開発した。今も農園で働く

労働者にはインド系住民が多い。フィジアンたちには都市に住む者もいるが，海岸部や山の麓などで漁撈に携わり農地を拓いて自給自足に励んだり，鉱山等で労働者として働く。1990年の法律により，国は陸地の83パーセントを地域共同体の所有とした。残り7パーセントは政府所有，その他10パーセントが自由所有である。

（2） アンバザ村はなぜエコツーリズムに取り組んだのか
貴重な植生の保全

　アンバザ村はビチレブ島の北西部，バー県にある山間集落で，当然のことながら電気も電話も水道も敷かれていない。この村は，周辺5村との計6村でコロヤニツと呼ぶ地域を形成しており，フィジー国より国立遺産公園（Koroyanitu National Heritage Park: KNHP）と名づけられている。村ができたのは1931年。土砂崩れに遭った村から逃げ出し，ここに移住した3人から再スタートした村である。

　アンバザ村周辺には南太平洋の重要な生態系のひとつに数えられている熱帯雨林が存在する。1979年に行われた調査で，この森林が南太平洋でも極めて貴重な森であることが明らかとなった。所有者が定まっていない土地の法規上の代表である土地信託公社（Native Land Trust Board: NLTB）は，地域と話しあい，その結果，1980年代後半，伐採から森林を守るために「コロヤニツ保護地区プログラム」が始まった。1993年，国連南太平洋地域環境計画（South Pacific Regional Environment Program: SPREP）はNLTBからKNHPの開発協力を求められ，同意するとともに南太平洋地域生物多様性保全プログラム（South Pacific Biodiversity Conservation Program: SPBCP）を行うことを提案し，この地区においてはエコツーリズムのような持続可能な利用に限って認めることとしたのである。当時，国全体で森林伐採は無秩序に行われ，1年間に1パーセントずつ森林が減少していたのだ。アンバザ村も，家計収入を支えるために森林（主に松）の

Ⅴ　日本型エコツーリズムの手法の拡がり

伐採によって利益を得ていたのである。

最貧層からの脱却

　KNHP を構成する 6 村のうち，アンバザ村はフィジー国の貧困指標で最下層に位置していた。フィジー政府観光省は NLTB の相談を受け，1996 年から同省が進めていた「自然資源保全のためのプラン」としてのエコツーリズムプログラム開発プロジェクトのターゲット地域として，アンバザ村を候補のひとつとし，1997 年よりフィージビリティ調査に取りかかったのである。

　フィジーが同プロジェクトの実施に際して支援を求めたのが，太平洋経済協力会議（Pacific Economic Cooperation Council: PECC）であった。PECC は日本を含む世界 25 カ国／地域にネットワークを持つ国際 NGO で，交通（Trafic），通信（Telecommunication），観光（Tourism）の 3 分野（トリプル T）についての支援をテーマとする組織である。

　エコツーリズムに関する委員会は，ニュージーランドと日本にのみ存在しており，フィジーは国連開発計画（United Nations Development Program: UNDP）を通じて PECC のエコツーリズム委員会に同プロジェクトを依頼した。PECC は 1994 年にシンガトカのタブニ・ヒル砦，1997 年にはラベナ村とアンバザ村をケーススタディ地として調査を始めたが，最終的に村民の意欲や必要性，協力体制等から，フィジー政府と協議の上アンバザ村に対象地を絞り込んだ。

(3)　アンバザ村・エコツーリズム・プロジェクト
日本 PECC の支援

　アンバザ村のエコツーリズムプログラム開発プロジェクトは，日本 PECC では準備段階を含めると 1996 年 10 月から 1999 年 6 月まで，足かけ 4 年をかけて，主として以下の五つのステップで進めて

きた。

○ワークショップとガイド研修（1997年8月）

　エコツーリズムは地域の自然，文化，生活などを資源とし，住民が主体となって進めることが必須である。だがアンバザ村の村民はエコツーリズムなど知るはずもない。ただ政府やSPREP，NLTBが提示した方針には賛意を示すという段階であった。そこで村集会所にて，①エコツーリズムの理念や枠組み，導入の目的等，②資源調査にもとづいた資源管理とプログラム開発の重要性，の2点について村民を対象にワークショップを行った。発電機を持ち込んでのスライド上映であった。

○資源調査と資源マップづくり（1997年8月，上記の翌日）

　ワークショップのテーマ②でも説明した資源調査を，村民，とくにガイド志望者の参加を得て実施した。アンバザ村は，環状のトレッキングコースが特徴である。滝や川をみながら熱帯雨林の中を山の麓まで登り，帰りは茅場としている草原を下って戻る。草の道は遠方に海やヤサワ諸島が望める見晴らしの良い道だ。普段何気なく通っている道を調査道具一式を持って全員でワイワイいいながら進み，ガイドの卵たちはインタープリテーションのポイントやメッセージを発見しながら歩いた。PECCはこの調査結果をもとにアンバザ村資源マップを制作し，翌年の調査時にフィジー・ビジターズ・ビューローをフィジー政府に寄贈した。

資源調査道具「四種の神器」
・カメラ：一般カメラ（印刷物用写真向け）とポラロイド（メモ用）を併用
・手持ち地図：歩く道を簡単に落とした余白の多い地図
・録音装置：歩きながら語られる資源情報やエピソード等を拾う
・ノート：何でも記録する

○パイロットツアー（1997年12月～1998年1月，8日間）

Ⅴ　日本型エコツーリズムの手法の拡がり

　アンバザ村がエコツアーを始動させた時にどのような実効性や課題があるかを検証するために，パイロットツアーを実施した。ネイチャーゲーム協会（現 NPO 法人ネイチャーゲーム研究所）と JTB の協力を得て実施した 7 泊 8 日のツアーで，うち 4 泊をアンバザ村にホームステイした。参加者は 20 代から 50 代までの男女 14 人，プログラム内容は，入村儀式やトレッキング，農業体験，植林ボランティア，料理づくり，草を使った衣装づくり，ダンスや歌の交流，乗馬など，村の日常生活を切り取ったもののみで構成した。

　ツアーの結果明らかになったのは，観光客向けのトイレが必要であることと，村の生活体験プログラムは十分面白いこと，であった。

○ガイドブック作成

　続いて，資源マップの作成やパイロットツアーの実施等を通じて，徐々にガイド育成やプログラムメニュー，受け入れ態勢等も整ってきた頃合いを見計らい，海外から訪れる観光客向けの英語版ガイドブックを作成した。A5 サイズの薄い冊子だが，カラーイラストと写真を取り込み，村の歴史や年間カレンダー，建物や食べ物，動植物やトーテム，活動案内や地図など幅広い情報が網羅され，巻頭を酋長の言葉と村民の集合写真で飾っている。筆者（海津）は編集責任者として 2 回の取材と英語版テキスト執筆を行った。

　本書は，観光客への情報提供もさることながら，村民間での資源情報の共有や誇りの醸成にも目的を設定していた。5,000 部を印刷し，2,000 部をアンバザ村，2,000 部をフィジー政府が使用することとし，1 冊 $5 で頒布し，活動資金としてストックすることとなった。

○トイレ建設

　パイロットツアーで指摘されたトイレを建設するのが，日本 PECC の最後の仕事であった。それまでもゲスト用トイレはあったが，古くて暗く，清潔とはいえず，水回りにも問題があった。そこで谷水を引いて水洗とし，天井を半透明のトタン屋根にすることで

採光を工夫した明るく美しいトイレを整備することとした。材料は現地調達，労働力は村民から募ってコストを抑え，2基のトイレとシャワー設備のあるゲスト用トイレができあがった。鍵をエコツーリズムオフィスの職員が預かり，村民は管理はするが使用しないこととしたのである。

ニュージーランドODAの支援

アンバザ村エコツーリズム・プロジェクトには，ニュージーランドもODAを活用し，ツーリズム・リサーチ・コンサルタント（TRC）という民間シンクタンクによる支援を行った。日本とニュージーランドは互いの得意領域を担当し，連携をとりながらプロジェクトを進めていった。ニュージーランド側による支援は，①トレッキングコースの整備，②ピクニック・ブレ（宿泊施設，「ブレ」とはフィジー語で家）の整備，③トレイル沿いのサインの整備，④ガイドおよび経理トレーニング，⑤エコツーリズムオフィスの建設，等であった。ガイドトレーニングでは，研究者をアンバザ村に招聘する他，主要スタッフ数人をニュージーランドに招いている。

支援後のアンバザ村

アンバザ村のエコツアーは少しずつ軌道に乗り，トレッキング（ロング／ショート），ホームステイ，ランチ，村の生活体験などが主なメニューだ。ブレを使った宿泊のみの利用も受け入れている。そのエコツーリズムの運営は，KNHPの管理機能を持つパークマネジャーの下に位置づけられたエコツーリズム組合が担当している。

アンバザ村は，エコツーリズム導入の目標を当初から三つ設定していた。①子どもたちの通学アクセスの確保，②村の教会設立，③道の整備，である。子どもたちはそれまで，ラウトカ市の知人宅に寄宿し，週末にのみ家に帰る生活をしていたが，エコツーリズムが

軌道に乗って村に持ち車ができたため、朝夕に送迎してもらい、家族が毎日一緒に寝起きできるようになったのである。教会は 2005 年には建設が終了した。相変わらず電気のない村の暮らしだが、若者たちは町へ出ればインターネットを使い、家に帰ればランプの下で静かに暮らす、その生活を楽しんでいる。

(海津ゆりえ)

§3　ボスニア・ヘルツェゴビナ

(1)　持続可能な地域づくりのためのエコツーリズム推進プロジェクト

今日、グローバル化の進行のもと、富裕な世界で幸せの増大する裏で貧困な世界の不幸が増大している。このような状況下で人々の生命の安全とその地域固有の文化の存続を持続的に可能にしようとする「人間の安全保障」「文化的安全保障」の確立をどのように図っていくのかが課題となっている。

世界観光機関によると、1950 年における全世界の外国旅行者数は 2,500 万人であったが、1970 年には 1 億 5,900 万人、1990 年には 4 億 5,500 万人、2000 年には 6 億 8,800 万人、2010 年には 10 億人に増加するといわれている。観光は、グローバル化の中で世界を変革する力と地位を獲得しつつあるといっても過言ではない。そしてこれからの観光開発や推進のあり方によっては、人間の安全保障と文化的安全保障に大きく貢献するキーとなりうるものということができる。

ここで紹介するボスニア・ヘルツェゴビナにおけるコミュニティレベルのエコツーリズム観光開発による地域発展プロジェクトは、まさに以上のような課題を受け、エコツーリズムは異なる地域文化の尊厳と存立を認める持続的な地域開発と平和の実現に貢献するのか否かという壮大な社会実験ともいうべきものである。

ボスニア・ヘルツェゴビナは、多民族国家だった旧ユーゴスラビ

アの中でも，とりわけ複雑な民族構成の国である。国土の中央部をディナルアルプス山脈が走り，2,000メートル級の峰々が連なる山地の多い北部をボスニア地方，南部をヘルツェゴビナ地方と呼び，これを合わせたものが国名となっている。

　この地は東西の文化の接点であった。文化の衝突が時に戦乱の発火点となり，時の勢力に翻弄され続けてきた地域でもある。ボスニア・ヘルツェゴビナ紛争は家族の間に国境をおこうとするような愚行だった。ムスリム勢力が人口の約45パーセント，セルビア人が約30パーセント，クロアチア人が約20パーセントで構成されている。1992年4月に内戦が勃発する以前は，宗教の違いはあるものの，互いの慣習を認めつつ混住・共存してきた。しかし，1990年代に入り，ソビエトの崩壊にともなう周辺共和国の独立機運の高まりの中で，歴史的に蓄積された各民族間の憎悪がボスニアでも湧きあがり，独立を目ざすクロアチア人，ムスリム勢力と独立反対のセルビア人による戦闘が激化，最終的には3勢力による「民族浄化」運動となり紛争が拡大した。1995年11月デイトン合意後，ボスニア・ヘルツェゴビナにはNATOが主体となっている平和履行部隊が駐留を開始して国際監視下におかれた。

　死者20万人と200万人以上の難民・避難民を出した紛争はいまだに3民族間の市民の間に戦争の傷跡としての憎しみ等を残しており，多くの問題を抱えている。このような，外部からの資本の投入も希望が持てず，政府もなく行政も十分に機能しない状況下で，どのように自律的な発展を目ざしていくのかが問われていた。

(2) 民族融和のための自律的観光開発理念とは

　以上の状況の中で，JICA（国際協力開発機構）を中心とする観光開発計画プロジェクトが2003年12月から本格的に開始された。激烈な内戦で対立したムスリム系，クロアチア系，セルビア系の3民族

Ⅴ　日本型エコツーリズムの手法の拡がり

の融和に貢献することを前提にしてパイロットプロジェクト（事業を本格的に立ち上げる前の試験的なプロジェクト）が組み立てられている。本開発プロジェクトは，いくつもの困難な条件のもとで実施されている点を明らかにしておく必要がある。

　①ボスニア・ヘルツェゴビナ国政府と二つのエンティティ（ムスリム系・クロアチア系によるボスニア連邦とセルビア系のスルプスカ共和国）との調整を行わねばならないこと
　②地域のミュニシパリティ（地方行政府）との調整を行わねばならないこと
　③パイロットプロジェクトを両エンティティにまたがる地域で実施し，3民族の融和に貢献すること
　④内戦で対立した3民族の住民主導で持続可能な地域づくりを行わねばならないこと
　⑤帰還の促進と帰還難民の生活支援に貢献すること
　⑥短期間で目にみえる形での具体的な成果をあげること

　従来の開発方式であれば，対立地域を避けてより安全で安定した地域を選択するはずである。住民主導ではなく，現地政府との連携による官主導でプロジェクト推進を図るはずである。さらに短期間で成果をあげることが前提条件にはならないはずである。このような従来のODA（政府開発援助）方式とはまったく異なり，いわば組織より人を，指導より自主性と発意を重んじた進め方を選択しているのである。

　従来型のものとの違いをまとめると以下の通りである。
従来のODA援助との違い
　①安定地域から対立地域での実施へ
　②官主導から住民主導へ
　③コンサルタント提案から住民発意へ
　④長期援助から短期間の具体的成果主義へ

⑤組織への資金投入からプロジェクトリーダーへの信用資金投入方式へ

(3) 自律的発展のための仕掛けづくり
地域住民主導による「宝探し」による他民族の誇りの共有化作業

今回の開発計画調査では、まずはじめに二つのエンティティと地域のミュニシパリティより推薦された3民族の地域住民の出席を求めて一堂に集め、繰り返し会合を開催し、地域づくり課題の議論を行わせた上で課題選択を行わせている。

課題とは、自分たちで「最も自慢できる宝とは何か」を探し出し、出席者に発表していく果てしない作業であった。当初は20を超える宝が議論されたが、3民族が同じテーブルで話しあうことはなく、民族ごとのテーブルに固まってしまい、対立の溝の深さをまざまざと見せつけられたという。やがてそれらが6課題に整理されるにつれ、宝探し作業で提案されたテーマごとにテーブルを囲むようになり、最終的に他民族も含め地域住民の合意のもとに北部地区と南部地区の双方でそれぞれ3課題が、地域づくりの優先課題として選択された。

このように住民主導のもとで地域づくり課題の議論を行わせ、課題選択が行われた結果、停戦後初めての3民族合同の共同作業として結実するに至っている。

ここでは、以下のように選定基準をもうけ、対象プロジェクトを6課題に絞り込んでいる。

①地域社会への経済的なインパクトが見込まれること
②地域の資源や特性をうまく利用していること
③地域住民の広範な参加が得られること
④短期間で効果が出るJICAのサポートがなくなった後も自立発展性が確保できること

V　日本型エコツーリズムの手法の拡がり

この結果選ばれた6パイロットプロジェクトとして，①北部地区（ヤイツェ，シポポ，イエゼロ）では，

1)　エコハウス（道の駅）建設と特産品の販売促進プロジェクト
2)　エコスポーツハウス建設とスポーツ活動推進プロジェクト
3)　農家民宿推進プロジェクト

が選ばれ，②南部地区（ブラガイ，ポドベレズ，ネベシニエ）では，

4)　歴史街道整備プロジェクト
5)　牛乳集荷促進プロジェクト
6)　観光振興および農家民宿推進プロジェクト

が選ばれた。

これらのパイロットプロジェクトは，地域の貴重な自然資源，文化資源，人材資源など地域住民が発見選定した「地域の宝」であり，それらを持続可能な形で自律的に活用する試みでもあるといえる。

現地における関係者のヒアリング調査で明らかになったのは，多くの関係者が「もしも今回のJICAのプロジェクトがなければ，対立する3民族が同じ地域の共通の課題を論議するために同じ席に着くことはまったくなかったであろう」と証言していることである。

今回の地域観光開発計画チームは，北部地区と南部地区の双方において，3民族からなる地域住民の出席を求めて繰り返し会合を開催し，まずはじめに地域観光開発課題の選択を行わせた。当然，当初は3民族間に意見の対立が顕著であったが，20回以上にわたり両地区での会合を重ね，当初は40を超える課題が議論されたが，やがて10課題に整理され，最終的に地域住民の合意のもとに北部地区と南部地区の双方でそれぞれ3課題が，地域づくりの優先課題として選択されたのである。

このように住民主導のもとで地域観光開発課題が選択されたことは，高く評価されるべき手法であったといえる。とくに，激烈な内戦を経験した対立する3民族が共存共栄を図るための地域開発課題

を自ら選択し，共通のプロジェクトに参画がなされたことは，高く評価しなければならない。まさに，人間の安全保障や文化的安全保障を生み出すためのローカルコミュニティ・レベルにおける努力のあり方として特筆されるべきものである。

とくに，今回の開発計画調査では，南北両地区でそれぞれ10軒ずつの農家民宿が選定され，新たなる収入の手段とさまざまな民族が交流する機会が生み出されたことは，人間の安全保障や文化的安全保障につながる試みとして評価できる。また，北部地区のエコハウス・プロジェクトは，日本の全国ですでに実施されている「道の駅」事業のボスニア・ヘルツェゴビナ版であり，3民族がコラボレーション（協働）を図って，特産品の販売促進，プリバ川流域地域のブランド化，観光情報の提供などを行うものである。

このプロジェクトは，成功すれば今後，各地で展開が可能な事業であり，パイロットプロジェクトとしての成功が期待されている。南部地区における牛乳集荷促進プロジェクトについても，当初はポドベレズとネベシニエにおける3民族の融和を図るための事業として構想されたが，視察の時点ではムスリム系を中心とした事業展開にとどまっている。しかしムスリム系の住民の参加は順調であり，さらにポドベレズにおける帰還難民の生活支援という面で大きな貢献をなしている。

現地の開発計画調査チームは，住民主導で地域づくりプロジェクトを立ちあげるとともに，新たな収入を得るための方策や民族融和のための方策や人材発掘・育成などの面で顕著な効果をあげている。困難な前提条件のもとで，短期間に目に見える形で成果をあげており，今回のパイロットプロジェクトに続いて，次のステップにおける国際協力についても特段の配慮が期待されている。

V　日本型エコツーリズムの手法の拡がり

地域社会形成のための参加意識の形成と構築された推進体制（郷土愛の育成）

　北部，南部の両地区では，パイロットプロジェクト実施に向け，エコツーリズムの運営に必要な五角形の組織化（本書112頁参照）がJICAプロジェクトメンバーによって図られ，その新たな組織化あるいは既存組織の活用をもとにした資金運用の一元化，さらにガイド育成，民宿のホスピタリティ要請，製品開発のための人材育成等が，幅広く行政，コンサルタント，旅行業者との連携で行われている。

　とくに両地区で選出された六つのパイロットプロジェクトの実施にあたっては，

　①まず最初に地域の中から南北の両地区プロジェクトコーディネーターを現地採用で配置し，JICAとの情報交換を緊密に行いながら民族間の意見の相違調整にあたらせ，あくまでも住民間で問題を解決するシフト体制を布いている。

　②またパイロットプロジェクトごとの実施ではキーパーソンを民間から人材発掘し，その育成と運営の後方支援にあたるという「人探しに始まり人探しに終わる」という理念で貫かれている。

　③またプロジェクト推進の理念は，従来の「組織化なくして持続化なし」といった組織化先行論から仕組まれたものでなく，「選ばれた民間人材の活性化と持続化のための組織化」を試みている点も，従来の理念と違ったものであり注目すべきことである。

　この点は従来の支援方法が構造物の建設を主とした大形事業の導入による経済の活性化を狙った「ベストセラー型」であるのに対し，このプロジェクトは小規模ではあるが住民の力量と発意に合わせ，住民間の利害を調整しながら進めていくという，いわばコミュニティ形成を目ざした日本的な「ロングセラー型」を指向したものとして評価される。

（4） エコツーリズムによる平和な社会構築をめざして

ボスニア・ヘルツェゴビナのエコツーリズム開発における各々の過程では，それぞれのプロジェクトにおいて，ワークショップにより実施した「宝探し」にとどまらず，「プリバ・スポーツアソシエーション」による交流センター兼ショップづくり，エコプリバによるエコハウスでの地域内資源を活用した展示販売や，住民によるジャムや織物，野菜等の新商品開発，民宿でのモデル先進地事例見学を通じた民宿のリニューアル化や，宿泊者向けの風土型レシピ開発，牛乳プロジェクトをベースとしたチーズ開発や他の農民までの参加者の拡大，はちみつの新製品開発，青年会による自然観察会やエコツーリズムマップ作成等，宝をより良くみせるためのプログラム開発や商品開発，すなわち「宝探し」から「宝磨き」までの作業が実施され，住民自身のアイディアと工夫によってさまざまな努力が始まっている。このことは本プロジェクトの目的であるコミュニティベースのエコツーリズム開発による自律的な発展が，着実に形成されていることを示しているといえる。

最後に，多くのパイロットプロジェクト関係者の間で聞かれたことであるが，住民から，現在のJICA支援にとどまることなくパイロットプロジェクト間の連携を図り，より高い経済効果や自分たちの手による新しい地域イメージを生み出そうと，ステップ2に向けた積極的な多くの提案や行動計画が多くなされているという。

このことは，本プロジェクトの目的のひとつである難民支援と民族の融和による平和の実現と経済の活性化を図り，着実に地域を住民自身の手で誇りある郷土としていくという展望意識が形成されていることを示すとはいえ，ひいては，観光による「人間の安全保障」と「文化的安全保障」の確立に向けてその蓄積を図りつつあるものとして特筆すべきことである。

V 日本型エコツーリズムの手法の拡がり

　本件はJICAによって開始されたコミュニティベースのエコツーリズム開発であるが，従来とは違った理念にもとづいている。すなわち徹底して開発主体を地域住民におき，住民の中に平和を構築していく正解があるとしている点である。いい換えれば，コンサルタントに正解はないとしている視点である。やり取りしながらつくっていくプロセス重視のまったく新しい開発視点でもある。

　今現地で行われているパイロットプロジェクトは住民同士の顔を突きあわせた論議の中から生まれたものであり，JICAが指示したものではない。住民の中でジョブ＆トレーニングを繰り返して完成させていく，いわば受益者が実施者であるプロジェクトといえる。そのためこのプロジェクトは今まで考えられていた最終目標である政府への技術移転ではなく，個人や民間に技術移転していくことを目標としており，またプロジェクトの中心軸が常に人材開発におかれている点も特色である。

　論議の過程において，参加した住民や政府や地域行政関係者とのヒアリングの中で，この住民主体による参加方法に対して，民族の対立を超え，共通して称讃の声を多く聞くことができた。民族相互が誇りと知恵をベースに共通の課題を見出し，「宝探し」によって発掘された資源を活用した事業によってエコツーリズム開発を推進し，持続的に経済の自立を図る手段として極めて高い評価を与えるものである。ワークショップ当初，民族同士で固まってバラバラに話しあっていた状況から，最終回にはともに同じ机に向きあい論議を重ねるまでに進んだ状況は，住民相互がベースのプロジェクトの成功をうかがわせるものである。

　また本調査を通じて印象的だったことは，組織名「バイオプロダクト」の責任者エサト・コチチッチ氏にヒアリングした時，「プロジェクト参加者はほぼ無給で関わっている」との発言があったことだ。「なぜそうまでして関わるのか，その意義は何なのか」との質

問に対し,「大学では犯罪学を専攻し,4年間警察部門での職探しをしたが見つからなかった。村の集まりに出席した折,若い人で何かしてくれないかと頼まれ友人と相談して考えた。1年以内に必ず成功させてみせる。いまの牛乳プロジェクトは,住民の誇りであり私自身いまの仕事に誇りがある。仲間と話しあって進めているがJICAに感謝している。しかしJICAが来なくても1年遅れで同じことをしていたと思う」と語った。本プロジェクトが地域住民ベースの「宝探し」の中から出発しいかに自らの持続的な関わりを生み出す仕組みづくりを行っているかを印象づける発言であった。

(真板昭夫)

参考文献
下休場千秋［2005］『民族文化の環境デザイン——アフリカ,ティカール王族社会の環境論的研究』古今書院。
真板昭夫・比田井和子・高梨洋一郎［2010］『宝探しから持続可能な地域づくりへ——日本型エコツーリズムとはなにか』学芸出版社。

Ⅵ エコツーリズム推進法と新たな展開

1 エコツーリズムと法律・政策

エコツーリズムと政策

　エコツーリズムへの関心が世界的に高まっている。しかしながら，途上国と先進国ではエコツーリズムへの期待は本質的に異なり，各国が求める政策の方向性も自ずと違いがあることを認識しておく必要がある。

　豊かな自然を有する途上国では，自然に関心の高い先進諸国の観光者からの収入を確保し，資源である自然環境の保全・管理費用に活用するための手段として，国や地域が積極的に統制・管理する観光形態としての性格がつよい。

　これに対し，下村彰男［2002］が指摘するように，わが国では，発地（観光者）と着地（受け入れ地）の両者の要請から，エコツーリズムへの期待が高まっている。ここでいう「発地の要請」とは，近年の「滞在・滞留型」の観光への志向の高まりにともない，棚田や里山など，人と自然とが密接な関わりを持ちながら維持されてきた"身近な自然"もまた，重要な資源と認識されるようになり，農山村の環境が注目されるようになったことである。「着地の要請」としては，地方において人口が減少して高齢化が進行すると同時に，地域を支えてきた農林業などの構造的な不振により，地域の自然環境が維持されにくくなっていることである。

　なお，このような傾向は日本に限られることではない。前者に関しては，1992年，世界遺産委員会が世界文化遺産の新しい概念として「文化的景観」を導入することを決定し，フィリピンの棚田など

が指定されることとなった。従来の建造物に重きをおく文化遺産に対して、自然と人間の共生を示す風景や、文化的な営為そのものの価値が見直され、観光対象としても評価されるようになったのである。後者については、「農村らしさ」を保全することに重きをおくヨーロッパの農村地域における観光と共通した課題である。

本章では、こうした認識にたって、エコツーリズムと政策の現状と方向性について、多角的に論じる。

(1) 日本の観光政策へのエコツーリズム導入の経緯

1980年代は、「持続可能な開発（sustainable development）」の考え方が、21世紀に向けての全世界的な環境政策の指針として明確に示された時代であった。資源の有限性や地球温暖化など、国境を超えて解決すべき課題が注目されるようになったことがその背景にある。この考え方は観光分野にも大きな影響を与え、1990年代に入ると、日本の観光関連省庁の政策にも浸透してゆく。

1990年、環境庁（現・環境省）は熱帯林生態系を保全するための方策としてエコツーリズムを提唱し、同年から92年にかけて「自然体験活動推進方策検討調査」を実施した。1992年には、JNTO（国際観光振興会、現・日本政府観光局）の監修によって国内外の「エコツーリズム（環境と調和した観光）」の取り組みを紹介する報告書が出版された。同年、「環境対策特別委員会」を設置し、環境保全とエコツーリズム推進の活動を開始した日本旅行業協会（JATA）は、翌93年に、JATA会員と一般旅行者への環境意識の啓蒙を目的としたスローガン（「地球にやさしい旅人宣言」）を発表し、エコツーリズムに対する積極的な姿勢を明らかにするとともに、途上国における自然環境の改善や文化財の修復などのための「JATA環境基金」を創設した。同協会はその後も、エコツーリズムの入門書（『JATAエコツーリズムハンドブック』）を刊行（1998年）するなどの活動を行っている。

VI　エコツーリズム推進法と新たな展開

　運輸省（現・国土交通省）は94年，大阪で開催された世界観光大臣会議において，持続可能な観光を実現させることが21世紀の観光政策の基本的な方向であることを宣言する（「OSAKA観光宣言」）。翌95年の観光政策審議会答申では，「観光は文化遺産，自然環境，各地の伝統の良き保護者となるべき」であり，また一方で，「観光は，破壊されやすい文化遺産，自然環境等を保護，保全するために必要な資金・経済力を提供することができる」ものとして，持続可能な観光を実現することの重要性を指摘し，その後の国内観光政策の方向性が示された。これはエコツーリズムの目ざすものと一致する考え方である。事実，これに沿ってエコツーリズムワーキンググループが設置され，モデル地域における振興方策の検討が開始された。

　98年3月には，「21世紀の国土のグランドデザイン」と名づけられた5回目の全国総合開発計画が閣議決定された。この計画の中では，「恵み豊かな自然の享受と継承」を基本的課題のひとつとしてあげ，「多自然居住地域の創造」が戦略に盛り込まれた。この計画をもとに，国土庁（現・国土交通省）と水産庁は合同で海の資源を活用した漁村滞在型余暇活動（ブルーツーリズム）に関する調査報告書をまとめている。2000年12月に出された観光政策審議会答申は，95年の答申に示された方向をより具体化していくためにまとめられたものであり，21世紀初頭の観光振興を考える基本的視点として「自然・社会環境と共生する観光の振興」が，3本の柱のひとつとして取りあげられている。

　このように，1990年代は，世界規模での環境への関心の高まりを受けて，わが国でも持続可能性や環境との共生が政策理念として導入され，その展開プロセスとしてエコツーリズムの重要性が周知された時代であった。

　21世紀に入ると，エコツーリズムは観光政策の取り組みのひとつの柱として明確に位置づけられ，具体的な方策が本格的に始動する。

とくに2003年は「観光立国元年」ともいうべき年であった。この年の1月に「観光立国懇談会」の開催が決定され，4月には報告書がとりまとめられた。その中で，観光立国の基本理念として，「光を観る」ことに加え，住む人々が地域の「光」を自覚し，「光」の輝きに磨きをかけ直すことの必要性が指摘されている。また，同懇談会の報告書を受け，同年5月には「観光立国関係閣僚会議」が開催され，7月には「観光立国行動計画」が策定された。同計画では，エコツーリズムは観光立国のいっそうの促進を図るための取り組みの柱のひとつと位置づけられ，同年11月に環境大臣を議長とした「エコツーリズム推進会議」がスタートした（次頁コラム参照）。その後，「エコツーリズム憲章」の制定や全国のエコツアー情報をインターネットで紹介する「エコツアー総覧」の開設など，適正なエコツーリズムの普及・定着をめざした方策や，「モデル事業」の取り組みへの支援が推進されている。

2006年12月には，従来の観光基本法を全面改正した「観光立国推進基本法」が成立した。これにもとづいて策定された「観光立国推進基本計画」(2007年)でも，エコツーリズムは「新たな観光旅行の分野（ニューツーリズム）」の柱のひとつとして明記され，同年6月には，「エコツーリズム推進法」が成立した。同法は2008年4月から施行され，エコツーリズムの本格的な推進体制が始動することとなった。

(2) 観光の質的変化とエコツーリズムの役割

「みる観光からする観光へ」といわれるようになって久しい。価値の高い観光対象を移動しながらめぐる「周遊型」の形態は観光の基本型であり，これがなくなるとは考えにくい。しかし近年は，観光旅行の同行者タイプが団体から小グループにシフトする中で，観光者の動き方・過ごし方の選択肢が増え，地域の自然や文化，さら

には生活そのものを，時間をかけて楽しむ観光の形態が，以前にも増して求められるようになってきた。観光者が動く単位が少人数になれば，必然的に行動の自由度も高くなる。とくに，少人数を単位とした「滞在型」の観光においては，1カ所での滞留時間が長い分，観光者がそこで心身両面でどのような楽しみ方ができるか，体験の多様さや質が問われることになる。

環境省「エコツーリズム推進会議」

2003年に小泉政権下で環境大臣に就任した小池百合子は，自ら発案し，議長となって2003年11月から2004年6月にわたってこの会議を開催した。主催は環境省であるが，国土交通省，農林水産省，文部科学省との4省合同の連絡会議，推進会議本会議と幹事会，ワーキンググループという四つのミーティングを並行して進める大がかりな枠組みの会議であった。結論として五つの方策を策定し，一部は会期内に，一部は会議終了後の2004年度から3カ年にわたって開催された。五つの方策とは表1の通りである。

「エコツーリズムモデル事業」は，8地域を選定し3年間の推進支援を行うというものである。環境省は①自然豊かな地域，②既存観光地，③里地里山という三つのカテゴリーをあらかじめ設定して応募を待った。それぞれ9地域，13地域，33地域と，予想を上回る多くの地域から反応があった（表2）が，中でも「里地里山」に分類される地域からの応募が多かったことに，筆者も一員として加わっていたワーキングメンバーは驚かされた。その多くが，これまで観光地としては知られていない地域だったのである。これは2004年時点での日本におけるエコツーリズムの位置づけを表しているものといえるだろう。屋久島や西表島，小笠原といった，突出した自然豊かな地域でしか成立しないものと見なされていたエコツーリズムが，徐々に自然体験以外の側面（地域振興など）でもとらえられるようになった。まさにエコツーリズムの全国展開の始まりであった。 （海津ゆりえ）

表1 エコツーリズム推進方策

方　策	概　要
①エコツーリズム憲章	エコツーリズムを進める意義やエコツーリズムを通じてどのようなことを実現するか，などの理念を詩であらわしたもの。2004年6月策定済。
②エコツーリズム大賞	エコツーリズムに取り組む地域や事業者の取り組みを表彰するもの。2005年6月5日に第1回表彰式（於・愛知万博）が執り行われた。現在も継続中で，2010年に第6回を迎えた。
③エコツアー総覧	エコツアー，エコツーリズムに取り組む交通機関，環境に配慮する宿，エコツアー事業団体等の情報提供サイト（http://ecotourism.env.go.jp/）（継続中）
④エコツーリズム推進マニュアル『エコツーリズム　さあ，はじめよう！』	自治体向けにエコツーリズム開発手順を示した教科書。エコツーリズム推進会議ワーキングメンバー等が中心に執筆，とりまとめを行った。2004年11月環境省編，日本交通公社発行。
⑤エコツーリズムモデル事業（2004～2006）	エコツーリズムに取り組みたい地域に対する環境省の支援事業。選定されたモデル地域13地域に対し，3カ年にわたって推進事業を支援した。期間中は毎秋交流セミナーを実施した。

表2 エコツーリズム推進モデル地域

カテゴリー	課　題	地　域
豊かな自然の中での取り組み	典型的エコツーリズムの適正化	(1) 知床地区（北海道斜里町・羅臼町） (2) 白神地区（青森県西目屋村・秋田県藤里町） (3) 小笠原地区（東京都小笠原村） (4) 屋久島地区（鹿児島県上屋久町・屋久町）
多くの来訪者がある観光地での取り組み	マスツーリズムのエコ化	(1) 裏磐梯地区（福島県北塩原村） (2) 富士山北麓地区（山梨県） (3) 六甲地区（兵庫県神戸市） (4) 佐世保地区（長崎県佐世保市）
里地里山の身近な自然，地域の産業や生活文化を活用した取り組み	保全活動実践型エコツーリズムの創出	(1) 田尻地区（宮城県田尻町） (2) 飯能・名栗地区（埼玉県飯能市） (3) 飯田地区（長野県飯田市） (4) 湖西地区（滋賀県） (5) 南紀・熊野地区（三重県・和歌山県）

Ⅵ　エコツーリズム推進法と新たな展開

　しかしながら、日本では滞在型の観光を楽しめる環境が未だ整っているとはいえない。その大きな要因に休暇制度の問題がある。欧州諸国では、連続休暇制度の制定に呼応して、週単位の利用、自炊設備付きの廉価な施設が整備されてきた。それに対し、連続休暇制度が保障されなかった日本では、低廉な宿泊施設を多くの省庁が別々に整備してきたために、本来であればバカンスの主役である子持ち家族向けの滞在施設が育たなかった。さらに海外旅行の急速な低廉化が進むことで、まとまった休暇がとれれば外国のリゾートで楽しむという、特殊な構図が生まれたのである。

　わが国でも近年、長期休暇取得へ向けた動きが活発化しているが、仮にまとまった休暇がとれるようになったとしても、リーズナブルな料金で、かつ滞在が楽しめる旅行目的地が国内に増えない限り、日本での長期滞在は実現しないだろう。

　また、美しくない土地には誰も長期滞在したいとは思わない。ドイツで1961年に始められた「わが村は美しく」コンクールは、ただ景観面だけではなく、地区の発展や共同生活などが評価項目に組み込まれている。地域の景観美が、産業や生活ぶりに支えられていること、それを評価し支援する仕組みが大切であることを理解する必要がある。

　エコツーリズムは、自然環境や地域に根ざした知的所産の価値を改めて見直そうとする活動であるから、四季それぞれ多彩な表情を持つ日本各地の個性ある景観をはぐくむ推進力となり、滞在に値する美しい地域づくりの土台を築く役割を担っている。また、エコツーリズムの導入は、観光者の体験の質をふくらませ、地域への滞在の楽しみを倍加させるだけではなく、インタープリターや「語り部」として活躍する高齢者の生きがい、交流の促進など、観光者と受け入れ側双方の知的刺激や身体的な活力をもたらすことが期待される。エコツーリズムの推進は、地域の体力を甦らせ、個性を際だ

たせたり，国民に活力を与える社会政策としての性格を多分に有しているといえる。

(3) 「適正なエコツーリズムの普及・定着」に向けて

　国民が海外旅行へ気軽に出かけられるようになったことで，国内の観光地やリゾートが，質の高い海外のそれらと同列に比較される時代となった。政府は近年，「観光立国」を標榜して外国人観光客誘致に力を入れているが，インバウンドの目標人数の達成にも増して大切なことは，まずは海外旅行の経験豊富な日本人が国内で滞在を楽しめるような，魅力ある国づくりのインフラ整備に本腰を入れて取り組むことである。成長が前提とされたものづくりの時代が終わり，日本は2005年に人口減少社会に転じた。これからは，国民が真に豊かな生活が送れるかどうかが問われ，それが国の評価として重視される時代となろう。そうであるならば，まずは日本人自身が楽しめる旅行目的地を国内にどれだけ持てるかという点が，これからの国の豊かさの重要な指標となる。

　先に述べたように，持続可能性や自然との共生が，世界的な共通課題とみなされる時代となった。かつて高度な循環型社会を実現していた伝統や，湯治のような滞在を楽しむ文化の蓄積のある日本は，先進国によるエコツーリズムの目ざすモデルとなれる条件を十分に有している。政府の推進する「適正なエコツーリズムの普及・定着」は，これからの成熟社会の実現に向けた，国民の生活を豊かにするための総合社会政策であり，休暇制度の問題に加え，福祉や教育などの視点も含めた省庁の枠を超えた総合的な取り組みや，関係機関との連携・調整が，今以上に必要となる。これまで日本では，中央省庁が新しい法律をつくって補助金交付システムを考え，自治体はその事業の本質を理解しないままに補助金の獲得を目ざし，ハード面に偏った事業を実施することが繰り返されてきた。そのた

め,特色がないデザインの建築物や土木事業が全国で相次ぎ,地域景観の個性が急速に失われている。エコツーリズムを一時的な流行としないためには,まずは各地域がエコツーリズムの重要性を認識して主体的に自らの生活環境のあり方について考え,その改善に長期的な視点を持って取り組むこと,そして国は,いかにすれば地域が,腰を据えてエコツーリズムを展開できるかという視点から,その推進を継続的に支援し,育ててゆく姿勢が求められる。

(橋本俊哉)

参考文献

下村彰男[2002]「社会システムとしてのエコツーリズムに向けて」『科学』72(7):711-713。

日本の観光産業競争力研究報告書[2005]『文明の磁力としての観光立国』日本経済研究センター。

――――[2006]『観光立国の戦略と課題』日本経済研究センター。

2　環境関連法制度とエコツーリズム

環境保護とエコツーリズムの関わりをどう捉えればよいか

　エコツーリズムが観光と環境保護を連携させ，資源の保全と利用を実現しようという発想から出発したことは第1章で述べた通りである。環境保護側からみると，エコツーリズムでは，これまで保全や保護とは相対する概念とみなされてきた観光（利用）や，観光者（利用者）の存在を前提とし，かつ組み込んだ上で環境保護を図るという，限定的かつひと回り大きなスケールでの保護施策を意味することになる。いわば「利用ありき」の環境保護や保全を考えるというステージに入るきっかけをエコツーリズムが提供したわけだ。観光者も地域住民も，観光や地域振興を通して環境保護にも関わりを持つ時代に至ったともいえる。

　環境保護政策は国によって大きく異なっており，たとえば国立公園制度ひとつとっても違う。一般的に諸外国の国立公園は，すべて国有地であり，民有地を含んだり他の省庁の管理下におかれる土地が含まれたりすることはないが，日本の国立公園は，制度が生まれた当初から国有地や公有地，民有地等を指定範囲の中に含んでいる。また，ニュージーランドやオーストラリア等のように環境保護政策がすべてに先んじる国もあるが，日本は各施策間の優劣が明確ではなく，法律同士が拮抗する場合もある。したがって，法制度については国家間の比較や単純な移転等は控えるのが常識である。

　本章では，日本における環境保護や保全に関わる諸法制度について解説した上で，エコツーリズムとそれらの法制度との関わりについて述べる。環境保護はそのカバーする範囲が実に広い。そこで，ここでは動植物や森林など自然そのものを対象とするものに限ることとし，公害法や農地，都市計画等自然保護に間接的に寄与する法制度については除外した。

（海津ゆりえ）

Ⅵ　エコツーリズム推進法と新たな展開

§1　保護，保全，復元

　本論に入る前に，保護や保全，復元等といった概念について整理をしておく。

　「自然」という概念が誕生したのは 16 世紀であると一般的にいわれている。16 世紀は大航海時代が全盛期を迎え，博物学や動植物学研究が盛んになった時代である。だが続く 17 世紀，18 世紀は動植物を捕獲，伐採，利用の対象としてみる見方がほとんどで，アフリカ等のイギリス植民地では大型獣の多くが乱獲によって絶滅に追いやられてしまったのである。19 世紀に入ると人道的な意味から動物愛護運動が起こるようになり，羽毛採取のための野鳥の捕獲に反対する保護団体の運動や不買運動が広まった。一方では工業化の進展による自然破壊や公害の激化からの人間性回復を訴えて，自然回帰，ナショナルトラスト，森林保護などの考え方が広まっていった。

　1872 年には米国に世界初の国立公園，イエローストーン国立公園が創設される。1890 年にはジョン・ミューアの長年にわたる運動の結果，ヨセミテ国立公園が指定されたが，ミューアが最も価値をおいていたものは「原生自然 (wilderness)」の保護であった。いわゆる手つかずの自然の保護である。だがサンフランシスコ大地震 (1906 年) をきっかけに，水源開発のためにヨセミテ国立公園内にダムを建設する機運が高まり，ミューアは反対運動を起こしたが，大統領の指示のもとダム建設に許可が下りてしまった。このエピソードは，自然に手を付けずに守る「保存主義」から，賢明な利用を行いながら守る「保全主義」への概念の転換を示すものといえる。

　自然保護の概念は次のようにまとめられる（吉田 [2007]）。
　〇P 型自然保護：保存 (Preservation)，保護 (Protection)
　〇C 型自然保護：保全 (Conservation)

○R型自然保護：復元（Restoration），回復（Rehabilitation），創出・再生（Regeneration）

三つの類型にまとめられた自然保護の概念は，時代を追ってこの順番で推移している。人が手を加えることそれ自体を回避し，外圧が加わっている場合はそれから守ろうとする「P型」，人為を加えながらも持続的に利用し資源を枯渇させないようにする「C型」，持続可能な開発やワイズユースなどの概念を取り入れながら，損なわれてしまったものを取り戻し，劣化した生態系を改善しようとする「R型」へと自然保護の概念は移り変わっている。

またその対象となる自然も，原生的な自然や希少生物，森林等といった具体的な対象から，1986年に提唱された「生物多様性」という概念を取り入れた「生態系」まで広がりつつある。

(1) 環境保護に関わる条約

国際法では，条約とは国家間で締結される成文法のことをさしている。2国間で取り交わす条約は2者間で協定に調印することで発効するが，多国間条約の場合，締約国入りを希望する場合は発効前に協定書に署名するか，条約発効後に加入を希望する場合は議会での閣議決定によって参加することになる。

エコツーリズムとの関わりのある条約として，ラムサール条約，世界遺産条約，ワシントン条約，生物多様性条約等がある。

○ラムサール条約（「特に水鳥の生息地として国際的に重要な湿地に関する条約」）：1971年採択，日本は1980年に締結

水鳥の生息地として重要な湿地およびそこに生息・生育する動植物の保全を進めることや湿地の適正な利用を進めることを目的としており，締約国は指定湿地の保護に努めることとされている。2008（平成20）年現在，日本の指定湿地は33カ所，面積は13万293ヘクタールに及んでいる。指定湿地の中には，霧多布湿原や

Ⅵ　エコツーリズム推進法と新たな展開

釧路湿原，蕪栗沼，屋久島永田浜などエコツアーサイトとして親しまれている湿地も多い。

○世界遺産条約（「世界の文化遺産および自然遺産の保護に関する条約」）：1972年採択，日本は1992年に締結

　人類にとって重要な世界の遺産の保護を目的としている。文化遺産とは歴史的，美的，科学的に顕著で普遍的価値を有する工作物・建造物・遺跡等であり，自然遺産は観賞上，学術上，保存上顕著に普遍的な価値を有する特徴ある自然の地域，脅威にさらされている動植物の種の生息地，自然の風景地等である。

　2010年現在，指定されている日本の世界遺産は表Ⅵ-2-1の通りであるが，いうまでもなく自然遺産3地域，および文化遺産の多くが日本を代表するエコツアーサイトとなっている。

○ワシントン条約（「絶滅のおそれのある野生動植物の種の国際取引に関する条約」，CITES〔サイテス〕）：1973年採択，日本は1980年に締結

　野生動植物の国際取引を輸出国と輸入国が協力して規制することにより，絶滅のおそれのある野生動植物の保護を図ることにある。規制対象種は，絶滅のおそれの高いものから附属書Ⅰ〜Ⅲに記され，Ⅰに記載された種は商業目的の取引は禁止，学術目的の国際取引にも輸出国・輸入国政府の許可書が必要となる。Ⅱ，Ⅲは商業目的の取引は可能だが，輸出国政府の発行する許可書が必要である。

　記載種については国際空港で展示やパンフレットの形で情報提供されているから，目にする機会も多いはずだ。また生体だけでなく加工品や土産物等にもこの条約は適用されている。注意しないと，旅先での買物の際に知らぬうちにこの条約に抵触してしまうことがある。実は観光者に関わりの深い条約である。

○生物多様性条約（「生物の多様性に関する条約」）：1992年採択，日本は1993年に締結

表Ⅵ-2-1　日本の世界遺産

文化遺産	
	法隆寺地域の仏教建造物（1993 年 12 月） 姫路城（1993 年 12 月） 古都京都の文化財（1994 年 12 月） 白川郷・五箇山の合掌造り集落（1995 年 12 月） 原爆ドーム（1996 年 12 月） 厳島神社（1996 年 12 月） 古都奈良の文化財（1998 年 12 月） 日光の社寺（1999 年 12 月） 琉球王国のグスク及び関連遺産群（2000 年 12 月） 紀伊山地の霊場と参詣道（2004 年 7 月） 石見銀山遺跡とその文化的景観（2007 年 6 月）
自然遺産	
	屋久島（1993 年 12 月） 白神山地（1993 年 12 月） 知床（2005 年 7 月）

　ワシントン条約やラムサール条約等特定種や特定地域を対象とする条約を補完し，生物の多様性を包括的に保全し，生物資源の持続可能な利用を行うための国際的な枠組み条約である。詳しくは後述するが，日本ではこの条約にもとづいて生物多様性国家戦略を策定して各種施策を実施している。この中に「エコツーリズム」も位置づけられている。

(2) 法律・条例

　日本での自然保護に関する行政は，1993 年に公布された「環境基本法」がその基盤を形づくっている。基本法とは，国の施策の基本的な方向を示す法律であり，1967 年に制定された公害対策基本法と 1972 年に制定された自然環境保全法の二つの法律をもとにつくられたものである。その詳細はここでは割愛するが，現在はこの基本法に則して法体系ができあがっている。各都道府県は環境基本計画に従い，都道府県は条例を設けて自治体別環境基本計画を策定することとなっている。さらに市町村別環境基本計画を策定している

VI　エコツーリズム推進法と新たな展開

例もある。

さて、環境基本法に連なる環境保護関連法体系のうち、エコツーリズムに関わりのある法律には、たとえば以下のようなものがある。

①原生的な自然や景観の保全を目的とするもの

○自然公園法

　国立公園、国定公園、都道府県立自然公園の保護と利用に関する法律であり、公園内での規制事項やガイドライン等について定めている。自然公園は指定時に規制計画と施設計画を作成することになっており、それぞれの計画の中で保護計画と利用計画を作成する。地種区分ごとに規制や要許可行為等が定められ、特別保護地区は公園の中で最も厳しい規制がかけられている。国立公園の特別保護地区内には「利用調整地区」があり、利用者の人数や期間等を設定することができる。吉野熊野国立公園内の西大台地区で初めて利用調整地区が設定されたが、その運用には長い期間論議を要した。

　現在29カ所ある国立公園のすべてでエコツアーが実践されているが、エコツアー自体が自然公園の中に仕組みとして位置づけられているわけではなく、事業者による任意な活動として行われている。

　自然公園の概要は表Ⅵ-2-2の通りである。

○自然環境保全法（環境省）

　自然環境保全基礎調査の実施や、すぐれた自然環境を有する地域を原生自然環境保全地域、自然環境保全地域、都道府県自然環境保全地域などの指定に関する法律である。

○自然再生推進法

　過去に損なわれた自然環境の再生を推進する法律で、河川や森林、里山、干潟、サンゴ礁等さまざまな生態系を対象としている。北海道の釧路湿原で2003年に自然再生協議会が設置され、2005

表Ⅵ-2-2　国立公園・国定公園・都道府県立自然公園の概要（環境省資料）

	国立公園	国定公園	都道府県立自然公園
公園の性格	我が国の風景を代表する傑出した自然の風景地（法第2条）	国立公園に準ずるすぐれた自然の風景地（法第2条）	都道府県を代表するすぐれた自然の風景地（条例）
公園の指定	環境大臣が中央環境審議会の意見を聞いて指定	知事の指定申し出を受け、環境省が中央環境審議会の意見を聞いて指定	都道府県の条例に基づき知事が指定
地種区分（ゾーニング）	特別保護地区、特別地域（第1種〜第3種）、普通地域	同左	特別地域（第1種〜第3種）、普通地域
開発行為の許可権限	環境大臣、小規模なものは知事	都道府県知事	都道府県知事
公園事業の執行	①国、②地方公共団体、③その他	①都道府県、②市町村、③その他	都道府県条例に従う
指定公園数（2010年）	29	56	312

年に自然再生全体構想が策定されたのが第1号である。

○景観法（2004年）

　都市、農山漁村における良好な景観の確保を目的として2004年に制定された法律。景観計画、景観地区、景観農業振興地域整備計画、景観重要樹木の指定等が定められており、次章に解説する「エコツーリズム推進法」との関係が考えられる法律である。

○古都保存法

　　　　　（「古都における歴史的風土の保存に関する特別措置法」1966年）

　日本固有の文化的資産として後代の国民に継承されるべき古都における歴史的風土の保存に必要な措置を講じるために1966（昭和41）年に制定された法律である。「古都」とは「往時の政治、文化の中心等として歴史上重要な地位を有する」市町村をさしており、京都市、奈良市、鎌倉市および天理市、橿原市、桜井市、奈良県生駒郡斑鳩町、同県高市郡明日香村および神奈川県逗子市等、政令に定める市町村が該当する。たとえば京都市では大覚寺から

広沢池にかけての嵯峨野一帯の田園地帯が保存対象となっている。
②種や生態系の保全に関する法律
○種の保存法
　　　　　（絶滅のおそれのある野生動植物の種の保存に関する法律・1992年）
　希少野生動植物種を指定し，捕獲，譲渡および輸出入を規制するとともに，生息地等保護区の指定や保護増殖事業の実施などにより，絶滅のおそれのある野生動植物の種の保存を図ることを目的とした法律。たとえばイリオモテヤマネコ，ヤンバルテナガコガネ等は指定種の一例である。

○外来生物法
　　　　（「特定外来生物による生態系等に係る被害の防止に関する法律」2004年）
　特定外来生物（移入種）による生態系，人の生命・身体，農林水産業への被害を防止するため，被害を及ぼすおそれのある外来生物を指定し，飼育，栽培，譲渡，運搬，輸入，野外への放出等を禁止する法律。2005年6月の第一次指定では，アライグマ，タイワンリス，ブラックバス，コクチバス等37種が指定されている。

○文化財保護法（文部科学省・1950年）
　文化財を保存し，その活用を図り，もって国民の文化的向上に資するとともに，世界文化の進歩に貢献することを目的とする法律。ここでいう文化財とは(1)建築物や工芸品等の有形文化財，(2)演劇や音楽等の無形文化財，(3)衣食住や生業等の民俗文化財，(4)海浜・山岳・動植物や地質鉱物等の史跡・名勝・天然記念物，(5)伝統的建造物群等が含まれる。

　西表島にすむイリオモテヤマネコやカンムリワシ等は沖縄復帰と同時に天然記念物に指定され，1995年に世界文化遺産に指定された白川郷や，沖縄の近代の町並み風景を残す竹富島等は，伝統的建造物群指定地区である。

§2　エコツーリズムと環境保護

（1）ローカルルールと法制度

　条約や法律は地球や国全体で必要な共通ルールを明文化したものであるが，都道府県や市町村ではこれらをベースに地域の実情に併せて条例化していく。だが実際にはエコツーリズムを実施する地域には，法律や条例で指定したり規制をかけたりするほど評価のまとまった土地や動植物等を有していない「ふつうの場所」も多い。

　またエコツアーで利用する際に生じるおそれのある環境保護上の課題は，自然公園法の規制対象となっている開発行為や伐採行為等ではなく，ツーリストがある場所に入る時の振る舞いや地域社会に対するマナーなどといった個人の行動に帰属するようなもの，あるいは踏圧による道の荒廃に対して入場規制をかける必要が生じるといった環境保護措置がほとんどである。

　このように，法律や条約ではカバーできない地域固有の課題に対応するためにはケースバイケースで問題解決を図ったり，関係者で協議してローカルルールを設けたりすることが必要となる。だが地域には利害が衝突する関係者が多いものである。たとえば海面の利用方法ひとつをとっても定期船業者，漁業者，カヌーガイド，ダイビング業者などさまざまな商業者がおり，そこへ海洋生物の研究者や自治体，都道府県や国の環境保護当局等が参画する。「保全しながら利用を続けるにはどうすればよいか」。共通の目標を掲げていても議論は1度では終わらず，それ以前に円卓会議を開催するまでに多くの時間や労力が必要となる。東京都小笠原村などではこのような議論を重ねながら多種多様のローカルなガイドラインやルールを制定してきた。

Ⅵ　エコツーリズム推進法と新たな展開

(2) 観光者と法制度

　法制度は，残念ながら一般の人々にとって理解しやすいとはいいがたい表現で書かれている。法律によって規制や影響を受けるのは国民なのだから，普及しづらい表現のままで放置されている法制度は監督庁が怠慢といわれても仕方がないだろう。驚いたことに，これは世界共通の課題のようである。だが先にあげたように環境関連法制度にはエコツーリズムをより良い形で推進していくために関係があるものが多い。

　エコツーリズムに関わる環境関連法制度は，誰がどう知っておくべきなのだろうか。そこには優先順位があると筆者（海津）は考えている。①自治体，②エコツアー事業者（ガイドや旅行会社），③住民・ツーリストである。自治体は当該地域に関わりのある法制度は情報として把握し，理解し，求めに応じて提供する用意をしておく必要がある。

　エコツアーに関わるガイドや旅行会社等の事業者にとって，法制度は事業の前提となる枠組みである。法令遵守（コンプライアンス）が社会活動の前提である現在，知らないでは済まされない場合も多い。またガイドはルールをツーリストに伝える役割を担っており，その点からも日頃から法制度の勉強が必要である。住民とツーリストは環境を守る直接的な主体だ。彼らが環境保護のルールを理解することは究極的に必須である。環境保護のためのきまりごとがなじみやすいものとなり，ルールを守る文化が育つことは，法律やローカルルールをつくることよりももっと重要である。そのためにも，自治体やエコツアー事業者の力が必要なのである。　　（海津ゆりえ）

参考文献
吉田正人［2007］『自然保護――その生態学と社会学』地人書館。

3 エコツーリズム推進法と新たな展開

　地域固有の自然環境資源を観光資源として活用して地域振興を図るとともに、環境保全につなげていくことを目的としたエコツーリズム推進法が、2008（平成20）年4月1日施行された。エコツーリズム推進の共同広場づくりを目ざしたエコツーリズム推進協議会（現在のNPO法人日本エコツーリズム協会）がスタートしてちょうど10年、観光と環境の共生を目ざすエコツーリズムは、国の政策を含めた本格的な普及期を迎えることになった。

(1) 推進法が生まれた社会的背景

　21世紀は観光の時代であると同時に環境の時代でもある。その両者の理念や実践活動を共有するのがエコツーリズムだ。

　2008年に海外旅行に出かけた日本人は1,600万人を数えた。一方、国内宿泊者は延べ3億人で、インバウンド後進国といわれ先進工業国中最も少ないとされてきた外国人旅行者も、政府が当面の目標とする1,000万人に届く数値になってきた。他の消費を削ってでも旅行だけは確保するという先進国型ライフスタイルが国民の中に定着、そのことにより、観光産業はすでに年間26兆円を売り上げる重要産業の一つになってきた。旅行者増は世界共通の現象でもある。

　一方、21世紀はまた環境の時代でもある。地球環境の劣化防止と保全回復への参加が人類共通の課題となるにつれ、観光面でも一極集中型旅行は敬遠され、環境に負荷をかけない分散滞在型の修正マスツーリズムが80年代から90年代にかけて台頭してきた。旅行市

Ⅵ　エコツーリズム推進法と新たな展開

場が多様化し個性化を強めたのも、これを後押しする形になった。

パターン化された名所めぐりの周遊型旅行に代わり、自然の中でのアクティビティを楽しんだり、その土地固有の生態系や伝統文化を楽しむ滞在型観光が徐々に人気を集め始め、それにともなって農村生活体験型のグリーンツーリズムや自然環境を観光資源として活用しながらその保全保護を目ざすエコツーリズムが、散発的ながら徐々に広がり始めたのである。わが国でその象徴的な動きとなったのが、エコツーリズム運動のネットワークづくりを目ざして1998年に誕生したエコツーリズム推進協議会である。

1992年の地球サミット（環境と開発に関する国際連合会議）から10年目にあたる2002年を国連が「国際エコツーリズム年」としたことで、世界のエコツーリズムは一挙に地球的な広がりをみせることになった。環境への負荷を低減すると同時に、観光振興によって貧困からの脱出に貢献しながら途上国の環境保全を持続的に維持していこうという環境保全型観光としてのエコツーリズムの推進が、世界的な課題として一段と、脚光を浴びるようになったのである。

こういった動きの中で、当初、ゴミ拾いや植樹、あるいは押しつけ型環境教育といったイメージの強かったわが国のエコツーリズムも、「観光を楽しみながら環境保全に貢献する新しい旅の形態」といった本来の姿が徐々に理解され始め、2003年に環境省が立ちあげた「エコツーリズム推進会議」によって、小規模ながら一定の市民権を得ることになった。

しかし、自然環境を資源として利用する観光と、それを保護する環境保全活動とは、ともすると両刃の剣だ。地域活性化のために観光を興したいが、行きすぎると環境破壊につながる。保全策を強めれば窮屈すぎて観光的魅力がなくなる。エコツーリズムはそのバランスを保ちながら両者のニーズを満足させる、ガラパゴス諸島で実施されているような、ある種の管理型観光である。

3 エコツーリズム推進法と新たな展開

　エコツーリズムは，地域固有の自然資源や自然の持続的な利用との関わりで生まれている地域の文化的歴史的資源の価値を見直すことによって，その土地固有の観光産業を創り出す一方，人間の創意工夫によって自然や伝統文化を持続可能な形で保全していこうという「知恵」の観光といってもいい。そのためには，どうしても開発や管理に一定のルールが必要である。エコツーリズムに名を借りた安易な観光開発を「グリーン・ウォッシュ」というが，その危険性はわが国でも同じだ。

　日本でも小笠原のホエールウォッチングなどのように，地元業者が自主ルールをつくり資源保全に努めているケースも少なくないが，残念ながら多くの場合，そのルールを部外者に強制することはできない。自主ルールはあくまで関係者だけを拘束する仲間内だけのルールで部外者への強制力はない。エコツーリズムが全国的な広がりをみせれば，こういったルールをめぐるトラブルが地域で多発し，エコツーリズム推進の阻害要因となることも予想される。エコツーリズムの精神を受け止め環境保全に力を入れながらエコツアーを実施すれば，当然のことながらコストが高くなる。しかしながら，いくつかの地域でこのような努力を無にするような低コストのツアーが同じ地域で実施され，悪貨が良貨を駆逐してしまう現象が生まれ始めていたのである。

　このような状況下でエコツーリズムの健全な振興を図るためには，乱開発を防ぎ適切な管理が維持されるためのルールがどうしても必要となってくる。エコツーリズム推進法はこのような背景をもとに誕生したといえる。

　エコツーリズム推進法は，自然環境の活用によって新しい形の観光産業を推進していこうという地域振興策であるとともに，そのことによって発生する環境破壊のリスクを極小にとどめていこうという国としてのルールを定めたものであり，このような活動を推進し

ていこうとする人々への支援策であるともいえる。以下その特色を述べてみたい。

(2) 推進法の特徴と概要

20条にわたる「エコツーリズム推進法」の主な特徴は概略を述べれば以下のようである。

①議員立法として起案され成立したこと。
②環境保護と利用をあわせもつ単独法規であること。
③英語のEcotourismをそのままカタカナ名法規にしたこと。
④日本型エコツーリズムともいうべき四つの理念を掲げたこと。
⑤地域別推進協議会をベースにしたこと。
⑥エコツーリズムに明確な市民権を与えたこと。

まず「①議員立法」は、縦割り行政の弊害を乗越える手段だったということだ。

地球環境問題が緊急課題となったことにより、開発か環境かという選択は国や地域を問わず、大きなジレンマを抱え込むようになってきている。「環境保全を図りつつ開発を続ける」という「持続可能な開発」を打ち出した92年の「地球サミット」から15年を経ても、持続可能な社会づくりは幾多の難問を抱えながらダッチロールしている。理念上はわかっていても実際の施策となると、行政間の壁が障害となって当事者でさえ思う通りに動けない。

従来の縦割り行政の弊害をなかなか乗越えられない、という悩みを持つのはわが国も同じだ。しかし、環境問題は待ったなし。しかも観光を活用した地域振興は、観光立国への地盤固めを図る上でもその中軸となっている。行政による積みあげ調整を待っていては時間がかかり過ぎる。平たくいえばこのようなことを背景に生まれたのが、世界でも初めてといわれる「エコツーリズム推進法」である。

「エコツーリズム推進法」は環境と観光行政を担当した政権与党

の国会議員有志によって起案されたものだ。政党間の政策の違いは立法化を担当する国会審議にも大きく影響される。このため環境関係の国会議員を中心に与野党間で根強い根回しが継続される一方，日本エコツーリズム協会有志による活発なロビイング活動が展開された。結果，「エコツーリズム推進法」は衆参両院とも環境委員会委員長提案により，2007年6月与野党全議員が賛成するという全会一致で可決・成立することになった。「推進法」はこの面でも画期的な法律であるということができる。それに先立ち1年前に「観光立国推進基本法」も与野党全会一致で立法化されている。この二つの新たな法律は，環境と観光の21世紀を象徴する国政のバックボーンになることが期待される。

　③英文カタカナ表記にせざるを得なかった裏には次のような事情がある。

　日本の法律でカタカナ表記の立法化は，数例を数えるのみである。一時，エコツーリズムを漢字表示にして「生態観光」という表現も使われていたが，これだとどうしても「珍しい動植物を観察するツアー」といった，自然を対象とした特殊な旅の一形態に限定されてしまうイメージがつきまとう。エコツーリズムが持つ運動論としての概念が伝わりにくくなってしまう。

　エコツーリズムは，特殊な観光の形態をさすのではなく，観光推進，地域振興，環境保全という三つの要素をバランスよく成り立たせ，推進していこうという構造的な仕組みの概念であり，基本原理なのである。原生的な自然を楽しむ観光というのはその一部であり，もっと広がりのある概念である。そのニュアンスをきっちりと伝えるためには，むしろ英語の概念をそのままカタカナ表記にしたほうが適切だ。この理念あればこそ，環境省にとどまらず国土交通省，農林水産省，文部科学省，の多省庁にまたがる法律として位置づけられているのである。

Ⅵ　エコツーリズム推進法と新たな展開

④エコツーリズム推進法では，立法の理念として「自然環境の保全」「観光振興」「地域振興」「環境教育への寄与」の四つを掲げているが，これに，環境省が2003年の「エコツーリズム推進会議」（小池百合子環境大臣・当時）で打ち出したエコツーリズムのモデルケースとクロスさせて考えると，日本型エコツーリズムともいうべき推進の方向性がみえてきて興味深い（294頁コラム）。

環境省の設置した「推進会議」では，わが国のエコツーリズムを推進する場として「知床や屋久島のような原生的な自然が残る地域」「マスツーリズムが主体となっている地域のエコツーリズム化」「観光未開発地域で環境の保全が必要な里地里山の中間山地」の三つのカテゴリーで合計13カ所をモデルづくりに選んでいる。ここから大きく浮かびあがってくるのは，里地里山を主舞台としてエコツーリズムを推進しようという日本型エコツーリズムの登場である。

エコツーリズムの先進国といわれるアメリカやオーストラリアのような広大な自然に恵まれた国と違い，残念ながらわが国の原生自然はごく限られている。しかし，自然公園の一部まで含めた中間山地は，亜寒帯から亜熱帯まで南北3,000キロメートルに伸びた多様性に富んだ豊かな自然の宝庫だ。と同時に，その多様な自然との関わりで生まれている地域文化も世界に類をみないほど変化に富み，固有の歴史を持っている。

「自然環境」という概念には，その土地の自然とその自然の中で育まれてきた固有の文化も含む，というのが通念となりつつある。このような観点から考えれば，日本型エコツーリズムの主舞台は，全国いたるところに点在する里地里山ということになる。具体的にいえば，農山村であり漁村であり，場合によっては市街地であり町であってもいい。その土地の自然環境を固有の宝として活用し，そのことによって環境を護りながら地域おこしができるのなら，応用範囲は無限に広がっていく。プリンシプル（原理，principle）は同じ

だが，プラクティス（実践，practice）は多様であっていいのである。

 国や地域によって自然環境は異なる。自然環境資源を活用して観光を興し，そのことによって地域の活性化を図り，環境保全につなげていくというサイクルは，少子高齢化で地域の活力低下に悩むわが国にとって，地域を再び元気にする経済エンジンであり，地域の誇りを取り戻し，交流人口の増加促進によって元気な社会づくりにつなげるエンジンなのだ。

 限界集落で子や孫に去られたお年寄りが，村の郷土料理を振る舞い継承されてきた民話を観光客に聞かせながら，生きる活力を取り戻す。エコツーリズム運動の先には，そんな光景がみえてくる。それを"金の切れ目が縁の切れ目"となりがちであった中央政府の落下傘型大盤振る舞い予算によって推進しようということではなく，あくまで地域の自立的かつ自律的な力によって達成していこうというのが，「エコツーリズム推進法」の重要な使命でもある。

 このためエコツーリズムを興すには，まず市町村長が中心となって関係者からなる「推進協議会」を設立，その協議会が中心となってサイトを選定し，地域の宝を探し出し，ガイドを養成し，プログラムをつくり，マーケティングを展開していくという「観光デザイン」の構築が必要である。その間，国は広報活動や技術指導，人材育成などの支援を図ることになっているが，あくまで主体は各地の協議会である。協議会が動かない限りエコツーリズムはそのスタートさえきれない。その点，「エコツーリズム推進法」が目ざすエコツーリズムによる地域おこしは，すぐれて自律的な地域づくりの手法であるということになる。

 地域の推進協議会は，地域の人の誇りであるその土地の宝を「特定観光自然資源」として新たに指定することができる。どんな宝が出てくるか。またその活用がどんな効果を生むか。日本全国，子どもからお年寄りまでを巻き込んだ，地域間の知恵比べ自慢比べとで

もいえるような活性型地域競争が期待される。そして最後に，先にも触れたことであるが，この「エコツーリズム推進法」が立法化されたことの最も大きな効果は，これまで一部関係者のみの世界にとどまっていたエコツーリズムを，一般に広める強力なツールとして活用できる道筋をつくったことである。

もちろん，エコツーリズムという概念が世界的に広まりだしてまだ日は浅い。それだけに観光が，生物の多様性や生態系の保全にどのような影響を及ぼすことになるか，ということも注意して見守る必要がある。場合によっては，法律そのものの見直しが必要になるかもしれない。そのため「エコツーリズム推進法」は，施行5年後の見直し規定を付記している。

(3) エコツーリズム推進基本方針の概要

このエコツーリズム推進法をもとに，「エコツーリズム推進基本方針」を検討する会議が環境省において開かれ，2008年3月5日に最終答申がまとめられ，その後の閣議決定を経て正式に国の政策となった。

そこでは「エコツーリズムを推進する意義と効果」については

ア) 自然環境の保全と自然体験による効果
イ) 地域固有の魅力を見直す効果
ウ) 活力ある持続的な地域づくりの効果

の3点を掲げ地域活性化への効果を強調している。

また，エコツーリズムを推進するための一般的な取り組みについて特に触れ，

①行政だけでなく，観光や自然保護，農林水産業をはじめとする関連産業に携わる人たちや住民などが一堂に会し，話しあい，
②地域が伝えたい魅力（＝地域の宝）をみんなでみつめ直し，あるいは探し出し，

③その魅力を子どもたちに伝えつつ大切にしながら磨き,
④地域外の人である観光旅行者にうまく伝え,
⑤観光旅行者が得た感動をさらに宝を磨く原動力とすることで,
⑥地域経済に活力を与えつつ,他産業との連携などの波及効果を広げる,

という相互に関連する一連の行為であるとしたうえで,地域主導での魅力探しを自らの手で行うことからエコツーリズムが始まる点を指摘している。

そしてエコツーリズムを地域で展開し地域興しにつなげていくために重点的に取り組むべき当面の課題として,

ア) 地域への支援・エコツーリズム推進に関わる協議会などの適切な運営（効果的な技術的助言,指導としての専門家派遣）・取り組む地域に対するノウハウの提供と情報の共有化

イ) 人材育成

ウ) 戦略的広報

エ) 科学的評価方法に関する調査研究

オ) 他施策との連携強化

の5点を指摘している。

(4) エコツーリズム推進法の地域効果

この法律によっていくつかの地域で,微動ではあるが象徴的な動きがみられ始めた。その例を紹介したい。

2008（平成20）年7月京都府宮津市においてエコツーリズム推進協議会が立ちあげられた。宮津市は天橋立を世界遺産にしようと運動を展開しているが,一方で2007（平成19）年8月3日京都府の地名を冠した初の国定公園「丹後天橋立大江山国定公園」が誕生している。この国定公園でのガイドによるボランティア活動グループと世界遺産運動に関わっていたグループが,行政によるエコツーリズム

Ⅵ　エコツーリズム推進法と新たな展開

推進協議会設立と参加の呼びかけを契機に全市一体となった活動展開を試み始めたのである。

いままでばらばらであった各地区での活動，あるいは繰り返される町村合併で生活圏としての地域の一体感が失われかけていた。しかし，このエコツーリズム推進法の成立にともなう協議会の設置と構想づくりが，積極的に地域意識を修復し，地域での意識や活動の連携と一体感を持たせる役割を果たし始めているといってよい。

また，「推進法」に基づく地域ごとの「エコツーリズム推進協議会」の設立に関しては，首都圏で市民と行政が一体となってエコツーリズムに取り組んでいる埼玉県飯能市が2010年全国で初めての協議会を発足，国から認定されている。飯能市は，里地里山型のモデル地域として環境省の「エコツーリズム推進会議」で指定され，その後の取り組みの結果が評価されて環境大臣の「第4回エコツーリズム大賞」（2008年）を受賞した，いわば日本型エコツーリズムの象徴的な存在である。

その後，沖縄・慶良間諸島や屋久島で推進協議会の準備が進められるなど，本格化の兆しが見えはじめている。

以上述べたように，観光と環境の微妙なバランスをどう守り国や地域の活性化につなげていくかという地域一体となった集団としての叡智を試されるだけに，エコツーリズムの普及には今後とも試行錯誤がともなうことは確かだ。それが，運動論としてのエコツーリズムの宿命かもしれない。しかし，エコツーリズム推進法と基本計画にもとづいて策定されるエコツーリズム推進全体構想と守るべき資源への着目と指定という作業プロセスは，地方分権化時代下でのわが国の地域おこしを目ざすエコツーリズム運動に，いやおうなく大きな1ページを開くことになったことだけは確かである。

（真板昭夫・高梨洋一郎）

エコツーリズムと観光の未来

ライフスタイル・イノベーションと次世代ツーリズム

石森秀三

(1) マスツーリズムとニューツーリズム

日本では1960年代以降にマスツーリズムが隆盛化した。団体で観光名所を周遊して回るというマスツーリズムを主導したのは旅行会社や観光開発会社であった。観光客は旅行会社に依存する形で観光旅行を楽しんだ。1975年における旅行業者数は約4,400社であったが、95年には約1万2,900社になり、ピークに達した。

米国の観光学者が「日本の旅行会社によるパッケージ旅行商品づくりは芸術的である」と評するほど発展したが、1990年代以降における観光をめぐる地殻変動の発生に伴って、衰退が生じている。旅行業界は成熟する旅行者のニーズをつかめず、旧態依然の品揃えで、大量販売・低価格競争に偏り、低収益体質にあえいでいる。観光とは「脱日常、非日常の体験価値の提供」という常識が旅行業界を支配しているが、ほんとうにそうなのだろうか。「労働から解放された余暇、脱日常空間におけるリクリエーション（自己再生）」という古典的観光概念はすでに陳腐化している。

一方、21世紀に入ってからニューツーリズムの動きが活発化している。農林水産省主導によるグリーンツーリズム、環境省主導によるエコツーリズムなどを筆頭に、厚生労働省がかかわるヘルスツーリズムや経済産業省がかかわる産業観光なども含めて、さまざまな新しい観光のあり方が「ニューツーリズム」と位置づけられて振興されている。これらのニューツーリズムは「官」の支援を受けなが

ら，地域主導で推進が図られている。

マスツーリズムは旅行会社主導による発地型観光であるが，ニューツーリズムは地域主導による着地型観光を目指している。またマスツーリズムが「団体旅行・名所見物・周遊」型観光であるのに対して，ニューツーリズムは「個人や夫婦や家族旅行・参加体験・滞在」型観光を目指している。

大手旅行会社は，各地域の観光資源を手間暇かけて旅行商品化することをコスト面から躊躇しがちである。そのために地元の観光魅力を熟知している観光関係者が主体となった創意工夫に満ちた旅行商品の創出が必要になる。2007年に，旅行業法が改正され，従来は募集型企画旅行の実施が認められなかった小規模な第三種旅行業者でも一定の条件下で実施が可能になった。法改正を受けて，各地で観光協会が合同会社などを設立して第三種旅行業の登録を行い，着地型の企画旅行の募集を行い始めている。

(2) 近代文明とツーリズム

マスツーリズムは旅行会社や観光開発会社の主導で隆盛化したが，現在では衰退傾向にある。一方，ニューツーリズムは「官」の支援を受けて地域主導で振興されている。観光をめぐる地殻変動の時代を迎えて，北海道大学観光学高等研究センターではいま「次世代ツーリズム」の研究に着手している。これまでのツーリズムは旅行会社や観光開発会社や地域社会が主導してきたが，次世代ツーリズムは旅行者自らが主導する形で進展する可能性が高い。

次世代ツーリズムは，ライフスタイル・イノベーション（暮らし方の革新）に連動して生み出される「新しい観光」のあり方である。ここで，ヘルスツーリズムをとおして，次世代ツーリズムの可能性を考えてみたい。

世界保健機関（WHO）の定義によると，健康とは「身体的・精神

的・霊的・社会的に完全に良好でダイナミックな状態であり，たんに病気あるいは虚弱でないことではない」とされている。ただし，WHO の古い定義では「身体的・精神的・社会的に」だけであり，霊的 (spiritual) という言葉は入っていなかった。現代医学では，ともすれば身体的な病気と精神的な病気に力点がおかれがちであり，人間の霊的な面が看過されがちである。いわば，病人のボディとマインドは取り上げられることはあっても，スピリットは無視されがちであった。

「健康」を意味する英語 health は語源的に「全体の回復」という意味合いがある。本来一つであるべきボディとマインドとスピリットがばらばらになることで生じる病気や不幸について，それらを再結合しなおすことによって，一つの全体として甦らせ，元気や幸福を取り戻すという意味が込められている。現代日本におけるヘルスツーリズムへの関心の高まりの背景には，現時点では「健康増進・健康維持・健康回復へのこだわり」という面が大きいけれども，その根底にはばらばらにされたボディとマインドとスピリットを一つの全体として甦らせたいという思いが無意識のうちにあるのだろう。

産業革命を達成したことによって，人類は数多くの便宜や利便性を獲得し，近代的なライフスタイルの恩恵に浴した。その一方で，工業社会に生きる労働者は機械に働かされることになり，農業社会の比ではないほどに多忙を極めることになった。それでも 19 世紀の中頃になると，機械を休ませる必要上，労働者にも休暇が与えられることになった。その頃には，英国では鉄道網が整備され，鉄道を利用した旅行が庶民にも可能になった。当時，庶民による鉄道旅行の目的地として好まれたのは，それ以前には有閑階級の専有の社交空間であった温泉リゾートや海浜リゾートであった。それらはいずれも健康志向のリゾートであり，庶民にとっての格好のリクリエーション（労働のための力の再創造）の場になった。

日本では、明治時代以降に実に短期間のうちに産業革命を達成し、富国強兵政策のもとで近代国家づくりが急テンポで進められた。軍国主義に傾斜しすぎて、アジアの諸地域や南洋群島を植民地化し、戦争を引き起こして、数多くの犠牲を生み出し、最終的に国を滅ぼした。太平洋戦争後にふたたび甦り、平和憲法のもとでひたすらものづくりと輸出に励んで、世界に冠たる経済大国の道を歩んだ。バブル経済がはじけた後に、経済のグローバル化が急進展する中で日本経済の長期低迷が続いている。

　日本は明治時代以降に、近代文明への過剰適応を成し遂げたために、忙しく立ち働くことが当たり前になった。江戸時代に日本は世界に冠たる観光最先進国として、観光や旅行にかかわる文明システムを高度に発展させたが、明治時代以降にはその伝統が消し去られてしまった。産業革命を達成してからは、英国と同様に、仕事の余暇に鉄道を利用して旅行に出かけることはあっても、あくまでも疲れた労働力の回復（リクリエーション）が意図されていた。

(3) ライフスタイル・イノベーション

　日本が近代文明への過剰適応を遂げた影響がいまさまざまな形で発現している。自然環境の破壊とともに、ヒト体内環境（とくに免疫システム）の破綻が顕著に生じている。日本の子どもたちにおけるアレルギーの増加、免疫抵抗力の低下、感染しやすい体質などは、近代文明がもたらした環境汚染やライフスタイルの変化が引き起こしたヒト体内環境の異常である。

　ヒトの体内環境の異常だけでなく、心の異常も顕著になっている。2008年6月には秋葉原で25歳の若者による通り魔的な連続殺傷事件が発生した。その後にも類似の意図が不明確な殺傷事件が頻発している。

　免疫学者はヒトの体内環境（とくに免疫バランス）の破綻を科学的

に明らかにしているが，精神分析学者や心理学者はまだ十分に「心の破綻」のメカニズムを科学的に明らかにできていない。人間のコミュニケーションにおいて，コンピュータや携帯電話が全盛になるなかで「心の破綻」が顕著になっているように感じるが，その因果関係は科学的には不明である。

　上記のような事件を持ち出すまでもなく，漢字の「忙」という字は「心を亡くす」ということを意味している。近代文明への過剰適応によって生じた「忙しさ」は必然的に知らず識らずのうちに，多くの日本人の「心を亡く」させる結果を生み出しているのかもしれない。

　ヒトの体内環境の破綻や心の破綻に象徴されるような異常を正常化させるために，真剣にライフスタイル・イノベーションを考えなればならない。日本政府は安倍政権のもとで「イノベーション25」とよばれる政策の推進を図った。イノベーションとは「これまでのモノや仕組みに対して，まったく新しい技術や考え方を取り入れて，新しい価値を生み出し，社会的に大きな変化を起こすこと」が意味されている。安倍政権はイノベーション担当大臣をおいて，2025年までを視野に入れた経済成長に貢献するイノベーションの創造のための長期的戦略指針を策定した。ところが，その戦略指針は医薬やナノテクや情報技術などの先端的な科学技術の分野におけるイノベーションに限られており，ライフスタイル・イノベーションという重要な視点はまったく欠落している。

　日本の国益を考えるならば，科学技術のイノベーションに力を入れることは重要である。その結果として，新しい産業分野が立ち上がり，日本経済を牽引していくことは素晴らしいことだ。日本では長らく「経済成長こそが豊かさの原点」とみなされてきた。ところが，その一方で「心の豊かさ」が軽んじられ続けてきた結果として，いま「日本人の心の闇」がクローズアップされる時代になった。い

まこそライフスタイル・イノベーションを真剣に図るべきだ。

いまこそGNP（国民総生産）だけではなく、GNH（国民総幸福度）にも目を向けて有効な政策や施策の展開が図られなければ、日本の未来は惨憺たることになる危険性が大である。日本では憲法改正というと、つねに憲法第9条が問題にされるが、私は以前から、日本国民が憲法第13条にもっと目を向けるべきことを主張している。第13条では「生命、自由及び幸福追求に対する国民の権利については、公共の福祉に反しない限り、立法その他の国政の上で、最大の尊重を必要とする」ということが明記され、国民の幸福追求権が保障されている。今後の日本において、人間にとっての幸せに力点をおいたライフスタイル・イノベーションの推進が重要になっている。

(4) 低炭素社会のライフスタイル

2008年7月に開催された北海道洞爺湖サミットでは、「低炭素社会の実現」が主要課題の一つになった。低炭素社会とは「経済発展を妨げることなしに、温室効果ガス排出を大幅に削減した社会」のことである。炭素がエネルギーを生み出す化石燃料への依存が温室効果ガスを大量に発生させており、危険な気候変動を回避するためには「低炭素社会への移行」が不可欠になっている。

独立行政法人国立環境研究所は京都大学・立命館大学・東京工業大学・みずほ情報総研と共同して、日本の未来における低炭素社会について研究を行った。この共同研究の目的は、2050年の日本において二酸化炭素排出量を1990年に比べて70パーセント削減した「低炭素社会」を実現するための提言を行うことであった。提言は二つのシナリオから成っている。一つは「経済発展・技術志向シナリオ」であり、もう一つは「地域重視・自然志向シナリオ」である。前者をシナリオA、後者をシナリオBと名づけておこう。

シナリオAは、今後の日本が経済発展、技術革新、規制緩和、生

産性・効率性・利便性重視，都市集中，集合住宅居住，仕事重視，消費旺盛，過疎化進展，地方都市の人口減，第一次産業衰退，原子力発電の重視などの方向に進むと予測している。

シナリオBは，今後の日本が経済発展や技術進歩よりもライフスタイル重視・ゆとり志向，都心部から農山村への人口移動，活気のある地方都市の出現，住民参加による理想の地域づくりの追求，農林水産業の復権，歩いて暮らせるまちづくり，もったいない精神の浸透，自由時間重視，自然エネルギー重視などの方向に進むと予測している。

「低炭素社会の実現」という長期的展望にもとづくと，今後の日本は二つの異なる方向に発展していく可能性が大であり，その過程で日本人のライフスタイル・イノベーションが進展することは確実である。そのようなライフスタイル・イノベーションの進展とのかかわりで，次世代ツーリズムが生み出されるはずであり，エコツーリズムやヘルスツーリズムなどのニューツーリズムが次世代ツーリズムへと進化していくことが期待されている。

(5) 次世代ツーリズムと「発光（光をひらく）」

北海道大学観光学高等研究センター教授の佐藤誠は，徳富蘇峰が遺した漢詩に着目して，「発光（光をひらく）」ということの重要性を指摘している（佐藤［2002］）。

徳富蘇峰は「努力発国光（どりょくをしてこっこうをひらかん）」と著わしている。佐藤教授によれば，「発国光」は『易経』に由来しており，「風と土の気があわさった風地観という卦をひいたなら，君子たるものは諸国をめぐって，国光（人材）を発見して，その在野の人材を王にふさわしいほどの破格の待遇で招聘し，自国を治めさせなさいという『観国光』と対をなしている」と説いている。要するに，「光を観る」ことと「光を発く」ことは対をなしているわけである。

エコツーリズムと観光の未来

　私はいま,「発光」を可能ならしめる旅行のあり方を研究している。この場合の「発光」は在野の逸材を見出してその能力を発揮させるという意味ではなく,旅行者自らの「心」や「光」を発く（ひらく）という意味である。

　いまから十数年前に「観光と宗教のホモロジー」を提唱したことがある。ホモロジーとは生物学の概念で「相同」を意味しており,複数の器官において形態・機能は異なるが発生の起源は同じという関係の意味である。要するに,観光と宗教は表層的には異なる現象とみなされているが,起源においては類似の要素があったのではないかと提起したのである。

　かつて宗教者は1人で山野を放浪して超人間的な存在と出会い,悟りを啓いたが,現在の宗教信者は教典や宗教的職能者に教え導かれて悟りを得る。同様に,かつて旅人は1人で旅に出て,苦労を重ねて旅を続けるうちに未知なる世界との出会いをとおして人生の本質を悟ったが,現在の観光客はパッケージ旅行で表層の世界を通り過ぎるだけであり,自らの「心」や自らの「光」を発く（ひらく）ことが難しくなっている。

　いずれにしても,観光をとおして,歓交や感幸を実現し,さらに発光を可能ならしめる「次世代ツーリズム」の創出に貢献したいと念じている。

(6) 観光創造士の必要性

　世界経済フォーラム（WEF）は,2008年に130カ国に及ぶ国々の観光競争力ランキングを公表している。上位の国々に共通するのは人的資源の豊富さ・優秀さである。日本は総合評価で23位だが,観光立国の成否の鍵は観光分野の人材育成が握っている。

　日本の学界は長らく観光学を軽んじてきた。2004年に国立大学が法人化される直前には100近くの国立大学が存在したが,観光学

の大学院，学部，学科，研究機関は皆無であった。法人化後に北海道大学に観光学高等研究センターと独立大学院観光創造専攻が新設されるとともに，琉球大学に観光産業科学部，和歌山大学に観光学部が新設された。私立大学でも近年，観光関連学部の新設が相次いでおり，観光を学ぶ学生数が急増している。

日本各地で観光を基軸にした地域再生事業が推進されており，民産官学の協働が不可欠になっている。そのため地域における協働の調整役を務める専門家が多数必要になる。そのような専門家に対して一定の要件を満たした場合に「観光創造士（仮称）」というような国家資格を認定することによって，地域観光の推進役として能力を発揮しやすい制度の導入が求められている。そのような「観光創造士（仮称）」の養成に当たって，各地の観光系大学が協力することによって，地域の「知の拠点」としての役割を果たすことが求められている。

エコツーリズムは現在ニューツーリズムと位置づけられて推進されているが，今後は旅行者がエコツーリズムをとおして，自らの「心」や「光」を発くことを可能ならしめる「次世代ツーリズム」へと進化していくことが期待されている。そのような新しいエコツーリズムへの進化を遂げるさいに，リスポンシブル・ツーリズム（責任ある観光）の実現が不可欠になる。リスポンシブル・ツーリズムは，自律的観光をベースにしており，ある一定の地域における諸資源（自然資源，文化資源，人的資源など）に対する負のインパクトを最小限にして，正のインパクトを極大化させるとともに，地域住民の福利の増進，自然・文化遺産の保全への貢献，地域住民とビジターの充実した交流の実現，地域社会の経済活性化への貢献などに配慮した観光のあり方である。

地域におけるリスポンシブル・ツーリズムの実現には民産官学の協働が不可欠であり，「観光創造士（仮称）」がその協働の要として

の役割を果たさねばならない。エコツーリズムは次世代ツーリズムへと進化していくことによって,日本における「観光の質の向上」に大いに貢献し,旅行者にとっても,地域住民にとっても,地域の諸資源にとっても,よりよい成果を生み出しうることが期待されている。

参考文献
佐藤　誠［2002］『グリーンホリデーの時代』岩波書店。

おわりに──日本型エコツーリズムの20年

日本型エコツーリズムの20年と今日的課題

　1980年代に，地球温暖化や生物多様性といった環境問題への対応，さらには社会経済の活性化といった期待を追い風として始まったエコツーリズム開発は，現在，世界各地で試行錯誤を繰り返しながらも発展進化を遂げている。1990年代に始まったわが国のエコツーリズムの推進は，手つかずの自然地域のみならず，人と自然の関わりから生まれた多様な生活文化が息づく里山地域の保全と活用による「日本型エコツーリズム」のスタイルを確立し，さらなる展開を広げている。

　この「日本型エコツーリズム」の展開によって，いままで観光地の候補にも挙がっていなかった地域が人気サイトとして人々の話題になり多くの観光客が訪れるなど，成功事例が聞こえてくるようになった。一方で，20年が経過した今日，地域主導のエコツーリズムに対していくつかの課題が指摘されている。それはひとことで言えば，「エコツーリズムといえどもツーリズムである」ということに対する仕掛けづくりと展開が必要となっていることである。

　地域が観光客のニーズに合わせ資源を提供する今までのツーリズムスタイルに対し，エコツーリズムでは，地域住民自体が推進主体となって「誇り」である地域資源を観光客に提供するというツーリズムスタイルへの転換を図っている。しかし，一方で，全国各地で

おわりに

どこでも似たような観光プログラム商品の乱立とダンピングが見られ，どれがどのように魅力があるのか，違いがあるのか，見えなくなりつつある。むしろ環境に配慮し固有の情報を収集してきたエコツーリズムサイトの優良プログラムが悪貨に駆逐される現象すら起こり始めているのである。今後，このような動きに対応し，さらなる持続的な発展のためには，地域の人々の誇りである宝への思いを，地域を訪れたいと思わせる観光客の興味に結びつけて交流の促進を図っていく行動，「訪れたいと思う人々の心に宝を使って寄り添う宝興し作業」を可能とする仕掛けが必要とされる段階になってきているのである。「日本型エコツーリズム」の先進地である二戸市の担当者は，20年近くの活動の経緯を振り返り，「地域の宝を探すことはエコツーリズムによる地域づくりの基本であり，いつの時代でも住民が一体となって作業をし続けることが大切であると思う。しかしもっと大切なのはその宝を元に，外部に情報発信できる新しい商品を造り上げて，エネルギーを生み出していくことがこれからの課題である」と語っている。

日本型エコツーリズムの展開に欠かせない二つの仕掛け

では「訪れたいと思う人々の心に宝を使って寄り添う宝興し作業」を可能とする仕掛けとはどんなものなのであろうか。

今，エコツーリズムを展開している全国の市町村は発見発掘した多種多様な宝をベースに，宝の価値を地域住民間で共有しながら，様々なツアープログラムを作成して観光客を地元に誘致しようと展開している。一方，これに呼応するかのように，旅行会社も，従来の旅行会社提案型から，地域住民によって組み立てられたプログラムをベースに集客し，ツーリズムを展開する着地型観光の推進に力を入れ始めている。「日本型エコツーリズム」は着実に従来型の観光のあり方に影響を及ぼしつつあるのである。

このような状況を捉えて，長年旅行業界と関わりを持ち，現在は観光デザイン論を大学で展開する桑田政美は，今後のあり方として「地域は消費者中心の考え方から人間中心の考え方に移行し，収益性と社会的責任をうまく両立させ，顧客やパートナー（旅行会社やその他のステイクホルダー）のために，より優れた価値の創造をすることによって利益を得るようにしなければならない」（桑田［2010］）と極めて示唆に富んだ指摘をしている。私なりに解釈するならば，「宝興しによる情報発信作業は，宝をもとに，地域住民の視点のみならず，観光客のニーズや時代の価値を把握しながら磨き上げられた優れた価値ある商品を造り上げ，それをもって情報を発信して発展しなければならない」と解釈できる。

　さらに桑田は続けて「より優れた価値の創造」のために「顧客価値創造を高めるには，受け入れ側と観光客との価値についてのリレーションシップギャップをなくすプロセスが必要となる。提供する価値について事前に理解を促し，また訪れる観光客の求める価値について早い段階から入手する手だてを講じなければならない」。さらに「特に重要なのは旅行終了後のフォローである。観光客が受け入れ地を出た途端に（中略）関係が打ち切られてしまう。旅行プロセスとしては一つのゴールであるが，継続へのスタートとしてこの機会を捉えることが出来る観光地が生き残って行くことが出来るのである」と述べている。

　この指摘からエコツーリズムを推進する地域や関係者にとって極めて重要なことを二つ読み取ることができる。すなわち「日本型エコツーリズム」の推進地域である里山地域は，少子化高齢化が進む人口減少地域で，普段は外部との交流が比較的少ない地域である。むしろこのことが，グローバリズムの中で，かたくなに思えるほどわが国固有で多様な生活文化を保ってきたといえる。しかし地域の活性化を図るために，地域固有の生活文化資源がエコツーリズムと

おわりに

いう観光産業の世界で観光商品としての価値という力を持つには，その資源に，地域の人々の「誇り」という価値と観光客からみた「魅力」という価値を融合させ，磨き上げて，新しい「宝興し」作業をしていく必要がある。そのためには，地域住民と観光客との間で「誇り」と「魅力」をお見合いさせる作業――私はこの作業を観光デザインと呼んでいるが――を実施する仕掛けづくりが必要であることを示唆していると思えるのである。さらに，里山地域というエコツーリズムサイトの活動の持続性を確保していくには，リピーターをどのように育てていくかが戦略上きわめて重要である。言い換えれば，その地域のファンをどのように創造していくかという仕掛けづくりが同時に重要であることが理解できる。

新たな観光交流市場（いちば）――「楽市楽座のエコツーリズムフェスタ」の提案

最近，全国の市町村のB級グルメが集合するフェスタがもてはやされている。これの善し悪しは別として，今までそれぞれの地域で日常的に使われてきた「食」が他の都市住民からどのように評価されるのか，一堂に会して販売売り上げを指標として品評会的に行うという点において，その意義は大きいと思われる。地域の誇りであり自慢の「食」が実は外から見て，言い換えればそのフェスタを訪れる観光客から見て，満足しえる魅力を持つものなのか，桑田の指摘する「顧客価値創造を高める」ものにつながっているのかを知ることができ，まさに誇りと魅力のお見合いの場となっている意義は，参加した地域にとって極めて大きい。

このことはエコツーリズムの今後の展開にとっても示唆に富む。全国の各地域で創造される「宝興し」の商品，例えば地域に来て楽しんでもらうための着地型観光のツアープログラムやその宝を活かす工夫を，全国各地で同様の取り組みを行っている地域が一堂に会して，観光客や観光関連業者に何らかの方法で評価してもらうこと

が実現するならば,桑田の指摘する「地域の観光資源を地域自らが過大評価することによってプログラムのマンネリ化〔がおこる〕」ことを防げるのみならず,地域活性化のエネルギーとなっていくと考えられる。これはいわば現代の「楽市楽座」開設である。今後のエコツーリズムの展開に必要とされているのは,このような観光分野での宝自慢の交流の場の設定である。資料によれば「楽」とは規制が緩和されて,特権を排除して自由取引市場が生み出されていることを意味している。まさに地域それぞれが「宝興し商品」を自由に持ち寄り評価を受け,自己自慢的なものから顧客価値創造を高めるものに変えて行く場,すなわち現代の楽市楽座が求められている。

何が日本を動かすのか

日本を持続的に動かすエネルギーは経済力ではない。経済力を動かすエネルギー源となるのは地域の誇りに裏打ちされた文化力である。言い換えれば「日本人の日本人たる誇り」である。過去何度も外部資本に島の土地を買い占められ,危機に直面しながらも西表島の「島おこし」を先頭に立って続けてきた石垣金星氏は口癖のように繰り返し「文化力のある島は滅びない」と語っている。観光は文化力に依拠してエネルギーを得,その価値を高め広げることができるのはまた観光である。いまこそ我々は観光という仕組みを用いて地域の魅力を高め,日本人の誇りを強め,世界に向かって「おこしやす!」と心から発信できる活動を活性化させていくことが必要ではないか。

最後に,この本の企画が始まって2年の歳月が経過した。この間,辛抱強くつき合って頂いた世界思想社の大道玲子氏に心より感謝申し上げたい。

また様々な資料の提供やアドバイスをいただいたNPO法人日本

おわりに

エコツーリズム協会事務局長杉山悦朗氏ならびに事務局メンバーの方々に感謝を申し上げたい。

真板昭夫

参考文献
桑田政美［2010］「顧客価値創造型観光地への進化についての考察」『日本観光研究学会第 25 回全国大会論文集』pp.277-288。

資料編

○エコツーリズムに関する書籍一覧
○世界と日本のエコツーリズム年表
○エコツーリズム推進法（全文）

エコツーリズムに関する書籍一覧

真板昭夫・比田井和子・高梨洋一郎『宝探しから持続可能な地域づくりへ——日本型エコツーリズムとはなにか』学芸出版社，2010

真板昭夫・河原司（編）『大覚寺大沢池 景観修復プロジェクト——古代と現代をむすぶ文化遺産』世界思想社，2009

『エコツーリズム 未来への課題と展望——10年の軌跡をふまえて』〔『季刊エコツーリズム』42・43合併号〕日本エコツーリズム協会，2009

愛知和男・盛山正仁（編著）『エコツーリズム推進法の解説』ぎょうせい，2008

敷田麻実（編著）／森重昌之・高木晴光・宮本英樹（著）『地域からのエコツーリズム——観光・交流による持続可能な地域づくり』学芸出版社，2008

渡辺悌二（編著）『登山道の保全と管理』〔自然公園シリーズ 第1巻〕古今書院，2008

原優二（著）『風の旅行社物語——旅行会社のつくりかた』ポット出版，2008

大社充（著）『体験交流型ツーリズムの手法——地域資源を活かす着地型観光』学芸出版社，2008

小林天心（著）『ツーリズムの新しい諸相——地域振興×観光デザイン』虹有社，2008

山下晋司（編）『観光文化学』新曜社，2007

辻丸純一（著）『コスタリカ——エコツーリズムの国』千早書房，2007

BIRDER編集部（編）『三宅島の自然ガイド——エコツーリズムで三宅島復興！』文一総合出版，2007

海津ゆりえ（著）『日本エコツアー・ガイドブック』岩波書店，2007

吉田正人（著）『自然保護——その生態学と社会学』地人書館，2007

ピッキオ（編著）『森の「いろいろ事情がありまして」——ピッキオと軽井沢野鳥の森の仲間たち』信濃毎日新聞社，2007

桑田政美（編）『観光デザイン学の創造』世界思想社，2006

『eco borneo——ボルネオ・ネイチャーブック』〔「別冊山と渓谷」478号〕山と渓谷社，2006

『六甲山に行こう　2』〔「別冊山と渓谷」464号〕山と渓谷社，2006

山田勇（著）『世界森林報告』岩波新書，2006

榊原正文（著）『アイヌ語地名釣歩記——北海道のエコ・ツーリズムを考える』北海道出版企画センター，2006

山村順次（編著）『観光地域社会の構築——日本と世界』同文舘出版，2006

西宮市環境局環境緑化部環境都市推進グループ（編）『にしのみやを歩こう！　エコツアーガイドブック』西宮市環境局環境緑化部環境都市推進グループ，2006

小林天心（著），ツーリズムワールド（編），高梨洋一郎（監修）『海外旅行という仕事』（オンデマンド）観光進化研究所，2006

東京大学環境三四郎「環境の世紀」編集プロジェクト（編著）『エコブームを問う！——東大生と学ぶ環境学』学芸出版社，2005

イーグルズ，P.F.J.・マックール，S.F.・ヘインズ，C.D.（著）／小林英俊（監訳）『自然保護とサステイナブル・ツーリズム——実践的ガイドライン』平凡社，2005

国土交通省総合政策局（監修）『魅力ある自然ガイドツアーづくりの手引き』日本交通公社，2005

日本地方財政学会（編）『分権型社会の制度設計』勁草書房，2005

西山徳明（編）『文化遺産マネジメントとツーリズムの現状と課題』〔国立民族学博物館調査報告　51〕国立民族学博物館，2004

環境省（編）『エコツーリズム——さあ，はじめよう！』日本交通公社，2004

吉田春生（著）『エコツーリズムとマス・ツーリズム——現代観光の実像と課題』原書房，2004

西森有里（写真・文）『ペンギンと泳ぐ旅——南極エコツーリズム』NTT出版，2003

スプリエール，M.（原著監修），アマゴアリク，J.ほか（著）／岸上伸啓（日本語版監修）／磯貝日月（編）／ドリーム・チェイサーズ・サルーン・ジュニア同人（訳）『北の国へ!! —— Nunavut handbook 』〔Eco-ing.info 別冊　エコツアー・シリーズ no.1〕清水弘文堂書房，2003

堀川紀年・石井雄二・前田弘（編）『国際観光学を学ぶ人のために』世界思想社，2003

伊藤秀三（著）『ガラパゴス諸島——世界遺産　エコツーリズム　エルニー

ニョ』角川書店,2002

小林寛子（著）『エコツーリズムってなに？——フレーザー島からはじまった挑戦』河出書房新社,2002

『J-eyes——地球市民のための情報誌』Vol.5, Jリサーチ出版,2002

島川崇（著）『観光につける薬——サスティナブル・ツーリズム理論』同友館,2002

ビートン,スー（著）／小林英俊（訳）『エコツーリズム教本——先進国オーストラリアに学ぶ実践ガイド』平凡社,2002

土方憲一（著）『カカドゥ——太古の自然そのまま息づくネイチャーフィールド——オーストラリア・ノーザン・テリトリーカカドゥ国立公園エコツアー』ジオグラフィカ,2002

『エコ・イノベーション推進のための環境行動プログラム策定調査報告書——インダストリアル・エコツアープログラム策定調査』中部経済産業局産業企画部環境・リサイクル課,2002

石森秀三・真板昭夫（編）『エコツーリズムの総合的研究』〔国立民族学博物館調査報告 23〕国立民族学博物館,2001

『ニュージーランドの大自然を楽しむ本』〔kawade夢ムック〕河出書房新社,2001

北海道のエコツーリズムを考える会（編）『北海道ネイチャーツアーガイド』山と溪谷社,2000

小方昌勝（著）『国際観光とエコツーリズム』文理閣,2000

『オーストラリアの大自然を楽しむ本——エコツアーと世界遺産の旅——決定版』〔kawade夢ムック〕河出書房新社,2000

エコツーリズム推進協議会『エコツーリズムの世紀へ』エコツーリズム推進協議会,1999

パックストン,H.G.・パックストン美登利（著）『エコツアー・完全ガイド』〔「地球の歩き方 旅マニュアル」264〕ダイヤモンド・ビッグ社「地球の歩き方」編集室／ダイヤモンド社（発売）,1998

『ぽっちぽっち——大方町エコツーリズム・ガイドブック』自然環境研究センター,1998

海津ゆりえ・植村文恵（編）『海鳥のこえ——天売島エコツーリズム・ガイドブック』自然環境研究センター,1997

今村潮（著）『カナダ・ケベック州メープル街道発——モーターホームと車

椅子　熟年流気まま旅』〔ECO-TOURISM BOOKS〕清水弘文堂書房，1996
『山に十日 海に十日 野に十日――屋久島エコツーリズム・ガイドブック』自然環境研究センター，1996
『まほら「エコ・ツーリズム」』近畿日本ツーリスト，1996
『NACS-J エコツーリズム・ガイドライン』日本自然保護協会，1994
『ヤマナ・カーラ・スナ・ピトゥ――西表島エコツーリズム・ガイドブック』西表島エコツーリズム協会，1994

世界と日本のエコツーリズム年表

年	世　界	日　本	地　域
1957	インタープリテーションの定義誕生（フリーマン・チルデンによる）		
1964	ガラパゴスにチャールズ・ダーウィン研究所設立（エクアドル）		
1972	国連人間環境会議（ストックホルム会議）開催（スウェーデン）／世界遺産条約採択		
1977	OECD「環境と観光」専門家ワークショップ開催		
1978		日本自然保護協会による自然観察指導者養成講座開講	
1980	「世界環境保全戦略」（IUCN, WWF, UNEP 共同編集）発表。"持続可能な開発"キーワード誕生		
1981	Dr. P. Thresher, 野生生物保護の観点からエコツーリズムの効果を試算		
1982	IUCN 第3回世界国立公園保護地域会議開催。「SWAP とエコツーリズム」が議題に挙がる（インドネシア・バリ島）		
1984	UNEP「環境と開発に関する世界委員会」開催		
1985	UNWTO と UNEP「観光と環境に関する共同宣言」に署名／UNWTO「観光権利宣言および旅行者規範」発表	日本環境教育フォーラム発足	

年			
1988			日本初のホエールウォッチングツアー開催(東京都・小笠原村)
1989			小笠原ホエールウォッチング協会設立(東京都・小笠原村)
1990	国際エコツーリズム協会(TIES)設立	環境庁「自然体験活動推進方策検討調査」実施〜92	座間味村ホエールウォッチング協会設立(沖縄県・座間味村)
1991	米国アドベンチャー・トラベル・ソサエティが第1回アドベンチャー・トラベル＆エコツーリズム国際会議開催(アメリカ)		
1992	環境と開発に関する国連会議開催(ブラジル)／IUCN「ガイドライン,観光を目的とした国立公園と保護地域の開発」出版／IUCN第4回世界国立公園保護地域会議にて,エコツーリズムの育成を含む自然保護のための幅広い勧告を採択／エコツーリズムオーストラリア協会(EA)設立	世界遺産条約を批准／日本環境教育フォーラム清里ミーティング92で「エコツーリズム研究会」発足	
1993	IUCN「第1回東アジア国立公園保護地域会議」にてIUCNとしてのエコツーリズムの定義発表／TIES「ネイチャーツアー・オペレータのためのエコツーリズムガイドライン」発行	屋久島・白神山地が世界自然遺産に登録／JATA「地球にやさしい旅人宣言」発表	屋久島野外活動総合センター設立(鹿児島県・屋久島)
1994	SPREP,南太平洋地域でのエコツーリズム開発開始	NACS-J,「エコツーリズムガイドライン」発行	西表島エコツーリズム協会設立準備会発足(沖縄県・西表島)
1995		JATAエコツーリズムセミナー開始(以後,毎年開催)／運輸省,国内観光促進協議会エコツーリズムワーキンググループ設置(岐阜,四国)	

年			
1996	IUCN第2回東アジア国立公園保護地域会議開催／オーストラリアでエコツーリズム認証制度(NEAP)発表	環境庁、海外エコツーリズム調査実施〜98	西表島エコツーリズム協会設立(沖縄県・西表島)
1997	UNESCO第5回東アジア生物圏保護区ネットワーク会議にてエコツーリズムが主要課題に(モンゴル)／IUCN、アジアの生物と文化の多様性フォーラム開催。ガイドラインづくりのガイドラインを発表(東京)		
1998		エコツーリズム推進協議会設立(現・NPO法人日本エコツーリズム協会)／JATA「エコツーリズムハンドブック」発行／地球の歩き方「エコツアー・完全ガイド」初版	北海道のエコツーリズムを考える会発足／くにがみエコツーリズム研究協議会発足(現・NPO法人国頭ツーリズム協会)(沖縄県・国頭村)
1999	ICOMOS「国際文化観光憲章」採択	エコツーリズム推進協議会『エコツーリズムの世紀へ』刊行	屋久島エコガイド連絡協議会設立(鹿児島県・屋久島)／東村エコツーリズム協会設立(沖縄県・東村)／沖縄県自然体験活動指導者養成事業開始
2000		自然体験活動推進協議会(CONE)設立	裏磐梯エコツーリズム研究会設立(福島県・裏磐梯)
2002	国連・国際エコツーリズム年／世界エコツーリズム・サミット開催(カナダ・ケベック)「ケベック宣言」採択／持続可能な開発のための世界サミット開催(南アフリカ・ヨハネスブルク)	沖縄振興特別措置法に沖縄における環境保全型自然体験活動推進措置が盛り込まれる／JTBエコツアー「ファーブル」開始	北海道アウトドアガイド資格制度発足／NPO法人北海道アウトドア協会設立／「東京都の島嶼地域における自然の保護と適正な利用に関する要綱」発表
2003		エコツーリズム推進会議開催〜04	
2004		環境省エコツーリズム推進事業開始(エコツーリズム憲章・エコツアー総覧・エコツーリズム大賞・エコツーリズム推進マニュアル・エコツーリズムモデル事業)	仲間川地区保全利用協定締結(沖縄県・西表島)／福島県ツーリズムガイド養成・認定制度開始

年			
2005		知床が世界自然遺産に登録される	
2006		「観光立国推進基本法」成立(2007年施行)	屋久島ガイド登録制度開始(鹿児島県・屋久島)／NPO法人沖縄県エコツーリズム推進協議会発足
2007	ガラパゴス諸島危機遺産に登録される／TIES北米エコツーリズム会議開催(アメリカ・ウィスコンシン州)／国際エコツーリズム会議開催(ノルウェー・オスロ)	「観光立国推進基本計画」閣議決定／「エコツーリズム推進法」成立(2008年施行)／国土交通省ニューツーリズム創出・流通促進事業開始／環境省エコインストラクター人材育成事業開始～09／2007年の訪日外国人800万人突破,過去最高に	尾瀬国立公園,日光国立公園から分割,新設／裏磐梯エコツーリズム協会設立(福島県・裏磐梯)
2008	TIES, UNEP, IUCN 国際サステイナブルツーリズム基準発表／TIES北米エコツーリズム・サステイナブルツーリズム会議(カナダ・バンクーバー)	観光圏整備法成立／農林水産省,総務省,文部科学省「子ども農山漁村交流プロジェクト」実施／国土交通省に観光庁発足	尾瀬国立公園で2009年度ガイド認定制度導入決定
2009		第1回全国エコツーリズム学生シンポジウム開催	埼玉県飯能市「エコツーリズム推進法」に基づく全体構想認定第1号
2010	生物多様性条約第10回締約国会議(COP10)開催(名古屋市)／国連総会で2011～20年を「生物多様性の10年」と位置づけ国際社会が協力して生態系保全に取り組むとの決議を採択		

略号：ICOMOS　国際記念物遺産世界会議　　TIES　国際エコツーリズム協会
　　　IUCN　国際自然保護連合　　　　　　　NACS-J　日本自然保護協会
　　　UNEP　国連環境計画　　　　　　　　　JATA　日本旅行業協会
　　　WTO　世界観光機関　　　　　　　　　WWF　世界自然保護基金
　　　SPREP　南太平洋地域環境計画　　　　OECD　経済協力開発会議

エコツーリズム推進法（全文）

公布：平成19年6月27日法律第105号
施行：平成20年4月1日（附則第1条ただし書：平成19年6月27日）

（目的）
第一条　この法律は，エコツーリズムが自然環境の保全，地域における創意工夫を生かした観光の振興及び環境の保全に関する意識の啓発等の環境教育の推進において重要な意義を有することにかんがみ，エコツーリズムについての基本理念，政府による基本方針の策定その他のエコツーリズムを推進するために必要な事項を定めることにより，エコツーリズムに関する施策を総合的かつ効果的に推進し，もって現在及び将来の国民の健康で文化的な生活の確保に寄与することを目的とする。

（定義）
第二条　この法律において「自然観光資源」とは，次に掲げるものをいう。
　一　動植物の生息地又は生育地その他の自然環境に係る観光資源
　二　自然環境と密接な関連を有する風俗慣習その他の伝統的な生活文化に係る観光資源
2　この法律において「エコツーリズム」とは，観光旅行者が，自然観光資源について知識を有する者から案内又は助言を受け，当該自然観光資源の保護に配慮しつつ当該自然観光資源と触れ合い，これに関する知識及び理解を深めるための活動をいう。
3　この法律において「特定事業者」とは，観光旅行者に対し，自然観光資源についての案内又は助言を業として行う者（そのあっせんを業として行う者を含む。）をいう。
4　この法律において「土地の所有者等」とは，土地若しくは木竹の所有者又は土地若しくは木竹の使用及び収益を目的とする権利，漁業権若しくは入漁権（臨時設備の設置その他一時使用のため設定されたことが明らかなものを除く。）を有する者をいう。

（基本理念）
第三条　エコツーリズムは，自然観光資源が持続的に保護されることが

その発展の基盤であることにかんがみ、自然観光資源が損なわれないよう、生物の多様性の確保に配慮しつつ、適切な利用の方法を定め、その方法に従って実施されるとともに、実施の状況を監視し、その監視の結果に科学的な評価を加え、これを反映させつつ実施されなければならない。
2 エコツーリズムは、特定事業者が自主的かつ積極的に取り組むとともに、観光の振興に寄与することを旨として、適切に実施されなければならない。
3 エコツーリズムは、特定事業者、地域住民、特定非営利活動法人等、自然観光資源又は観光に関し専門的知識を有する者等の地域の多様な主体が連携し、地域社会及び地域経済の健全な発展に寄与することを旨として、適切に実施されなければならない。
4 エコツーリズムの実施に当たっては、環境の保全についての国民の理解を深めることの重要性にかんがみ、環境教育の場として活用が図られるよう配慮されなければならない。

(基本方針)
第四条 政府は、基本理念にのっとり、エコツーリズムの推進に関する基本的な方針(以下「基本方針」という。)を定めなければならない。
2 基本方針には、次の事項を定めるものとする。
 一 エコツーリズムの推進に関する基本的方向
 二 次条第一項に規定するエコツーリズム推進協議会に関する基本的事項
 三 次条第二項第一号のエコツーリズム推進全体構想の作成に関する基本的事項
 四 第六条第二項のエコツーリズム推進全体構想の認定に関する基本的事項
 五 生物の多様性の確保等のエコツーリズムの実施に当たって配慮すべき事項その他エコツーリズムの推進に関する重要事項
3 環境大臣及び国土交通大臣は、あらかじめ文部科学大臣及び農林水産大臣と協議して基本方針の案を作成し、閣議の決定を求めなければならない。
4 環境大臣及び国土交通大臣は、基本方針の案を作成しようとするときは、あらかじめ、広く一般の意見を聴かなければならない。
5 環境大臣及び国土交通大臣は、第三項の規定による閣議の決定があったときは、遅滞なく、基本方針を公表しなければならない。
6 基本方針は、エコツーリズムの実施状況を踏まえ、おおむね五年ご

とに見直しを行うものとする。
7 　第三項から第五項までの規定は，基本方針の変更について準用する。

（エコツーリズム推進協議会）
第五条　市町村（特別区を含む。以下同じ。）は，当該市町村の区域のうちエコツーリズムを推進しようとする地域ごとに，次項に規定する事務を行うため，当該市町村のほか，特定事業者，地域住民，特定非営利活動法人等，自然観光資源又は観光に関し専門的知識を有する者，土地の所有者等その他のエコツーリズムに関連する活動に参加する者（以下「特定事業者等」という。）並びに関係行政機関及び関係地方公共団体からなるエコツーリズム推進協議会（以下「協議会」という。）を組織することができる。
2 　協議会は，次の事務を行うものとする。
　一　エコツーリズム推進全体構想を作成すること。
　二　エコツーリズムの推進に係る連絡調整を行うこと。
3 　前項第一号に規定するエコツーリズム推進全体構想（以下「全体構想」という。）には，基本方針に即して，次の事項を定めるものとする。
　一　エコツーリズムを推進する地域
　二　エコツーリズムの対象となる主たる自然観光資源の名称及び所在地
　三　エコツーリズムの実施の方法
　四　自然観光資源の保護及び育成のために講ずる措置（当該協議会に係る市町村の長が第八条第一項の特定自然観光資源の指定をしようとするときは，その旨，当該特定自然観光資源の名称及び所在する区域並びにその保護のために講ずる措置を含む。以下同じ。）
　五　協議会に参加する者の名称又は氏名及びその役割分担
　六　その他エコツーリズムの推進に必要な事項
4 　市町村は，その組織した協議会が全体構想を作成したときは，遅滞なく，これを公表するとともに，主務大臣に報告しなければならない。
5 　前項の規定は，全体構想の変更又は廃止について準用する。
6 　特定事業者等は，市町村に対し，協議会を組織することを提案することができる。この場合においては，基本方針に即して，当該提案に係る協議会が作成すべき全体構想の素案を作成して，これを提示しなければならない。
7 　特定事業者等で協議会の構成員でないものは，市町村に対して書面でその意思を表示することによって，自己を当該市町村が組織した協議会の構成員として加えるよう申し出ることができる。
8 　前各項に定めるもののほか，協議会の組織及び運営に関して必要な

事項は，協議会が定める。
9 協議会の構成員は，相協力して，全体構想の実施に努めなければならない。

（全体構想の認定）
第六条 市町村は，その組織した協議会が全体構想を作成したときは，主務省令で定めるところにより，当該全体構想について主務大臣の認定を申請することができる。
2 主務大臣は，前項の規定による認定の申請があった全体構想が次に掲げる基準に適合すると認めるときは，その認定をするものとする。
 一 基本方針に適合するものであること。
 二 自然観光資源の保護及び育成のために講ずる措置その他の全体構想に定める事項が確実かつ効果的に実施されると見込まれるものであること。
3 主務大臣は，二以上の市町村から共同して第一項の規定による認定の申請があった場合において，自然的経済的社会的条件からみて，当該市町村の区域において一体としてエコツーリズムを推進することが適当であると認めるときは，当該申請に係る全体構想を一体として前項の認定をすることができる。
4 主務大臣は，第二項の認定をしたときは，その旨を公表しなければならない。
5 市町村は，その組織した協議会が第二項の認定を受けた全体構想を変更しようとするときは，主務省令で定めるところにより，当該変更後の全体構想について主務大臣の認定を受けなければならない。
6 主務大臣は，第二項の認定（前項の変更の認定を含む。以下同じ。）を受けた全体構想（以下「認定全体構想」という。）が基本方針に適合しなくなったと認めるとき，又は認定全体構想に従ってエコツーリズムが推進されていないと認めるときは，その認定を取り消すことができる。
7 第二項及び第四項の規定は第五項の変更の認定について，第四項の規定は前項の規定による認定の取消しについて準用する。

（認定全体構想についての周知等）
第七条 主務大臣は，インターネットの利用その他の適切な方法により，エコツーリズムに参加しようとする観光旅行者その他の者に認定全体構想の内容について周知するものとする。
2 国の行政機関及び関係地方公共団体の長は，認定全体構想を作成した協議会の構成員である特定事業者が当該認定全体構想に基づくエコ

ツーリズムに係る事業を実施するため，法令の規定による許可その他の処分を求めたときは，当該エコツーリズムに係る事業が円滑かつ迅速に実施されるよう，適切な配慮をするものとする。

（特定自然観光資源の指定）
第八条　全体構想について第六条第二項の認定を受けた市町村（第十二条を除き，以下単に「市町村」という。）の長（以下単に「市町村長」という。）は，認定全体構想に従い，観光旅行者その他の者の活動により損なわれるおそれがある自然観光資源（風俗慣習その他の無形の観光資源を除く。以下この項において同じ。）であって，保護のための措置を講ずる必要があるものを，特定自然観光資源として指定することができる。ただし，他の法令により適切な保護がなされている自然観光資源として主務省令で定めるものについては，この限りでない。
2　市町村長は，前項の指定をしようとするときは，あらかじめ，当該特定自然観光資源の所在する区域の土地の所有者等の同意を得なければならない。
3　市町村長は，第一項の指定をするときは，その旨，当該特定自然観光資源の名称及び所在する区域並びにその保護のために講ずる措置の内容を公示しなければならない。
4　市町村長は，第一項の指定をしたときは，当該特定自然観光資源の所在する区域内にこれを表示する標識を設置しなければならない。
5　市町村長は，第一項の指定をした場合において，当該特定自然観光資源が同項ただし書の主務省令で定める自然観光資源に該当するに至ったときその他その後の事情の変化によりその指定の必要がなくなり，又はその指定を継続することが適当でなくなったと認めるときは，その指定を解除しなければならない。
6　市町村長は，前項の規定による指定の解除をするときは，その旨を公示しなければならない。

（特定自然観光資源に関する規制）
第九条　特定自然観光資源の所在する区域内においては，何人も，みだりに次に掲げる行為をしてはならない。
　一　特定自然観光資源を汚損し，損傷し，又は除去すること。
　二　観光旅行者その他の者に著しく不快の念を起こさせるような方法で，ごみその他の汚物又は廃物を捨て，又は放置すること。
　三　著しく悪臭を発散させ，音響機器等により著しく騒音を発し，展望所，休憩所等をほしいままに占拠し，その他観光旅行者その他の

者に著しく迷惑をかけること。
　四　前三号に掲げるもののほか，特定自然観光資源を損なうおそれのある行為として認定全体構想に従い市町村の条例で定める行為
2　市町村の当該職員は，特定自然観光資源の所在する区域内において前項各号に掲げる行為をしている者があるときは，その行為をやめるよう指示することができる。
3　前項の職員は，その身分を示す証明書を携帯し，関係者の請求があるときは，これを提示しなければならない。
第十条　市町村長は，認定全体構想に従い，第八条第一項の規定により指定した特定自然観光資源が多数の観光旅行者その他の者の活動により著しく損なわれるおそれがあると認めるときは，主務省令で定めるところにより，当該特定自然観光資源の所在する区域への立入りにつきあらかじめ当該市町村長の承認を受けるべき旨の制限をすることができる。ただし，他の法令によりその所在する区域への立入りが制限されている特定自然観光資源であって主務省令で定めるものについては，この限りでない。
2　前項の規定による制限がされたときは，同項の承認を受けた者以外の者は，当該特定自然観光資源の所在する区域に立ち入ってはならない。ただし，非常災害のために必要な応急措置を行うために立ち入る場合及び通常の管理行為，軽易な行為その他の行為であって主務省令で定めるものを行うために立ち入る場合については，この限りでない。
3　第一項の承認は，立ち入ろうとする者の数について，市町村長が定める数の範囲内において行うものとする。
4　市町村の当該職員は，第二項の規定に違反して当該特定自然観光資源の所在する区域に立ち入る者があるときは，当該区域への立入りをやめるよう指示し，又は当該区域から退去するよう指示することができる。
5　第八条第二項から第六項までの規定は，第一項の制限について準用する。この場合において，同条第三項中「その保護のために講ずる措置の内容」とあるのは「立入りを制限する人数及び期間その他必要な事項」と，同条第五項中「同項ただし書の主務省令で定める自然観光資源」とあるのは「第十条第一項ただし書の主務省令で定める特定自然観光資源」と読み替えるものとする。
6　前条第三項の規定は，第四項の職員について準用する。

(活動状況の公表)
第十一条　主務大臣は，毎年，協議会の活動状況を取りまとめ，公表し

なければならない。

(活動状況の報告)
第十二条　主務大臣は，市町村に対し，その組織した協議会の活動状況について報告を求めることができる。

(技術的助言)
第十三条　主務大臣は，広域の自然観光資源の保護及び育成に関する活動その他の協議会の活動の促進を図るため，協議会の構成員に対し，必要な技術的助言を行うものとする。

(情報の収集等)
第十四条　主務大臣は，自然観光資源の保護及び育成を図り，並びに自然観光資源についての案内又は助言を行う人材を育成するため，エコツーリズムの実施状況に関する情報の収集，整理及び分析並びにその結果の提供を行うものとする。

(広報活動等)
第十五条　国及び地方公共団体は，広報活動等を通じて，エコツーリズムに関し，国民の理解を深めるよう努めるものとする。

(財政上の措置等)
第十六条　国及び地方公共団体は，エコツーリズムを推進するために必要な財政上の措置その他の措置を講ずるよう努めるものとする。

(エコツーリズム推進連絡会議)
第十七条　政府は，環境省，国土交通省，文部科学省，農林水産省その他の関係行政機関の職員をもって構成するエコツーリズム推進連絡会議を設け，エコツーリズムの総合的かつ効果的な推進を図るための連絡調整を行うものとする。

(主務大臣等)
第十八条　この法律における主務大臣は，環境大臣，国土交通大臣，文部科学大臣及び農林水産大臣とする。
2　この法律における主務省令は，環境大臣，国土交通大臣，文部科学大臣及び農林水産大臣の発する命令とする。

(罰則)
第十九条　次の各号のいずれかに該当する者は，三十万円以下の罰金に処する。
　一　第九条第二項の規定による市町村の当該職員の指示に従わないで，みだりに同条第一項第一号から第三号までに掲げる行為をした者
　二　第十条第四項の規定による市町村の当該職員の指示に従わないで，当該特定自然観光資源の所在する区域へ立ち入り，又は当該区域から退去しなかった者

第二十条　第九条第一項第四号の規定に基づく条例には，同条第二項の規定による市町村の当該職員の指示に従わないでみだりに同号に掲げる行為をした者に対し，三十万円以下の罰金に処する旨の規定を設けることができる。

　　　附　　則

(施行期日)
第一条　この法律は，平成二十年四月一日から施行する。ただし，次条の規定は，公布の日から施行する。

(施行前の準備)
第二条　環境大臣及び国土交通大臣は，この法律の施行前においても，第四条第一項から第四項までの規定の例により，エコツーリズムの推進に関する基本的な方針の案を作成し，これについて閣議の決定を求めることができる。
2　環境大臣及び国土交通大臣は，前項の基本的な方針について同項の閣議の決定があったときは，遅滞なくこれを公表しなければならない。
3　第一項の規定により定められた基本的な方針は，この法律の施行の日において第四条第一項から第四項までの規定により定められた基本方針とみなす。

(検討)
第三条　政府は，この法律の施行後五年を経過した場合において，この法律の施行の状況について検討を加え，必要があると認めるときは，その結果に基づいて所要の措置を講ずるものとする。

以上

索　引

注：人名は本文に掲載の形で表示した。

【あ行】

石垣昭子　19, 20, 262, 333
石垣金星　19, 20, 333
西表島エコツーリズム協会　17, 19, 112
インタープリター　99, 141, 178, 216-218, 220, 247, 249, 253, 296
　　　　　　　　　　cf. ガイド
インタープリテーション　18, 26, 128, 154, 233, 245, 247, 275
ウィーバー［Weaver, D.B.］　29, 30
ウィルソン，E.O.　167
ウォールデン，ジュディ　32
エコツアーサイト　174, 175, 181, 194, 195, 215, 245, 302
［全国の］エコツーリズム協会　114
エコツーリズム推進会議　vi, 18, 293, 294, 310, 314, 318
エコツーリズム推進法　v, vi, viii, 18, 122, 169, 213, 215, 239, 293, 305, 309-318
エコミュージアム　viii, 4, 56, 93-100
小笠原（諸島／村・東京都）　16-18, 112, 118-131, 177, 181, 186, 187, 189, 219, 307, 311
オルタナティブ・ツーリズム　27

【か行】

ガイド　v, vi, viii, 15, 17-19, 26, 38, 39, 41, 42, 50, 57, 62, 72, 74, 86, 91, 95, 97, 113, 122, 125, 128, 134, 136, 138, 139, 178-182, 185, 188-190, 212, 213, 216-238, 244, 246, 247, 249, 252-254, 277, 307, 308, 317
　――育成・養成　15, 19, 89, 90, 113, 188, 216, 218, 220, 275-277, 284, 315
　――の役割　216

ガイドライン　17, 71, 111, 122, 143, 182, 183, 304, 307
　ゾーニング　183-186, 195
　保全ルール　182, 185, 186, 190, 311
外来生物法　191, 306
ガラパゴス（諸島）　176, 188, 200, 310
環境基本法　303, 304
環境サミット　3, 248
環境省／環境庁　vi, 4, 14-16, 18, 19, 25, 35, 71, 89, 128, 201, 214, 215, 217, 246, 291, 294, 304, 310, 313, 314, 316, 318, 319　　cf. 推進方策
観光基本法　3, 293
観光庁　213, 215, 217
観光立国行動計画　293
観光立国推進基本計画　215, 293
観光立国推進基本法　213, 293, 313
企業の社会的責任（CSR）　vi, 114
キープ協会（山梨県）　220, 246, 247
グッドエコツアー（GET）　32-37, 40, 198　　cf. 認定制度
グリーンツーリズム（農村観光）　27, 28, 57, 200, 201, 213, 310, 319
桑田政美　331, 332, 334
ケアンズ憲章　103
景観法　305
国際エコツーリズム年　29, 48, 102, 310
国際観光振興会（JNTO）　23, 291
国際協力開発機構（JICA）　279, 281, 282, 284-287
国際自然保護連合（IUCN）　14, 16, 182-184
国際博物館会議（ICOM）　4
国際文化観光憲章（ICOMOS）　141
国際連合教育科学文化機関（ユネスコ）　4, 147, 148, 264, 265, 270

索　引

国立公園　v, vi, 14, 16, 17, 22, 24, 25, 27, 59, 60, 88, 116, 119, 166, 180, 183-185, 188, 189, 195, 225, 251, 267, 299, 300, 304, 305
国連環境開発会議（地球サミット）　29, 48, 168, 310, 312
国連環境計画（UNEP）　3, 14, 23
国連人間環境会議（ストックホルム会議）　14, 22
国連南太平洋地域環境計画（SPREP）　273, 275
後藤和子　153, 163
古都保存法　305
コミュニティベースドツーリズム（CBT）　28, 214, 215

【さ行】

里地里山（里海）　v, 18, 27, 28, 59, 62, 172, 175, 213, 264, 280, 294, 306, 314, 318, 329, 331, 332
サファリツアー　23, 177
座間味村（沖縄県）　18, 112, 186, 189
JTB　216, 238-244, 276
自然環境保全法　191, 303, 304
自然公園法　185, 188, 189, 191, 226, 304, 307
自然再生推進法　193, 304
自然体験活動推進協議会（CONE）　220
自然体験活動推進方策検討調査　17, 19, 291
持続可能な開発（Sustainable Development）　14, 28, 48, 291, 301, 312
持続可能な観光（Sustainable Tourism）　6, 7, 29, 30, 113, 147, 186, 231, 292
柴田長吉郎　67, 70
種の保存法　191, 306
知床（北海道）　17, 177, 181, 188, 314
［エコツーリズム］推進方策　71, 89, 215, 293-295
　　エコツーリズム憲章　293
　　エコツーリズム大賞　35, 71, 76, 77, 91, 246, 318
　　エコツアー総覧　214, 293
　　エコツーリズム推進マニュアル　15, 20, 131, 140
　　エコツーリズムモデル事業　18, 89, 91, 293, 294
生物多様性基本法　168
生物多様性国際戦略　168, 169, 171, 303
生物多様性条約　167, 168, 301, 302
　　――第 10 回締約国会議（COP10）　168
世界遺産委員会　149, 290
世界遺産条約　4, 301, 302
世界観光機関（UNWTO）　1, 23, 29, 278
世界自然遺産　vi, 17, 28, 119, 129, 224, 226, 231, 233, 303
世界文化遺産　116, 270, 290, 303, 306
「文化的景観」　60, 148, 149, 290
世界自然保護基金（WWF）　14, 23, 115

【た行】

太平洋経済協力会議（PECC）　274-276
着地型観光　213, 216, 240, 280, 320, 330, 332
鶴見和子　5, 156, 163
トラスト運動　57

【な行】

内発的発展論　4-6, 161
浪合村荒谷（長野県）　206-209
21 世紀環境立国宣言　213
日本エコツーリズム協会（JES, 旧・エコツーリズム推進協議会）　17, 24, 26, 33, 89, 103, 114, 219, 220, 309, 310, 313
日本環境教育フォーラム（JEEF）　17
日本自然保護協会（NACS-J）　17, 182, 220
日本旅行業協会（JATA）　17, 291
ニューツーリズム　28, 215, 293, 319, 320, 325, 327

353

索　引

人間環境会議　3, 22
認定制度　198, 199, 220, 226, 227
　　　　　　　　　　cf. グッドエコツアー
ネイチャーツーリズム（自然観光）　27, 200
ネス，アルネ　172, 197

【は行】

バーナード，ジェシー［Bernard, J.］　155, 164
飯能市（埼玉県）　18, 318
ピーコック［Peacock, A.T.］　153, 164
フォレストツーリズム　28
ブルーツーリズム　27, 213, 292
文化財保護法　191, 306
ヘリテージツーリズム（文化遺産観光）　141, 150, 151, 153-155, 213
ホエールウォッチング　112, 121, 122, 125, 128, 186, 189, 311

【ま行】

松山利夫　65
マンディーン，ジョン　65
美郷村（徳島県・現 吉野川市）　59-61
南大東島（沖縄県）　61, 62, 68, 69
宮津市（京都府）　317
宮本憲一　5, 6
ミューア，ジョン　300

【や行】

屋久島（鹿児島県）　17, 18, 177, 188, 200, 314, 318
養父市奥米地（兵庫県）　206-209

【ら行】

ライエル，リチャード　24
ラブジョイ，T.E.　167
リビエール，G.H.　94
ルーラルツーリズム　27
麗江（旧市街地）　142-147, 157-163
ローマ・クラブ　3, 4

【A-Z】

Boo, E.　23, 30
Thresher, P.　23, 30

●実践事例

裏磐梯エコツーリズム協会（福島県）　88-92
海島遊民くらぶ（三重県）　228-231
観光ネットワーク奄美（鹿児島県）　33, 43-45
白神マタギ舎（青森県）　222-224
知床ネイチャーオフィス（北海道）　236, 237
たてやま・海辺の鑑定団（千葉県）　79-83
二戸で楽しく美しいまちづくり推進委員会（岩手県）　72-78
針江生水の郷委員会（滋賀県）　71, 86-88
ピッキオ（長野県）　234-236, 246
富士山登山学校ごうりき（山梨県）　33, 35-42
マルベリー（東京都）　231-233
南信州観光公社（長野県）　83-86
屋久島野外活動総合センター（YNAC・鹿児島県）　17, 224-227

執筆者紹介

(五〇音順／現職は2011年5月現在／＊編者／†共同執筆部分)

＊石森　秀三　いしもり・しゅうぞう（北海道大学）

　　　　　　　　　　　　　　　　　　プロローグ／エピローグ
　一木　重夫　いちき・しげお（小笠原村議会議員）　　　　　Ⅲ−2
＊海津ゆりえ　かいづ・ゆりえ（文教大学）

　　　　はじめに／Ⅰ−1〜3／Ⅱ−1−§3, Ⅱ−2／Ⅲ−1−§2／Ⅴ
　　　　−1−§1／Ⅴ−3−§2／Ⅵ−2／資料編
　加藤　　誠　かとう・まこと（(株)JTB）　　　　　　　　　Ⅴ−1−§2
　幸丸　政明　こうまる・まさあき（(財)自然環境研究センター）

　　　　　　　　　　　　　　　　　　　　　　　　　Ⅳ−3−§1・2・4
　齋藤　雪彦　さいとう・ゆきひこ（千葉大学）　　　　　　Ⅳ−4
　下村　彰男　しもむら・あきお（東京大学）　　　　　　　Ⅳ−1
　下休場千秋　しもやすば・ちあき（大阪芸術大学）　　　　Ⅴ−3−§1
　高梨洋一郎　たかなし・よういちろう（サイバー大学）　Ⅴ−2／Ⅵ−3†
　西山　徳明　にしやま・のりあき（北海道大学）　　　　　Ⅳ−2冒頭文
　橋本　俊哉　はしもと・としや（立教大学）　　　　　　　Ⅵ−1
＊真板　昭夫　まいた・あきお（京都嵯峨芸術大学）

　　　　　　　　Ⅱ−1−§1・2・4／Ⅴ−3−§3／Ⅵ−3†／おわりに
　前田　　弘　まえだ・ひろし（阪南大学）　　　　　　　　Ⅲ−1−§1
　森　　高一　もり・こういち（(株)アーバン・コミュニケーションズ）

　　　　　　　　　　　　　　　　　　　　　　　　　Ⅴ−1−§3
　山村　高淑　やまむら・たかよし（北海道大学）　　　　　Ⅳ−2
　吉兼　秀夫　よしかね・ひでお（阪南大学）　　　　　　　Ⅱ−3
　吉田　正人　よしだ・まさひと（筑波大学）　　　　　　　Ⅳ−3−§3

　伊藤　延廣　いとう・のぶひろ　　　　　裏磐梯エコツーリズム協会

執筆者紹介

江崎　貴久	えざき・きく	海島遊民くらぶ
小保内敏幸	おぼない・としゆき	元・二戸市楽しく美しいまちづくり推進委員会
楠部　真也	くすべ・まさや	ピッキオ
近藤　光一	こんどう・こういち	富士山登山学校ごうりき
西條　和久	さいじょう・かずひさ	(有)観光ネットワーク奄美
高橋　充	たかはし・まこと	(株)南信州観光公社
竹内　聖一	たけうち・しょういち	NPO法人たてやま・海辺の鑑定団
牧田　肇	まきた・はじめ	白神マタギ舎
松田　光輝	まつだ・みつき	(株)知床ネイチャーオフィス
松本　毅	まつもと・たけし	屋久島野外活動センター
美濃部武彦	みのべ・たけひこ	針江生水の郷委員会
吉井　信秋	よしい・のぶあき	マルベリー

編者紹介

前掲の「執筆者紹介」を参照。

エコツーリズムを学ぶ人のために

2011年5月10日　第1刷発行	定価はカバーに
2015年1月10日　第2刷発行	表示しています

編　者　　真板昭夫（まいた あきお）
　　　　　　石森秀三（いしもり しゅうぞう）
　　　　　　海津ゆりえ（かいづ ゆりえ）

発行者　　髙島照子

世界思想社　　京都市左京区岩倉南桑原町56　〒606-0031
　　　　　　　電話 075(721)6506
　　　　　　　振替 01000-6-2908
　　　　　　　http://sekaishisosha.jp/

© 2011　A. MAITA　S. ISHIMORI　Y. KAIZU
Printed in Japan（印刷・製本 太洋社）

落丁・乱丁本はお取替えいたします

JCOPY ＜(社)出版者著作権管理機構　委託出版物＞

本書の無断複写は著作権法上での例外を除き禁じられています。複写される場合は、そのつど事前に、(社)出版者著作権管理機構（電話 03-3513-6969, FAX 03-3513-6979, e-mail: info@jcopy.or.jp）の許諾を得てください。

ISBN978-4-7907-1502-3